YINGXIAO FALÜ SHIWU

营销法律实务

（第2版）

朱保芹 主　编
朱　平 副主编
赵蓓蓓　索宁宁 参　编

电子工业出版社

Publishing House of Electronics Industry

北京·BEIJING

图书在版编目（CIP）数据

营销法律实务 / 朱保芹主编. —2 版. —北京：电子工业出版社，2015.8
ISBN 978-7-121-26657-7

Ⅰ. ①营… Ⅱ. ①朱… Ⅲ. ①市场营销学－经济法－中国－高等学校－教材 Ⅳ. ①D922.294

中国版本图书馆 CIP 数据核字(2015)第 161237 号

策划编辑：晋　晶
责任编辑：吴亚芬
印　　刷：北京盛通商印快线网络科技有限公司
装　　订：北京盛通商印快线网络科技有限公司
出版发行：电子工业出版社
　　　　　北京市海淀区万寿路 173 信箱　邮编 100036
开　　本：787×1092　1/16　印张：13.75　字数：326 千字
版　　次：2011 年 4 月第 1 版
　　　　　2015 年 8 月第 2 版
印　　次：2021 年 12 月第 8 次印刷
定　　价：34.00 元

凡所购买电子工业出版社图书有缺损问题，请向购买书店调换。若书店售缺，请与本社发行部
联系，联系及邮购电话：（010）88254888，88258888。
质量投诉请发邮件至 zlts@phei.com.cn，盗版侵权举报请发邮件至 dbqq@phei.com.cn。
本书咨询联系方式：（010）88254199，sjb@phei.com.cn。

前　言

《营销法律实务》一书是基于学习情境的项目式人才培养的创新教材，融汇了法律和营销两种学科的知识，涉及与企业、消费者、社会利益的冲突和协调。本书的突出特点是，以工作中遇到的实际问题为主线，以各个学习情境组织整个课程的教学，在传授理论知识的同时，注重培养学生的实际操作能力，是一本既注重理论又重视实际操作的教材。设计有效的学习任务是组织行动导向学习的关键，本书预先设定明确的学习任务，并以实际的案例为依据，学习每个情境，最终使学生身临其境地体会在营销的过程中所涉及的法律知识。

本书在教师课堂教授的基础上，更侧重于学生利用理论解决实际问题的动手能力的培养和训练。因此，在课堂上教师要引导学生进入学习情境中，提高学生能动的学习兴趣，培养学生的动手能力、自学能力和实践能力。

本书详细介绍了与企业各个主要营销行为有关的法律法规，显然，加强市场营销法律法规研究是影响企业竞争力的一个重要因素，影响企业市场营销的能力和目标，是企业进行市场营销策划和市场调研的重要内容之一。所以，本书通过系统介绍与市场营销相关的法律法规，使企业的营销人员能充分了解和掌握规范营销行为的相关法律法规，以便使更多企业了解并掌握"游戏规则"，更好地指导自己的行为，进而实现营销工作的最终目的——创造消费者，成为竞争中的真正赢家。

本书既可以作为本专科的参考教材，也可以为市场营销人员在实际工作中遇到的相关法律问题提供参考。

在编写过程中，本书参考和借鉴了有关书籍，吸收了同行专家的研究成果，得到了电子工业出版社晋晶女士、北京禧天龙塑料制品有限公司营销经理乔小朋的大力支持和热情帮助，在此一并向他们表示衷心的感谢。

本书由朱保芹担任主编，朱平担任副主编，赵蓓蓓和索宁宁参与编写。

由于编者水平所限，书中难免有疏漏之处，恳请读者批评指正。

目　录

引 言

　　长天律师事务所最近承接了一份特殊的"工作"，即对一批市场营销专业的学生进行营销法律知识培训，使学生在掌握营销方法的基础上，熟悉与营销相关的法律知识。

　　此事务所的司徒律师接手这项工作。经过深思熟虑，他决定将营销活动中遇到的法律问题以学习任务的方式罗列，分别进行讲解。同时通过实际案例引导学生完成学习任务，意在培养学生的动手能力和实践能力。

　　在接下来的半年里，司徒律师将和他的学生们开始营销法律知识的学习之旅。

学习任务一

营销主体法律

地点：事务所　　人物：司徒律师、学生

 学习目标

1. 熟悉公司的分类，掌握有限责任公司、股份有限公司及国有独资公司的设立、变更和终止的法律规定。了解股票发行和债券发行的主要内容，理解公司财务和会计的法律规定，熟悉违反公司法的法律责任。

2. 掌握合伙企业的设立、合伙企业财产的转让及企业事务的执行、入伙和退伙，以及企业债务清偿的法律规定，了解合伙企业的解散和清算。

3. 掌握个人独资企业的设立和事务管理的法律规定，了解个人独资企业的变更、解散及法律责任。

 任务描述

司徒律师把学生分成若干个小组，每组 3~5 人分别学习如何设立有限责任公司、合伙企业和个人独资企业。

CASE **实际案例**

2008 年 11 月，白水县西固镇东兴煤业有限责任公司成立并注册领取企业法人营业执照，法定代表人为王俊虎，该公司由王俊虎、王怀文、杜福民和雷西锋 4 名股东出资组成，并予以工商登记。王俊虎于 2010 年 1~11 月将王怀文、杜福民和雷西锋的股份予以收购，该公司变为王俊虎一个人的公司。

2011 年 3 月 2 日，在党金锁的参与下，王俊虎与杨民全签订协议："就西固镇东兴煤业有限责任公司作价 300 万元，双方共同出资占有，王俊虎（以下称甲方）占煤矿股份的

80%，出资 240 万元，余下 20%由杨民全（以下称乙方）出资 60 万元，投资入伙。由甲方任矿长，负责该矿的一切经营、销售和核算等工作，乙方不参与煤矿的一切经营工作，承包期限为 2011 年 4 月 1 日—2014 年 4 月 1 日，并约定了利益分红，由甲方向乙方每月支付红利 5.5 万元，每年按 10 个月计算支付红利 55 万元，于每月 20 日前支付当月的分红款 5.5 万元至乙方指定的银行账号。甲方若不及时付给乙方分红款，则应承担违约金 1 万元。另约定，甲方保证该煤矿正常经营 3 年期限，在此期间双方不得私自转让股份，任何一方违约应向对方支付 30 万元的违约金。乙方不得以任何理由阻止煤矿正常生产经营，若发生阻拦事件，除赔偿因其行为造成的经济损失外，还应承担违约金 10 万元。在经营过程中，若遇到购买者的价格可观，双方协商转让，3 年期限满后，另行协商。"此外，并注明该协议保密，由王俊虎与杨民全及第三人党金锁签名按印。

协议签订后，杨民全私自另起草一份协议书并伪造王俊虎和党金锁的签名，于 2011 年 3 月 8 日与蒲城县的李龙刚签订 60 万元股份出让协议书。王俊虎按照协议分别于 2011 年 4 月 20 日、5 月 20 日向杨民全支付了 2 个月的分红 11 万元。王俊虎经营该煤矿，由于资金紧张，要求杨民全出资。2011 年 6 月 1 日，杨民全拿来 20 万元（实为李龙刚 60 万元之中的）并要求王俊虎为其出示了 20 万元的借条。王俊虎觉得杨民全没有出资意向，双方发生股权纠纷，王俊虎停止向杨民全支付红利。2012 年 12 月，李龙刚联系到王俊虎，才知道与杨民全的股权转让协议有假，同月杨民全以王俊虎欠他 20 万元借款为由阻挡东兴煤业有限责任公司煤车发生纠纷，后经西固派出所处理由王俊虎一次性连本带利归还了杨民全 22 万元的借款。

2013 年 1 月，杨民全向法院起诉王俊虎。2013 年 3 月 6 日杨民全因涉嫌诈骗被白水县公安局刑拘。2013 年 11 月，杨民全撤回起诉。2014 年 2 月 29 日，杨民全被白水县人民检察院做出不予起诉决定。2014 年 4 月，杨民全（原告）以煤井经营纠纷又起诉王俊虎（被告）至法院，被告以解除协议书并返还 11 万元红利而反诉原告。

案例来源：中国法院网白水频道。

⏏ 思考

1．2011 年 3 月 2 日的协议书是股权转让协议，还是合伙协议？
2．本案法院应该如何判决？

学习档案

情境一　公司法

学习要点
1．公司法的基本概念和特征；
2．股份有限公司、有限责任公司、国有独资公司及个人独资公司的设立条件、程序、期限和清算解散等相关规定；

3．公司债券与公司财务、会计的相关概念；

4．违反公司法的法律责任。

　　司徒律师从他的大公文包中拿出一沓卷宗，请他的学生们阅读下面的案例，然后试图解决案例中的问题。

　　【导读案例】 中国证监会于2014年8月在对甲上市公司（以下简称"甲公司"）进行例行检查中，发现以下事实。

　　事实一 2014年2月，甲公司拟为控股股东A企业2 000万元的银行贷款提供担保。甲公司股东大会对该项担保进行表决时，出席股东大会的股东所持的表决权总数为15 000万股，其中包括A企业所持的6 000万股。A企业未参与表决，其他股东的赞成票为5 000万股，反对票为4 000万股。

　　事实二 2014年3月，甲公司拟为乙公司2亿元的银行贷款提供担保，该担保数额达到了甲公司资产总额的35%。甲公司股东大会对该项担保进行表决时，出席股东大会的股东所持的表决权总数为15 000万股，表决结果为赞成票9 000万股、反对票6 000万股。

　　事实三 2014年4月，甲公司拟租用股东B企业的设备。根据公司章程的规定，甲公司董事会对该租赁事项进行表决时，有关表决情况如下：甲公司董事会由6名董事组成，出席董事会会议的董事人数为5人，其中包括B企业的派出董事李某。李某未参加投票表决，董事会的表决结果为3票赞成、1票反对。

　　事实四 2014年5月，甲公司拟为丙公司200万元的银行贷款提供担保。根据公司章程的规定，甲公司董事会对该担保事项进行表决时，有关表决情况如下：甲公司董事会由6名董事组成，出席董事会会议的董事人数为5人，董事会的表决结果为3票赞成、2票反对。

　　分析：

1．根据事实一所提示的内容，指出甲公司股东大会能否通过为A企业的担保事项，并说明理由。

2．根据事实二所提示的内容，指出甲公司股东大会能否通过为乙公司的担保事项，并说明理由。

3．根据事实三所提示的内容，指出甲公司董事会能否通过与B企业的租赁事项，并说明理由。

4．根据事实四所提示的内容，指出甲公司董事会能否通过为丙公司的担保事项，并说明理由。

在没有学习情境一时，你能回答这些问题吗？请写出你的答案。

1．_____

2．_____

3.＿＿＿＿＿＿＿＿＿＿＿＿＿＿＿＿＿＿＿＿＿＿＿＿＿＿＿＿

4.＿＿＿＿＿＿＿＿＿＿＿＿＿＿＿＿＿＿＿＿＿＿＿＿＿＿＿＿

学习情境一以后，你的答案发生变化了吗？请再次写下你的答案。

1.＿＿＿＿＿＿＿＿＿＿＿＿＿＿＿＿＿＿＿＿＿＿＿＿＿＿＿＿

2.＿＿＿＿＿＿＿＿＿＿＿＿＿＿＿＿＿＿＿＿＿＿＿＿＿＿＿＿

3.＿＿＿＿＿＿＿＿＿＿＿＿＿＿＿＿＿＿＿＿＿＿＿＿＿＿＿＿

4.＿＿＿＿＿＿＿＿＿＿＿＿＿＿＿＿＿＿＿＿＿＿＿＿＿＿＿＿

一、公司法概述

（一）公司的概念和种类

1. 公司的概念与特征

公司是指依法设立的，以营利为目的的，由股东投资形成的企业法人。企业是指从事商品生产、流通或服务活动的，在法律上具有一定独立地位的营利性经济组织。从法律上说，中国的公司具有以下特征。

（1）依法设立

依法设立是指公司必须依法定条件、法定程序设立。

（2）以营利为目的

以营利为目的，是指股东（即出资者）设立公司的目的是营利，即从公司经营中取得利润。

（3）以股东投资行为为基础设立

公司由股东的投资行为设立，股东投资行为形成的权利是股权。《中华人民共和国公司法》（以下简称《公司法》）规定，公司股东依法享有受益、参与重大决策和选择管理者等权利。

（4）具有法人资格

公司是企业法人，应当符合《中华人民共和国民法通则》（以下简称《民法通则》）规定的法人条件，主要是独立的法人财产和独立承担民事责任。中国《公司法》规定的有限责任公司和股份有限公司都具有法人资格，股东以其认缴的出资额或认购的股份为限对公司承担有限责任。

2. 公司的种类

按照法律的规定或学理的标准，可以将公司分为不同的种类。

（1）以公司资本结构和股东对公司债务承担责任的方式为标准划分

以公司资本结构和股东对公司债务承担责任的方式为标准划分为有限责任公司、股份有限公司、无限公司、两合公司和股份两合公司。

中国《公司法》规定的公司形式仅为有限责任公司和股份有限公司。有限责任公司又称有限公司，是指股东以其认缴的出资额为限对公司承担责任，公司以其全部财产对公司债务承担责任的公司。股份有限公司又称股份公司，是指将公司全部资本分为等额股份，股东以其认购的股份为限对公司承担责任,公司以其全部财产对公司债务承担责任的公司。

(2)以公司的信用基础为标准划分

以公司的信用基础为标准划分为人合公司、资合公司和资合兼人合公司。

人合公司是指公司的经营活动以股东个人信用而非公司资本的多寡为基础的公司。人合公司的对外信用主要取决于股东个人的信用状况,所以人合公司的股东之间通常存在特殊的人身信任或人身依附关系。资合公司是指公司的经营活动以公司的资本规模而非股东个人信用为基础的公司。资合兼人合公司是指公司的设立和经营同时依赖于股东个人信用和公司资本规模,从而兼有两种公司的特点。

 思考 1-1

在有限责任公司、股份有限公司、无限公司、两合公司和股份两合公司中,哪些属于资合公司?哪些属于人合公司?哪些属于资合兼人合公司?

(3)以公司组织关系为标准划分

以公司组织关系为标准,公司可以划分为以下几种。

1)母公司与子公司。在不同公司之间存在控制与依附关系时,处于控制地位的是母公司,处于依附地位的则是子公司。子公司具备法人资格。

2)总公司与分公司。分公司是公司依法设立的以分公司名义进行经营活动的分支机构,其法律后果由总公司承受。分公司不具备法人资格。

(二)公司法的概念与性质

1. 公司法的概念

公司法是规定公司法律地位、调整公司组织关系,以及规范公司在设立、变更与终止过程中的组织行为的法律规范的总称。

中国的《公司法》由第八届全国人民代表大会常务委员会(以下简称全国人大常委会)第五次会议于1993年12月29日通过。此后,全国人大常委会于1999年、2004年、2013年分别对《公司法》进行了修改。最新《公司法》于2014年3月1日起施行,全文共有规定218条,分成有限责任公司的股权转让、公司合并、分立、增资、减资和公司债券等13章内容。最新《公司法》共修改了12个条款,将公司注册资本实缴登记制改为认缴登记制,取消公司注册资本最低限额、放宽注册资本登记条件、简化登记事项和登记文件等。

2. 公司法的性质

公司法是组织法与行为法的结合,在调整公司组织关系的同时,也对与公司组织活动有关的行为加以调整,如公司股份的发行和转让等,其组织法性质为公司法的本质特征。公司法规定公司的法律地位,规范公司股东之间、股东与公司之间的关系,调整公司的设立、变更与终止活动,规范公司内部组织的设置与运作、公司与其他企业间的控制关系及法律责任等。

公司法的立法宗旨是,规范公司的组织和行为,保护公司、股东和债权人的合法权益,维护社会经济秩序,促进社会主义市场经济的发展。公司从事经营活动,必须遵守法律、行政法规，遵守社会公德、商业道德，诚实守信，接受政府和社会公众的监督，承担社会责任。公司的合法权益不受侵犯。

二、有限责任公司的法律规定

（一）有限责任公司的设立

1. 设立的条件

根据《公司法》的规定，设立有限责任公司，应当具备下列条件。

（1）股东符合法定人数

《公司法》规定，有限责任公司由 50 个以下股东出资设立，没有股东人数下限的规定。股东既可以是自然人，也可以是法人。

（2）有符合公司章程规定的全体股东认缴的出资额

1）注册资本。注册资本是指公司向公司登记机关登记的出资额，即经登记公司登记确认的资本。有限责任公司的注册资本为在公司登记机关登记的全体股东认缴的出资额。法律、行政法规，以及国务院决定对有限责任公司注册资本实缴、注册资本最低限额另有规定的，从其规定。

2）股东出资方式。股东可以用货币出资，也可以用实物、知识产权、土地使用权等可以用货币估价并可以依法转让的非货币财产作价出资，但是，法律、行政法规规定不得作为出资的财产除外。对作为出资的非货币财产应当评估作价，核实财产，不得高估或低估作价。股东以非货币财产出资的，应当依法办理其财产权的转移手续。

案例 1-1

甲、乙、丙拟共同出资设立一家有限责任公司（以下简称公司），并共同制定了公司章程草案。该公司章程草案有关出资要点如下：公司注册资本总额为 600 万元。各方出资数额、出资方式及缴付出资的时间分别为甲出资 180 万元，其中，货币出资 70 万元、计算机软件作价出资 110 万元，首次货币出资 20 万元，其余货币出资和计算机软件出资自公司成立之日起 1 年内缴足；乙出资 150 万元，其中，机器设备作价出资 100 万元、特许经营权出资 50 万元，自公司成立之日起 6 个月内一次性缴足；丙以货币 270 万元出资，首次货币出资 90 万元，其余出资自公司成立之日起 2 年内缴付 100 万元，第 3 年缴付剩余的 80 万元。

分析： 公司章程草案关于出资规定是否符合《公司法》的规定？

（3）股东共同制定公司章程

公司章程是记载公司组织、活动基本准则的公开性法律文件。设立有限责任公司必须由股东共同依法制定公司章程，章程应当载明下列事项：① 公司名称和住所。② 公司经营范围。③ 公司注册资本。④ 股东的姓名或名称。⑤ 股东的出资方式、出资额和出资时间。⑥ 公司的机构及产生办法、职权和议事规则。⑦ 公司法定代表人。⑧ 股东会会议认为需要规定的其他事项。

股东应当在公司章程上签名、盖章。公司章程对公司、股东、董事、监事和高级管理人员具有约束力。

（4）有公司名称，建立符合有限责任公司要求的组织机构

公司的名称是公司的标志。公司设立自己的名称时，必须符合法律、法规的规定，并应当经过公司登记管理机关预先核准登记。公司应当设立符合有限责任公司要求的组织机构，即股东会、董事会或执行董事、监事会或监事等。

（5）有公司住所

公司以其主要办事机构所在地为住所。经公司登记机关登记的公司住所只能有一个。

2. 设立程序

（1）订立公司章程

股东设立有限责任公司，必须先订立公司章程，将要设立的公司基本情况及各方面的权利义务加以明确规定。

（2）名称预先核准

设立有限责任公司，应当由全体股东指定的代表或共同委托的代理人向公司登记机关申请名称预先核准。申请名称冠以"中国"、"中华"、"国家"、"全国"、"国际"字词的，须提交国务院的批准文件复印件。名称经核准登记，发给《公司名称预先核准通知书》，保留期为6个月。预先核准的公司名称在保留期内，不得用于从事经营活动，不得转让。

（3）股东缴纳出资

股东应当按期足额缴纳公司章程中规定的各自所认缴的出资额。股东以货币出资的，应当将货币出资足额存入为设立有限责任公司而在银行开设的账户；以非货币财产出资的，应当依法办理其财产权的转移手续。股东不按照规定缴纳出资的，除应当向公司足额缴纳外，还应当向已按期足额缴纳出资的股东承担违约责任。

（4）申请设立登记

股东认足公司章程规定的出资后，由全体股东指定的代表或共同委托的代理人向公司登记机关报送公司登记申请书、公司章程等文件，申请设立登记。公司经核准登记后，领取公司营业执照，公司企业法人营业执照签发日期为公司成立日期。有限责任公司成立后，发现作为设立公司出资的非货币财产的实际价额显著低于公司章程所定价额的，应当由交付该出资的股东补足其差额，公司设立时的其他股东承担连带责任。

（5）向股东签发出资证明书

在有限责任公司成立后，应当向股东签发出资证明书。出资证明书是确认股东出资的凭证，应当载明下列事项：① 公司名称。② 公司成立日期。③ 公司注册资本。④ 股东的姓名或名称、缴纳的出资额和出资日期。⑤ 出资证明书的编号和核发日期，出资证明书由公司盖章。

有限责任公司应当置备股东名册。股东名册是公司为记载股东情况及其资本事项而设置的簿册。载入股东名册的股东，可以依股东名册主张行使股东权利。公司应当将股东的姓名或名称向公司登记机关登记；登记事项发生变更的，应当办理变更登记。未经登记或变更登记的，不得对抗第三人。

（二）有限责任公司的组织机构

1. 股东会

（1）股东会的职权

有限责任公司股东会由全体股东组成。股东会是公司的权力机构，依法行使下列职权：① 决定公司的经营方针和投资计划。② 选举和更换非由职工代表担任的董事、监事，决定有关董事、监事的报酬事项。③ 审议批准董事会的报告。④ 审议批准监事会或监事的报告。⑤ 审议批准公司的年度财务预算方案和决算方案。⑥ 审议批准公司的利润分配方案和弥补亏损方案。⑦ 对公司增加或减少注册资本做出决议。⑧ 对发行公司债券做出决议。⑨ 对公司合并、分立、变更公司形式、解散和清算等事项做出决议。⑩ 修改公司章程。⑪ 公司章程规定的其他职权。

? 思考 1-2

公司治理结构是一种联系并规范股东（财产所有者）、董事会、高级管理人员权利和义务分配，以及与此有关的聘选和监督等问题的制定框架。简单来说，就是如何在公司内部划分权力。良好的公司治理结构，可解决公司各方利益分配问题，对公司能否高效运转、是否具有竞争力，起到决定性的作用。中国的公司治理结构采用"三权分立"制定，即决策权、经营管理权和监督权分属于股东会、董事会或执行董事和监事会。

我国有限责任公司的具体治理结构是什么？

（2）股东会的形式

股东会会议因召开的原因和时间不同，分为首次会议、定期会议和临时会议。首次会议即有限责任公司成立后的第一次股东会会议，由出资最多的股东召集和主持。定期会议应当按照公司章程的规定按时召开，一般情况下一年召开一次。临时会议是指定期会议召开时间之外临时召开的股东会。根据《公司法》的规定，有限责任公司代表 1/10 以上表决权的股东，1/3 以上的董事，监事会或不设监事会的公司的监事提议召开临时会议的，应当召开临时会议。

（3）股东会的召开

除首次股东会会议由出资最多的股东召集和主持外，以后的股东会会议，公司设立董事会的，由董事会召集，董事长主持；董事长不能履行职务或不履行职务的，由副董事长主持；副董事长不能履行职务或不履行职务的，由半数以上董事共同推举一名董事主持。公司不设董事会的，股东会会议由执行董事召集和主持。董事会或执行董事不能履行或不履行召集股东会会议职责的，由监事会或不设监事会的公司的监事召集和主持；监事会或监事不召集和主持的，代表 1/10 以上表决权的股东可以自行召集和主持。

召开股东会会议，应当于会议召开 15 日前通知全体股东；但是，公司章程另有规定或全体股东另有约定的除外。股东会应当把对所议事项的决定做成会议记录，出席会议的股东应当在会议记录上签名。

（4）股东会的决议

股东会会议由股东按照出资比例行使表决权；但是，公司章程另有规定的除外。股东会会议做出修改公司章程、增加或减少注册资本的决议，以及公司合并、分立、解散或变更公司形式的决议，必须经代表 2/3 以上表决权的股东通过。

2. 董事会

董事会是公司股东会的执行机构，对股东会负责。

（1）董事会的组成

有限责任公司设董事会，其成员为 3～13 人。但是，本法第 51 条另有规定的除外。两个以上的国有企业或两个以上其他的国有投资主体投资设立的有限责任公司，其董事会成员中应当有公司职工代表；其他有限责任公司董事会成员中也可以有公司职工代表。董事会中的职工代表由公司职工通过职工代表大会、职工大会或其他形式民主选举产生。

董事会设董事长 1 人，可以设副董事长。董事长、副董事长的产生办法由公司章程规定。

有限责任公司股东人数较少或规模较小的，可以设 1 名执行董事，不设董事会。执行董事可以兼任公司经理。执行董事的职权由公司章程规定。

董事任期由公司章程规定，但每届任期不得超过 3 年。董事任期届满，连选可以连任。

（2）董事会的职权

董事会对股东会负责，行使下列职权：① 召集股东会会议，并向股东会报告工作。② 执行股东会的决议。③ 决定公司的经营计划和投资方案。④ 制定公司的年度财务预算方案和决算方案。⑤ 制定公司的利润分配方案和弥补亏损方案。⑥ 制定公司增加或减少注册资本及发行公司债券的方案。⑦ 制定公司合并、分立、变更公司形式和解散的方案。⑧ 决定公司内部管理机构的设置。⑨ 决定聘任或解聘公司经理及其报酬事项，并根据经理的提名决定聘任或解聘公司副经理、财务负责人及其报酬事项。⑩ 制定公司的基本管理制定。⑪ 公司章程规定的其他职权。

（3）董事会的召开

董事会会议由董事长召集和主持；董事长不能履行职务或不履行职务的，由副董事长召集和主持；副董事长不能履行职务或不履行职务的，由半数以上董事共同推举 1 名董事召集和主持。

（4）董事会的决议

董事会决议的表决，实行一人一票。

（5）经理

有限责任公司可以设经理，由董事会决定聘任或解聘。经理对董事会负责，并列席董事会会议。经理对董事会负责，行使下列职权：① 主持公司的生产经营管理工作，组织实施董事会决议。② 组织实施公司年度经营计划和投资方案。③ 拟订公司内部管理机构设置方案。④ 拟订公司的基本管理制度。⑤ 制定公司的具体规章。⑥ 提请聘任或解聘公司副经理、财务负责人。⑦ 决定聘任或解聘除应由董事会决定聘任或解聘以外的负责管理人员。⑧ 董事会授予的其他职权。

公司章程对经理职权另有规定的，从其规定。

经理列席董事会会议。

3. 监事会

（1）监事会的组成

有限责任公司设立监事会，其成员不得少于3人。股东人数较少或规模较小的有限责任公司，可以设1~2名监事，不设立监事会。监事会应当包括股东代表和适当比例的公司职工代表，其中职工代表的比例不得低于1/3，具体比例由公司章程规定。

监事会设主席1人，由全体监事过半数选举产生。监事会主席召集和主持监事会会议；监事会主席不能履行职务或不履行职务的，由半数以上监事共同推举1名监事召集和主持监事会会议。董事、高级管理人员不得兼任监事。

监事的任期每届为3年。监事任期届满，连选可以连任。监事任期届满未及时改选，或者监事在任期内辞职导致监事会成员低于法定人数的，在改选出的监事就任前，原监事仍应当依照法律、行政法规和公司章程的规定，履行监事职务。

（2）监事会的职权

监事会、不设监事会的公司的监事行使下列职权：① 检查公司财务。② 对董事、高级管理人员执行公司职务的行为进行监督，对违反法律、行政法规、公司章程或股东会决议的董事和高级管理人员提出罢免的建议。③ 当董事、高级管理人员的行为损害公司的利益时，要求董事和高级管理人员予以纠正。④ 提议召开临时股东会会议，在董事会不履行规定的召集和主持股东会会议职责时召集和主持股东会会议。⑤ 向股东会会议提出提案。⑥ 依照《公司法》的规定，对董事和高级管理人员提起诉讼。⑦ 公司章程规定的其他职权。

监事可以列席董事会会议，并对董事会决议事项提出质询或建议。

（3）监事会的决议

监事会每年度至少召开一次会议，监事会决议应当经半数以上监事通过。监事会应当把对所议事项的决定做成会议记录，出席会议的监事应当在会议记录上签名。

（三）一人有限责任公司的特别规定

一人有限责任公司是指只有一个自然人股东或一个法人股东的有限责任公司。一人有限责任公司是有限责任公司的一种特殊表现形式。

《公司法》规定，一人有限责任公司的设立和组织机构适用特别规定，没有特别规定的，适用有限责任公司的相关规定。这些特别规定，具体包括以下6个方面。

1）一个自然人只能投资设立一个一人有限责任公司，该一人有限责任公司不能投资设立新的一人有限责任公司。

2）一人有限责任公司应当在公司登记中注明自然人独资或法人独资，并在公司营业执照中载明。

3）一人有限责任公司章程由股东制定。

4）一人有限责任公司不设股东会。股东做出本法第38条第1款所列决定时，应当采用书面形式，并由股东签名后置备于公司。

5）一人有限责任公司应当在每一会计年度终了时编制财务会计报告，并经会计师事务所审计。

6）一人有限责任公司的股东不能证明公司财产独立于股东自己财产的，应当对公司债务承担连带责任。

 思考 1-3

一人有限责任公司和个人独资有限公司有何不同？

（四）国有独资公司的特别规定

国有独资公司是指国家单独出资、由国务院或地方人民政府委托本级人民政府国有资产监督管理机构履行出资人职责的有限责任公司。

《公司法》规定，国有独资公司的设立和组织机构适用特别规定，没有特别规定的，适用有限责任公司的相关规定。这些特别规定，具体包括以下 6 个方面。

1）国有独资公司章程由国有资产监督管理机构制定，或者由董事会制定报国有资产监督管理机构批准。

2）国有独资公司不设股东会，由国有资产监督管理机构行使股东会职权。国有资产监督管理机构可以授权公司董事会行使股东会的部分职权，决定公司的重大事项，但公司的合并、分立、解散、增加或减少注册资本和发行公司债券，必须由国有资产监督管理机构决定；其中，重要的国有独资公司合并、分立、解散、申请破产的，应当由国有资产监督管理机构审核后，报本级人民政府批准。

前款所称重要的国有独资公司，按照国务院的规定确定。

3）国有独资公司设立董事会。董事每届任期不得超过 3 年。董事会成员中应当有公司职工代表。董事会成员由国有资产监督管理机构委派，董事会成员中应当有公司职工代表，职工代表由公司职工代表大会选举产生。

4）国有独资公司设经理，由董事会聘任或解聘。经国有资产监督管理机构同意，董事会成员可以兼任经理。

5）国有独资公司的董事长、副董事长、董事和高级管理人员，未经国有资产监督管理机构同意，不得在其他有限责任公司、股份有限公司或其他经济组织兼职。

6）国有独资公司监事会成员不得少于 5 人，其中职工代表的比例不得低于 1/3，具体比例由公司章程规定。

（五）有限责任公司的股权转让

1．股东之间转让股权

《公司法》规定，有限责任公司的股东之间可以相互转让其全部或部分股权。

2．股东向股东以外的人转让股权

《公司法》规定，股东向股东以外的人转让股权，应当经其他股东过半数同意。股东应就其股权转让事项书面通知其他股东征求同意，其他股东自接到书面通知之日起满30日未答复的，视为同意转让。其他股东半数以上不同意转让的，不同意的股东应当购买该转让的股权；不购买的，视为同意转让。但是，公司章程对股权转让另有规定的，从其规定。经股东同意转让的股权，在同等条件下，其他股东有优先购买权。两个以上股东主张行使优先购买权的，协商确定各自的购买比例；协商不成的，按照转让时各自的出资比例行使优先购买权。

3. 人民法院强制转让股东股权

人民法院依照法律规定的强制执行程序转让股东的股权时，应当通知公司及全体股东，其他股东在同等条件下有优先购买权。其他股东自人民法院通知之日起满20日不行使优先购买权的，视为放弃优先购买权。人民法院依照法律规定的强制执行程序转让股东的股权，是指人民法院依照民事诉讼法等法律规定的执行程序，强制执行生效的法律文书时，以拍卖、变卖或其他方式转让有限责任公司股东的股权。

🌐 案例 1-2

2013年7月8日，甲、乙、丙、丁共同出资设立了一家有限责任公司。公司未设董事会，仅设丙为执行董事。2014年7月8日，甲与戊订立合同，约定将其所持有的全部股权以20万元的价格转让给戊。甲于同日分别向乙、丙、丁发出拟转让股权给戊的通知书。乙、丙分别于同年8月20日和24日回复，均要求在同等条件下优先购买甲所持公司全部股权。丁于同年7月9日收到甲的通知后，至8月15日未就此项股权转让事项做出任何答复。

分析： 甲应当如何转让股权？

（六）有限责任公司股东退出公司

1. 股东退出公司的法定条件

《公司法》规定，有下列情形之一的，对股东会该项决议投反对票的股东可以请求公司按照合理的价格收购其股权，退出公司：①公司连续5年不向股东分配利润，而公司该5年连续盈利，并且符合《公司法》规定的分配利润条件的。②公司合并、分立、转让主要财产的。③公司章程规定的营业期限届满或章程规定的其他解散事由出现，股东会会议通过决议修改章程使公司存续的。

2. 股东退出公司的法定程序

（1）请求公司收购其股权

股东要求退出公司时，首先应当请求公司收购其股权。股东请求公司收购其股权时，其所要求的价格应当是合理的价格，这样才能既满足股东的要求，保护要求退出公司的股东的权益，又不损害公司和其他股东的权益。

（2）依法向人民法院提起诉讼

股东请求公司收购其股权，应当尽量通过协商的方式解决。但如果协商不成，既有可能影响请求收购的股东的权益，又可能影响公司的生产经营活动。为此，《公司法》规定，自股东会会议决议通过之日起 60 日内，股东与公司不能达成股权收购协议的，股东可以自股东会会议决议通过之日起 90 日内向人民法院提起诉讼。

三、股份有限公司的法律规定

（一）股份有限公司的设立

1. 设立方式

股份有限公司的设立，可以采取发起设立或募集设立的方式。发起设立是指由发起人认购公司应发行的全部股份而设立公司。募集设立是指由发起人认购公司应发行股份的一部分，其余股份向社会公开募集或向特定对象募集而设立公司。

2. 设立条件

《公司法》规定，设立股份有限公司，应当具备下列条件。

（1）发起人符合法定人数

发起人是指依法筹办创立股份有限公司事务的人。发起人既可以是自然人，也可以是法人；既可以是中国公民，也可以是外国公民。

设立股份有限公司，应当有 2 人以上 200 人以下为发起人，其中须有半数以上的发起人在中国境内有住所。

（2）有符合公司章程规定的全体发起人认购的股本总额或募集的实收股本总额

1）注册资本

① 法律、行政法规及国务院决定对股份有限公司注册资本实缴、注册资本最低限额另有规定的，从其规定。② 股份有限公司采取发起设立方式设立的，注册资本为在公司登记机关登记的全体发起人认购的股本总额。在发起人认购的股份缴足前，不得向他人募集股份。③ 股份有限公司采取募集方式设立的，注册资本为在公司登记机关登记的实收股本总额，已由股东认购但实际并未缴纳的部分，不得计入公司的注册资本额中。全部发起人认购的股份不得少于公司股份总数的35%。

2）出资方式

发起人可以用货币出资，也可以用实物、知识产权、土地使用权等可以用货币估价并可以依法转让的非货币财产作价出资。但是，法律、行政法规规定不得作为出资的财产除外。

3）出资的缴纳

以发起设立方式设立股份有限公司的，发起人应当书面认足公司章程规定其认购的股份，并按照公司章程规定缴纳出资。以非货币财产出资的，应当依法办理其财产权的转移手续。

发起人不依照前款规定缴纳出资的，应当按照发起人协议承担违约责任。

发起人认足公司章程规定的出资后，应当选举董事会和监事会，由董事会向公司登记机关报送公司章程及法律、行政法规规定的其他文件，申请设立登记。

（3）股份发行、筹办事项符合法律规定

我国公司法和证券法对股份发行有严格的要求，这些要求有实体方面的要求，也有程序方面的要求。股份发行涉及社会利益，因此是强行性规范，发起人必须遵守。股份发行、筹办的具体事项都要符合法律规定。

（4）发起人制定公司章程，采用募集方式设立的需经创立大会通过

股份有限公司的设立，可以采取发起设立或募集设立的方式。发起设立是指由发起人认购公司应发行的全部股份而设立公司。募集设立是指由发起人认购公司应发行股份的一部分，其余股份向社会公开募集或向特定对象募集而设立公司。发起人制定公司章程，采用募集方式设立的需经创立大会通过。

（5）有公司名称，建立符合股份有限公司要求的组织机构

公司名称是公司设立的必要条件，公司对该名称享有专用权。股份有限公司是典型的企业法人，同时又是大企业的组织形式，因此法律对其组织机构要求比较严格。

（6）有公司住所

公司住所是公司固定的地理位置。公司以其主要办事机构所在地为住所。

3. 设立程序

（1）发起设立股份有限公司的程序股份公司的发起设立程序

发起设立股份有限公司的程序股份公司的发起设立程序与有限责任公司的设立程序相似，主要包括：① 发起人制定发起协议。② 发起人制定公司章程。③ 法律、行政法规规定设立公司必须报经批准的，应在公司登记前依法办理批准手续。④ 发起人认足公司章程规定的出资。⑤ 选举董事会和监事会。⑥ 依照公司章程规定，选举由董事长或经理担任的公司法定代表人。⑦ 申请设立登记。⑧ 领取营业执照。

（2）募集设立股份有限公司的程序股份有限公司的募集设立

募集设立股份有限公司的程序股份有限公司的募集设立主要包括：① 发起人制定发起协议、认购股份。② 发起人制定公司章程，章程须经创立大会通过才有约束力。③ 法律、行政法规规定设立公司必须报经批准的，应在公司登记前依法办理批准手续。④ 向社会公开募集股份。发起人向社会公开募集股份，必须公告招股说明书，并制作认股书。认股人按照所认购股数缴纳股款。公开募股应当由依法设立的证券公司承销，签订承销协议，同时与银行签订代收股款协议。⑤ 召开创立大会。发起人应当自股款缴足之日起30日内主持召开公司创立大会。发行的股份超过招股说明书规定的截止期限尚未募足的，或者发行股份的股款缴足后，发起人在30日内未召开创立大会的，认股人可以按照所缴股款并加算银行同期存款利息，要求发起人返还。发起人应当在创立大会召开15日前将会议日期通知各认股人或予以公告。创立大会应有代表股份总数过半数的发起人、认股人出席，方可举行。⑥ 申请设立登记。董事会于创立大会结束后30日内，向公司登记机关申请设立登记。⑦ 领取营业执照。

4. 股份有限公司发起人承担的责任

根据《公司法》的规定，股份有限公司的发起人应当承担下列责任：① 公司不能成立时，对设立行为所产生的债务和费用负连带责任。② 公司不能成立时，对认股人已缴纳的股款，负返还股款并加算银行同期存款利息的连带责任。③ 在公司设立过程中，由于发起人的过失致使公司利益受到损害的，应当对公司承担赔偿责任。

（二）股份有限公司的组织机构

1. 股东大会

（1）股东大会的性质和组成

股份有限公司的股东大会由全体股东组成，股东大会是公司的权力机构。

（2）股东大会的职权

股东大会依法行使下列职权：① 决定公司的经营方针和投资计划。② 选举和更换非由职工代表担任的董事、监事，决定有关董事、监事的报酬事项。③ 审议批准董事会的报告。④ 审议批准监事会或监事的报告。⑤ 审议批准公司的年度财务预算方案和决算方案。⑥ 审议批准公司的利润分配方案和弥补亏损方案。⑦ 对公司增加或减少注册资本做出决议。⑧ 对发行公司债券做出决议。⑨ 对公司合并、分立、变更公司形式、解散和清算等事项做出决议。⑩ 修改公司章程。⑪ 公司章程规定的其他职权。

（3）股东大会的形式

股份有限公司的股东大会分为股东年会和临时股东大会两种。

股东年会是指依照法律和公司章程的规定每年按时召开的股东大会。《公司法》规定，股东大会应当每年召开1次年会。

临时股东大会是指股份有限公司在出现召开临时股东大会的法定事由时，应当在法定期限2个月内召开的股东大会。《公司法》规定，有下列情形之一的，应当在2个月内召开临时股东大会。

1）董事人数不足《公司法》规定人数或公司章程所定人数的2/3时。

2）公司未弥补的亏损达实收股本总额1/3时。

3）单独或合计持有公司10%以上股份的股东请求时。

4）董事会认为必要时。

5）监事会提议召开时。

6）公司章程规定的其他情形。

（4）股东大会的召开

股东大会会议由董事会召集，董事长主持；董事长不能履行职务或不履行职务的，由副董事长主持；副董事长不能履行职务或不履行职务的，由半数以上董事共同推举一名董事主持。董事会不能履行或不履行召集股东大会会议职责的，监事会应当及时召集和主持；监事会不召集和主持的，连续90日以上单独或合计持有公司10%以上股份的股东可以自行召集和主持。

召开股东大会会议，应当将会议召开的时间、地点和审议的事项于会议召开20日前通知各股东；临时股东大会应当于会议召开15日前通知各股东；发行无记名股票的，应当于会议召开30日前公告会议召开的时间、地点和审议事项。

单独或合计持有公司3%以上股份的股东，可以在股东大会召开10日前提出临时提案并书面提交董事会；董事会应当在收到提案后2日内通知其他股东，并将该临时提案提交股东大会审议。临时提案的内容应当属于股东大会职权范围，并有明确议题和具体决议事项。股东大会不得对上述通知中未列明的事项做出决议。

无记名股票持有人出席股东大会会议的，应当于会议召开 5 日前至股东大会闭会时将股票交存于公司。

（5）股东大会的决议

股东出席股东大会会议，所持每一股份有一表决权。但是，公司持有的本公司股份没有表决权。股东可以委托代理人出席股东大会会议，代理人并在授权范围内行使表决权。

股东大会做出决议，必须经出席会议的股东所持表决权过半数通过。但是，股东大会做出修改公司章程、增加或减少注册资本的决议，以及公司合并、分立、解散或变更公司形式的决议，必须经出席会议的股东所持表决权的 2/3 以上通过。

股东大会选举董事和监事，可以依照公司章程的规定或股东大会的决议，实行累积投票制。累积投票制是指股东大会选举董事或监事时，股东所持的每一股份拥有与应选董事或监事人数相同的表决权，股东拥有的表决权可以集中使用。

股东大会应当把对所议事项的决定做成会议记录，主持人、出席会议的董事应当在会议记录上签名。会议记录应当与出席股东的签名册及代理出席的委托书一并保存。

 思考 1-4

股份有限公司与有限责任公司有何区别？

2. 董事会和经理

（1）董事会的性质和组成

股份有限公司的董事会是股东大会的执行机构，对股东大会负责。

股份有限公司设董事会，其成员为 5 ~ 19 人。董事会成员中可以有公司职工代表。董事会中的职工代表由公司职工通过职工代表大会、职工大会或其他形式民主选举产生。

股份有限公司的董事任期的规定同有限责任公司的相关规定。

（2）董事会的职权

股份有限公司董事会的职权同有限责任公司董事会的职权规定。

（3）董事会的召开

董事会设董事长 1 人，可以设副董事长。董事长和副董事长由董事会以全体董事的过半数选举产生。董事长召集和主持董事会会议，检查董事会决议的实施情况。副董事长协助董事长工作，董事长不能履行职务或不履行职务的，由副董事长履行职务；副董事长不能履行职务或不履行职务的，由半数以上董事共同推举 1 名董事履行职务。

董事会每年度至少召开 2 次会议，每次会议应当于会议召开 10 日前通知全体董事和监事。代表 1/10 以上表决权的股东、1/3 以上董事或监事会，可以提议召开董事会临时会议。董事长应当自接到提议 10 日内，召集和主持董事会会议。

（4）董事会的决议

董事会会议应有过半数的董事出席方可举行。董事会做出决议，必须经全体董事的过半数通过。董事会决议的表决，实行一人一票。

董事会会议应由董事本人出席；董事因故不能出席，可以书面委托其他董事代为出席，委托书中应载明授权范围。董事会应当把对会议所议事项的决定做成会议记录，出席会议的董事应当在会议记录上签名。

董事应当对董事会的决议承担责任。董事会的决议违反法律、行政法规或公司章程、股东大会决议，致使公司遭受严重损失的，参与决议的董事对公司负赔偿责任。但经证明在表决时曾表明异议并记载于会议记录的，该董事可以免除责任。

（5）股份有限公司设经理，由董事会决定聘任或解聘

3. 监事会

（1）监事会的组成

股份有限公司设监事会，其成员不得少于 3 人。监事会应当包括股东代表和适当比例的公司职工代表，其中，职工代表的比例不得低于 1/3，具体比例由公司章程规定。监事会中的职工代表由公司职工通过职工代表大会、职工大会或其他形式民主选举产生。

监事会设主席 1 人，可以设副主席。监事会主席和副主席由全体监事过半数选举产生。董事和高级管理人员不得兼任监事。监事的任期每届为 3 年。监事任期届满，连选可以连任。监事任期届满未及时改选，或者监事在任期内辞职导致监事会成员低于法定人数的，在改选出的监事就任前，原监事仍应当依照法律、行政法规和公司章程的规定，履行监事职务。

（2）监事会的职权

股份有限公司监事会的职权同有限责任公司监事会的职权规定。

监事可以列席董事会会议，并对董事会决议事项提出质询或建议。监事会发现公司经营情况异常，可以进行调查；必要时，可以聘请会计师事务所等协助其工作，费用由公司承担。

（3）监事会的召开

监事会每 6 个月至少召开 1 次会议。监事可以提议召开临时监事会会议。

监事会主席召集和主持监事会会议；监事会主席不能履行职务或不履行职务的，由监事会副主席召集和主持监事会会议；监事会副主席不能履行职务或不履行职务的，由半数以上监事共同推举 1 名监事召集和主持监事会会议。

监事会应当把对所议事项的决定做成会议记录，出席会议的监事应当在会议记录上签名。

（三）公司董事、监事、高级管理人员的资格和义务

1. 公司董事、监事、高级管理人员的资格

《公司法》规定，有下列情形之一的，不得担任公司的董事、监事和高级管理人员。

1）无民事行为能力或限制民事行为能力。

2）因贪污、贿赂、侵占财产、挪用财产或破坏社会主义市场经济秩序，被判处刑罚，执行期满未逾 5 年，或者因犯罪被剥夺政治权利，执行期满未逾 5 年的。

3）担任破产清算的公司、企业的董事或厂长、经理，对该公司、企业的破产负有个人责任的，自该公司、企业破产清算完结之日起未逾 3 年的。

4）担任因违法被吊销营业执照、责令关闭的公司、企业的法定代表人，并负有个人责

任的，自该公司、企业被吊销营业执照之日起未逾 3 年的。

5）个人所负数额较大的债务到期未清偿。

公司违反《公司法》的上述规定选举、委派董事、监事或聘任高级管理人员的，该选举、委派或聘任无效。公司董事、监事和高级管理人员在任职期间出现上述所列情形的，公司应当解除其职务。

2. 公司董事、监事和高级管理人员的义务

公司董事、监事和高级管理人员应当遵守法律、行政法规和公司章程，对公司负有忠实义务和勤勉义务。公司董事、监事和高级管理人员不得利用职权收受贿赂或其他非法收入，不得侵占公司的财产。

《公司法》规定，公司董事和高级管理人员不得有下列行为。

1）挪用公司资金。

2）将公司资金以其个人名义或以其他个人名义开立账户存。

3）违反公司章程的规定，未经股东会、股东大会或董事会同意，将公司资金借贷给他人或以公司财产为他人提供担保。

4）违反公司章程的规定或未经股东会、股东大会同意，与本公司订立合同或进行交易。

5）未经股东会或股东大会同意，利用职务便利为自己或他人谋取属于公司的商业机会，自营或为他人经营与所任职公司同类的业务。

6）接受他人与公司交易的佣金归为己有。

7）擅自披露公司秘密。

8）违反对公司忠实义务的其他行为。公司董事和高级管理人员违反上述规定所得的收入应当归公司所有。

公司董事、监事和高级管理人员执行公司职务时违反法律、行政法规或公司章程的规定，给公司造成损失的，应当承担赔偿责任。

 思考 1-5

《公司法》为何要对公司董事、监事和高级管理人员资格做出特别的规定？

（四）股份有限公司的股份发行和转让

1. 股份发行

（1）股份和股票

股份是由股份有限公司发行的股东所持有的通过股票形式来表现的可以转让的资本的一部分。

股票是指公司签发的证明股东所持股份的凭证。股票采用纸面形式或国务院证券监督管理机构规定的其他形式。股票应当载明下列主要事项：① 公司名称。② 公司成立日期。③ 股票种类、票面金额及代表的股份数。④ 股票的编号。

股票由法定代表人签名，公司盖章。

发起人的股票，应当标明发起人股票字样。

公司的股票可以分为记名股票和无记名股票。记名股票是指在票面上记载股东姓名或名称的股票。《公司法》规定，公司向发起人和法人发行的股票，应当为记名股票，无记名股票是指在票面上不记载股东姓名或名称的股票。

（2）股份的发行原则

公司发行记名股票的，应当置备股东名册，记载下列事项：① 股东的姓名或名称及住所。② 各股东所持股份数。③ 各股东所持股票的编号。④ 各股东取得股份的日期。

发行无记名股票的，公司应当记载其股票数量、编号及发行日期。

公司发行新股，股东大会应当对下列事项做出决议：① 新股种类及数额。② 新股发行价格。③ 新股发行的起止日期。④ 向原有股东发行新股的种类及数额。

（3）股票的发行价格

股票的发行价格是指股票发行时所使用的价格，也是投资者认购股票时所支付的价格。股票的发行价格可以分为平价发行的价格和溢价发行的价格。公司发行新股，可以根据公司经营情况和财务状况，确定其作价方案。

2．股份转让

股份转让是指股份有限公司的股份持有人依法自愿将自己所拥有的股份转让给他人，使他人取得股份或增加股份数额成为股东的法律行为。

《公司法》对股份有限公司的股份转让做出了具体的规定，主要包括以下内容。

1）股东持有的股份可以依法转让。股东转让其股份，应当在依法设立的证券交易场所进行或按照国务院规定的其他方式进行。

2）记名股票，由股东以背书方式或法律和行政法规规定的其他方式转让，转让后由公司将受让人的姓名或名称及住所记载于股东名册。股东大会召开前 20 日内或公司决定分配股利的基准日前 5 日内，不得进行前款规定的股东名册的变更登记。但是，法律对上市公司股东名册变更登记另有规定的，从其规定。无记名股票的转让，由股东将该股票交付给受让人后即发生转让的效力。

3）发起人持有的本公司股份，自公司成立之日起 1 年内不得转让。公司公开发行股份前已发行的股份，自公司股票在证券交易所上市交易之日起 1 年内不得转让。

4）公司董事、监事和高级管理人员应当向公司申报所持有的本公司的股份及其变动情况，在任职期间每年转让的股份不得超过其所持有本公司股份总数的 25%；所持本公司股份自公司股票上市交易之日起 1 年内不得转让。上述人员离职后半年内，不得转让其所持有的本公司股份。公司章程可以对公司董事、监事、高级管理人员转让其所持有的本公司股份作出其他限制性规定。

5）公司不得收购本公司股份。但是，为了减少公司注册资本、与持有本公司股份的其他公司合并、将股份奖励给本公司职工，以及股东因对股东大会做出的公司合并、分立决议持异议，要求公司收购其股份的，公司可以收购本公司的股份。

6）公司不得接受本公司的股票作为质押权的标的。

四、公司债券与公司财务、会计

（一）公司债券

1. 公司债券的概念与种类

（1）公司债券的概念

公司债券是指公司依照法定程序发行、约定在一定期限内还本付息的有价证券。

公司债券与公司股票有不同的法律特征。

1）公司债券的持有人是公司的债权人，对于公司享有民法上规定的债权人的所有权利，而股票的持有人则是公司的股东，享有《公司法》所规定的股东权利。

2）公司债券的持有人，无论公司是否赢利，对公司享有按照约定给付利息的请求权，而股票持有人，则必须在公司赢利时才能依法获得股利分配。

3）公司债券到了约定期限，公司必须偿还债券本金，而股票持有人仅在公司解散时方可请求分配剩余财产。

4）公司债券的持有人享有优先于股票持有人获得清偿的权利，而股票持有人必须在公司全部债务清偿之后，方可就公司剩余财产请求分配。

5）公司债券的利率一般是固定不变的，风险较小，而股票股利分配的高低，与公司经营好坏密切相关，所以常有变动，风险较大。

（2）公司债券的种类

依照不同的标准，对公司债券可做不同的分类。

1）记名公司债券和无记名公司债券。记名公司债券是指在公司债券上记载债权人姓名或名称的债券；无记名公司债券是指在公司债券上不记载债权人姓名或名称的债券。

2）可转换公司债券和不可转换公司债券。可转换公司债券是指可以转换成公司股票的公司债券。这种公司债券在发行时规定了转换为公司股票的条件与办法，当条件具备时，债券持有人拥有将公司债券转换为公司股票的选择权。凡在发行债券时未做出转换约定的，均为不可转换公司债券。

2. 公司债券的发行

（1）发行条件

公司发行公司债券应当符合《中华人民共和国证券法》（以下简称《证券法》）规定的发行条件。《证券法》规定，公开发行公司债券，应当同时符合下列条件。

1）股份有限公司的净资产不低于人民币 3 000 万元，有限责任公司的净资产不低于人民币 6 000 万元。

2）累计债券余额不超过公司净资产的 40%。

3）最近 3 年平均可分配利润足以支付公司债券 1 年的利息。

4）筹集的资金投向符合国家产业政策。

5）债券的利率不超过国务院限定的利率水平。

6）国务院规定的其他条件。

公开发行公司债券筹集的资金，必须用于核准的用途，不得用于弥补亏损和非生产性支出。

有下列情形之一的，不得再次公开发行公司债券。

1）前一次公开发行的公司债券尚未募足。

2）对已公开发行的公司债券或其他债务有违约或延迟支付本息的事实，仍处于继续状态。

3）违反规定，改变公开发行公司债券所募资金的用途。

（2）发行程序

1）由公司的权力机关做出决议。有限责任公司、股份有限公司发行公司债券，由公司董事会制定方案，公司股东会、股东大会做出决议。国有独资公司发行公司债券，由国家授权投资的机构或国家授权的部门做出决定。

2）报有关部门或机构批准。

3）公告公司债券募集办法。

4）置备公司债券存根簿。

3．公司债券的转让

《公司法》规定，公司债券可以转让，转让价格由转让人与受让人约定。公司债券在证券交易所上市交易的，按照证券交易所的交易规则转让。

记名公司债券由债券持有人以背书方式或法律、行政法规规定的其他方式转让，转让后由公司将受让人的姓名或名称及住所记载于公司债券存根簿。

无记名公司债券由债券持有人将该债券交付给受让人后即发生转让的效力。

（二）公司财务、会计

1．公司财务、会计的基本要求

1）公司应当依照法律、行政法规和国务院财政部门的规定建立本公司的财务会计制定。

2）公司应当依法编制财务会计报告。公司应当在每一会计年度终了时编制财务会计报告，并依法经会计师事务所审计。财务会计报告应当依照法律、行政法规和国务院财政部门的规定制作。

3）有限责任公司应当依照公司章程规定的期限将财务会计报告送交各股东。

股份有限公司的财务会计报告应当在召开股东大会年会的20日前置备于本公司，供股东查阅；公开发行股票的股份有限公司必须公告其财务会计报告。

4）公司应当依法披露有关财务和会计资料。

5）公司除法定的会计账簿外，不得另立会计账簿。

6）公司应当依法聘用会计师事务所对财务会计报告审查验证。公司应当向聘用的会计师事务所提供真实、完整的会计凭证、会计账簿、财务会计报告及其他会计资料，不得拒绝、隐匿和谎报。

2．利润分配和公积金

（1）利润分配

公司利润是指公司在一定会计期间的经营成果。公司应当按照如下顺序进行利润分配。

1）弥补以前年度的亏损，但不得超过税法规定的弥补期限。

2）缴纳所得税。

3）弥补用税前利润弥补亏损之后仍存在的亏损。

4）提取法定公积金。

5）提取任意公积金。

6）向股东分配利润。

公司弥补亏损和提取公积金后所余税后利润，有限责任公司按照股东实缴的出资比例分配，但全体股东约定不按照出资比例分配的除外；股份有限公司按照股东持有的股份比例分配，但股份有限公司章程规定不按持股比例分配的除外。

（2）公积金

公积金是公司在资本之外所保留的资金金额。公积金分为盈余公积金和资本公积金两类。

盈余公积金是从公司税后利润中提取的公积金，分为法定公积金和任意公积金两种。法定公积金按照公司税后利润的 10%提取，当公司法定公积金累计额为公司注册资本的50%以上时可以不再提取。任意公积金按照公司股东会或股东大会决议，从公司税后利润中提取。

资本公积金是直接由资本原因等形成的公积金，股份有限公司以超过股票票面金额的发行价格发行股份所得的溢价款及国务院财政部门规定列入资本公积金的其他收入，应当列为公司资本公积金。

公司的公积金应当按照规定的用途使用。公司的公积金主要用于弥补公司亏损、扩大公司生产经营和转增公司资本。对用任意公积金转增资本的，法律没有限制，但用法定公积金转增资本时，《公司法》规定，法定公积金转为资本时，所留存的该项公积金不得少于转增前公司注册资本的 25%。

五、公司合并、分立、增资、减资

（一）公司合并

公司合并是指两个以上的公司依照法定程序变为一个公司的行为。公司合并有吸收合并和新设合并两种形式。公司合并的程序为：① 签订合并协议。② 编制资产负债表及财产清单。③ 做出合并决议。④ 通知债权人。公司应当自做出合并决议之日起 10 日内通知债权人，并于 30 日内在报纸上公告。债权人自接到通知书之日起 30 日内，未接到通知书的自公告之日起 45 日内，可以要求公司清偿债务或提供相应的担保。⑤ 依法进行登记。公司合并时，合并各方的债权、债务，应当由合并后存续的公司或新设的公司承继。

（二）公司分立

公司分立是一个公司依法分为两个以上的公司。公司分立的程序与公司合并的程序基本相同。公司分立前的债务由分立后的公司承担连带责任。但是公司在分立前与债权人就债务清偿达成的书面协议另有约定的除外。

（三）公司注册资本的减少和增加

1. 公司注册资本的减少

公司需要减少注册资本时，必须编制资产负债表及财产清单。公司减少注册资本时，应当自接到减少注册资本决议之日起 10 日内通知债权人，并于 30 日内在报纸上公告。债权人自接到通知书之日起 30 日内，未接到通知书的自公告之日起 45 日内，有权要求公司清偿债务或提供相应的担保。公司减少注册资本，应当依法向公司登记机关办理变更登记。

2. 公司注册资本的增加

有限责任公司增加注册资本时，股东认缴新增资本的出资，按照《公司法》设立有限责任公司缴纳出资的有关规定执行。股份有限公司为增加注册资本发行新股时，股东认购新股，依照《公司法》设立股份有限公司缴纳股款的有关规定执行。公司增加注册资本，应当依法向公司登记机关办理变更登记。

六、公司解散和清算

（一）公司解散的原因

1. 具体原因

（1）公司章程规定的营业期限届满或公司章程规定的其他解散事由出现。

（2）股东会或股东大会决议解散。

（3）因公司合并、分立需要解散。

（4）依法被吊销营业执照、责令关闭或被撤销。

（5）人民法院依法予以解散。

2. 人民法院依法予以解散的具体规定

（1）受理的情形

单独或合并持有公司全部股东表决权 10%以上的股东，有下列事由之一，公司继续存续会使股东利益受到重大损失，通过其他途径不能解决，提起解散公司诉讼，人民法院应当受理：① 公司持续 2 年以上无法召开股东会或股东大会，公司经营管理发生严重困难的。② 股东表决时无法达到法定或公司章程规定的比例，持续 2 年以上不能做出有效的股东会或股东大会决议，公司经营管理发生严重困难的。③ 公司董事长期冲突，并且无法通过股东会或股东大会解决，公司经营管理发生严重困难的。④经营管理发生其他严重困难，公司继续存续会使股东利益受到重大损失的情形。

（2）不予受理的情形

股东以知情权、利润分配请求权等权益受到损害，或者公司亏损、财产不足以偿还全部债务，以及公司被吊销企业法人营业执照未进行清算等为由，提起解散公司诉讼的，人民法院不予受理。

（二）公司解散时的清算

公司的清算是指公司解散后，处理公司未了结的事务，使公司的法人资格归于消灭的法律行为。依照《公司法》的规定，公司除合并或分立解散无须清算，以及因破产而解散的公司适用破产清算外，其他解散公司都应当依法进行清算。公司应当在解散事由出现之日起 15 日内成立清算组。清算组应当自成立之日起 10 日内通知债权人，并于 60 日内在报纸上公告。债权人应当自接到通知书之日起 30 日内，未接到通知书的自公告之日起 45 日内，向清算组申报其债权。公司清算结束后，清算组应当制作清算报告，报股东会、股东大会或人民法院确认，并报送公司登记机关，申请注销公司登记，公告公司终止。

案例 1-3

　　A 公司（有限责任）因经营之需向 B 公司借款人民币 10 万元，约定日后归还，但未按约还款。后公司法定代表人因犯诈骗罪被判有期徒刑 15 年。因未按时年检，A 公司被工商行政管理部门吊销了营业执照。B 公司将 A 公司的 3 位股东告上法庭，要求还款。审理中，大股东（法人代表，占出资 75%）承认借款事实，但认为他未全额出资，其部分投资款是由开发区垫付的。两位小股东（分别占出资 20% 和 5%）则认为，自己未按出资比例投资，也未收到公司的红利，自己不是股东，拒绝还款。

　　分析：
　　1．未出资的两位小股东是否还是公司的股东？
　　2．公司债务应该由谁承担？

七、违反公司法的法律责任

（一）公司发起人、股东的法律责任

1）违反《公司法》规定，虚报注册资本、提交虚假材料或采取其他欺诈手段隐瞒重要事实取得公司登记的，由公司登记机关责令改正，对虚报注册资本的公司，处以虚报注册资本金额 5%以上15%以下的罚款；对提交虚假材料或采取其他欺诈手段隐瞒重要事实的公司，处以 5 万元以上 50 万元以下的罚款；情节严重的，撤销公司登记或吊销营业执照。构成犯罪的，依《中华人民共和国刑法》（以下简称《刑法》）规定追究刑事责任，处 3 年以下有期徒刑或拘役，并处或单处虚报注册资本金 1%以上 5%以下的罚金。单位犯此罪的，对单位处以罚金，并对其直接负责的主管人员和其他直接责任人员，处 3 年以下有期徒刑或拘役。

2）公司的发起人、股东虚假出资，未交付或未按期交付作为出资的货币或非货币财产的，由公司登记机关责令改正，处以虚假出资金额 5%以上 15%以下的罚款。构成犯罪的，依《刑法》规定追究刑事责任，处 5 年以下有期徒刑或拘役，并处或单处虚假出资金额或抽逃出资金额 2%以上 10%以下罚金。

3）公司的发起人、股东在公司成立后，抽逃其出资的，由公司登记机关责令改正，处以所抽逃出资金额 5%以上 15%以下的罚款。构成犯罪的，依《刑法》规定追究刑事责任，处 5 年以下有期徒刑或拘役，并处或单处抽逃出资金额 2%以上10%以下的罚金。单位犯此罪的，对单位处以罚金，并对其直接负责的主管人员和其他直接责任人员，处 5 年以下有期徒刑或拘役。

（二）公司的法律责任

1）公司违反《公司法》规定，在法定的会计账簿以外另立会计账簿的，由县级以上人民政府财政部门责令改正，处以 5 万元以上 50 万元以下的罚款。构成犯罪的，依法追究刑事责任。

2）公司在依法向有关主管部门提供的财务会计报告等材料上做虚假记载或隐瞒重要事实的，由有关主管部门对直接负责的主管人员和其他直接责任人员处以 3 万元以上 30 万元以下的罚款。

3）公司不依照《公司法》规定提取法定公积金的，由县级以上人民政府财政部门责令如数补足应当提取的金额，可以对公司处以 20 万元以下的罚款。

4）公司在合并、分立、减少注册资本或进行清算时，不依照《公司法》规定通知或公告债权人的，由公司登记机关责令改正，对公司处以 1 万元以上 10 万元以下的罚款。

5）公司在进行清算时，隐匿财产，对资产负债表或财产清单做虚假记载或在未清偿债务前分配公司财产的，由公司登记机关责令改正，对公司处以隐匿财产或未清偿债务前分配公司财产金额 5%以上10%以下的罚款；对直接负责的主管人员和其他直接责任人员处以 1 万元以上 10 万元以下的罚款。构成犯罪的，依《刑法》规定追究刑事责任，对直接负责的主管人员和其他直接责任人员，处 5 年以下有期徒刑或拘役，并处或单处 2 万元以上 20 万元以下罚金。

6）公司在清算期间开展与清算无关的经营活动的，由公司登记机关予以警告，没收违法所得。

7）公司成立后无正当理由超过 6 个月未开业的，或者开业后自行停业连续 6 个月以上的，可以由公司登记机关吊销营业执照。

8）公司登记事项发生变更时，未依照《公司法》规定办理有关变更登记的，由公司登记机关责令限期登记；逾期不登记的，处以 1 万元以上 10 万元以下的罚款。

9）外国公司违反《公司法》规定，擅自在中国境内设立分支机构的，由公司登记机关责令改正或关闭，可以并处 5 万元以上 20 万元以下的罚款。

（三）清算组的法律责任

1）清算组不依照《公司法》规定向公司登记机关报送清算报告，或者报送清算报告隐瞒重要事实或有重大遗漏的，由公司登记机关责令改正。隐匿财产，对资产负债表或财产清单做虚伪记载或在未清偿债务前分配公司财产，严重损害债权人或其他人利益的，依《刑法》规定追究刑事责任，对其直接责任的主管人员和其他直接责任人员，处 5 年以下有期徒刑或拘役，并处或单处 2 万元以上 20 万元以下罚金。

2）清算组成员利用职权徇私舞弊、谋取非法收入或侵占公司财产的，由公司登记机关责令退还公司财产，没收违法所得，并可以处以违法所得 1 倍以上 5 倍以下的罚款。构成犯罪的，依法追究刑事责任。

（四）承担资产评估、验资或验证的机构的法律责任

1）承担资产评估、验资或验证的机构提供虚假材料的，由公司登记机关没收违法所得，

处以违法所得1倍以上5倍以下的罚款，并由有关主管部门依法责令该机构停业、吊销直接责任人员的资格证书，吊销营业执照。构成犯罪的，依《刑法》规定追究其刑事责任，处5年以下有期徒刑或拘役，并处罚金，如果犯此罪并有索取他人财物或非法收受他人财物的，处5年以上10年以下有期徒刑，并处罚金。

2）承担资产评估、验资或验证的机构因过失提供有重大遗漏的报告的，由公司登记机关责令改正，情节较重的，处以所得收入1倍以上5倍以下的罚款，并可以由有关主管部门依法责令该机构停业、吊销直接责任人员的资格证书，吊销营业执照。严重不负责任，出具的证明文件有重大失实，造成严重后果的，依《刑法》规定追究其刑事责任，处3年以下有期徒刑或拘役，并处或单处罚金。

3）承担资产评估、验资或验证的机构因其出具的评估结果、验资或验证证明不实，给公司债权人造成损失的，除能够证明自己没有过错的外，在其评估或证明不实的金额范围内承担赔偿责任。

（五）公司登记机关的法律责任

1）公司登记机关对不符合《公司法》规定条件的登记申请予以登记，或者对符合《公司法》规定条件的登记申请不予登记的，对直接负责的主管人员和其他直接责任人员依法给予行政处分。构成犯罪的，依法追究刑事责任。

2）公司登记机关的上级部门强令公司登记机关对不符合《公司法》规定条件的登记申请予以登记，或者对符合《公司法》规定条件的登记申请不予登记的，或者对违法登记进行包庇的，对直接负责的主管人员和其他直接责任人员依法给予行政处分。构成犯罪的，依法追究刑事责任。

情境二　合伙企业法

学习要点
1. 合伙企业法的基本概念和特征；
2. 设立普通合伙企业、有限合伙企业的条件、程序、期限及清算解散等相关规定。

司徒律师从他的大公文包中拿出一沓卷宗，请他的学生们阅读下面的案例，然后试图解决案例中的问题。

【导读案例】2009年，甲、乙、丙、丁4人订立合同，约定：集资10万元合伙开饭馆，其中，甲出资2万元，乙以其临街房屋的使用权折价3万元出资，丙出资4万元，丁系厨师，以其技术折价1万元出资。饭馆的盈亏按上述出资比例分配承担。开业的头几年，饭馆经营良好。2012年后，由于经营等问题，生意渐差，开始出现亏损。2013年7月，甲见饭馆亏损较为严重，遂要求退伙，乙、丙、丁纷纷表示同意，并协商仍然按照出资比例分配盈亏。经结算，饭馆净负债15万元，甲于是承担了2.5万元债务，并向债权人A做了清偿。2014年5月，饭馆持续亏损至无法继续经营，经再次结算，不但将全部出资赔光，而且负债增加到 32 万元。此时，丙、丁生活窘迫，仅能维持生计，但丁的女友 B 有钱，能够代丁清偿。乙 9 岁的儿子名下有 35 万元存款，系其父乙所存。债权人 A 找到甲要求偿还，甲以其早已退伙为由拒绝偿还；找到乙要求偿还，乙表示愿意偿还自己的份额，其余的应由丙和丁承担。而丙和丁均表示无力清偿。债权人 A 遂诉至法院。

分析：

1．饭馆的 30 万元负债应该如何分担？

2．债权人 A 怎样可以使自己的债权得到清偿？

在没有学习情境二时，你能回答这些问题吗？请写出你的答案。

1．＿＿＿＿＿＿＿＿＿＿＿＿＿＿＿＿＿＿＿＿＿＿＿＿＿＿＿＿＿＿＿＿＿

＿＿＿＿＿＿＿＿＿＿＿＿＿＿＿＿＿＿＿＿＿＿＿＿＿＿＿＿＿＿＿＿＿＿

2．＿＿＿＿＿＿＿＿＿＿＿＿＿＿＿＿＿＿＿＿＿＿＿＿＿＿＿＿＿＿＿＿＿

＿＿＿＿＿＿＿＿＿＿＿＿＿＿＿＿＿＿＿＿＿＿＿＿＿＿＿＿＿＿＿＿＿＿

学习情境二以后，你的答案发生变化了吗？请再次写下你的答案。

1．＿＿＿＿＿＿＿＿＿＿＿＿＿＿＿＿＿＿＿＿＿＿＿＿＿＿＿＿＿＿＿＿＿

＿＿＿＿＿＿＿＿＿＿＿＿＿＿＿＿＿＿＿＿＿＿＿＿＿＿＿＿＿＿＿＿＿＿

2．＿＿＿＿＿＿＿＿＿＿＿＿＿＿＿＿＿＿＿＿＿＿＿＿＿＿＿＿＿＿＿＿＿

＿＿＿＿＿＿＿＿＿＿＿＿＿＿＿＿＿＿＿＿＿＿＿＿＿＿＿＿＿＿＿＿＿＿

一、合伙企业法律制定概述

（一）合伙企业的概念及分类

1．合伙企业的概念

合伙企业是指自然人、法人和其他组织依照《中华人民共和国合伙企业法》（以下简称《合伙企业法》）在中国境内设立的普通合伙企业和有限合伙企业。

2．合伙企业的分类

合伙企业分为普通合伙企业和有限合伙企业。

普通合伙企业由普通合伙人组成，合伙人对合伙企业债务承担无限连带责任。《合伙企业法》对普通合伙人承担责任的形式有特别规定的，从其规定。

有限合伙企业由普通合伙人和有限合伙人组成，普通合伙人对合伙企业债务承担无限连带责任，有限合伙人以其认缴的出资额为限对合伙企业债务承担责任。

无限连带责任是指对某种债务负有连带责任的人对债务人偿付债务承担的一种连带性义务，连带责任人有义务督促债务人偿付债务，当债务人无力偿付债务时，他有义务代其偿付。合伙企业和个人独资企业属于无限责任企业。

（二）合伙企业法的概念

合伙企业法是指由国家最高立法机关依法制定的、规范合伙企业合伙关系的专门法律，即《合伙企业法》。该法于 1997 年 2 月 23 日由第八届全国人大常委会第二十四次会议通过，于 2006 年 8 月 27 日第十届全国人大常委会第二十三次会议修订，于 2007 年 6 月 1 日起正式实施。

二、普通合伙企业

（一）普通合伙企业的设立

1. 设立条件

根据《合伙企业法》的规定，设立合伙企业，应当具备下列条件。

1）有 2 个以上合伙人。

2）有书面合伙协议。合伙协议应当依法由全体合伙人协商一致，以书面形式订立。合伙协议应当载明下列事项：① 合伙企业的名称和主要经营场所的地点。② 合伙目的和合伙经营范围。③ 合伙人的姓名或名称、住所。④ 合伙人的出资方式、数额和缴付期限。⑤ 利润分配、亏损分担方式。⑥ 合伙事务的执行。⑦ 入伙与退伙。⑧ 争议解决办法。⑨ 合伙企业的解散与清算。⑩ 违约责任等。

3）有合伙人认缴或实际缴付的出资。合伙人可以用货币、实物、知识产权、土地使用权或其他财产权利出资，也可以用劳务出资。

4）合伙企业的名称和生产经营场所。普通合伙企业应当在其名称中标明"普通合伙"字样。

5）法律和行政法规规定的其他条件。

2. 设立程序

根据《合伙企业法》和国务院发布的《合伙企业登记管理办法》的规定，合伙企业的设立登记，应按如下程序进行。

1）申请人向企业登记机关提交相关文件。包括：① 登记申请书。② 合伙协议书。③ 合伙人的身份证明。④ 审批文件。⑤ 其他法定的证明文件。

2）企业登记机关核发营业执照。申请人提交的登记申请材料齐全、符合法定形式，应予当场登记，发给营业执照；不予登记的，应当给予书面答复，并说明理由。

合伙企业的营业执照签发日期，为合伙企业的成立日期。合伙企业领取营业执照以前，合伙人不得以合伙企业名义从事合伙业务。

（二）普通合伙企业财产

1. 财产的构成

1）合伙人的出资。它既包括合伙成立时各合伙人"认缴"的财产，也包括合伙成立后合伙企业增加的财产。

2）以合伙企业名义取得的收益。合伙企业在经营过程中，以其名义取得的收益作为合伙企业的财产。

3）依法取得的其他财产，如合法接受赠予的财产等。

2. 财产的性质

合伙企业的财产为合伙企业独立享有，由全体合伙人共同管理和使用，在合伙企业存续期间，除非有合伙人退伙的事由出现，否则，合伙人在合伙企业清算前，不得请求分割合伙企业的财产；但是，法律另有规定的除外。合伙人在合伙企业清算前私自转移或处分合伙企业财产的，合伙企业不得以此对抗善意第三人。

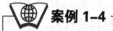 **案例1-4**

　2014年3月，原告张元与第三人李明经协商决定共同合伙在城区经营"美好"KTV。合伙协议约定："美好"KTV由张元、李明各出资4万元作为合伙资金，工商和税务等部门的相应证照均由李明负责办理，双方共同经营，盈利共享，亏损共担。不久，李明即以个人名义到工商、税务、文化和消防部门办理了经营KTV需要的相关证照。半年后，因经营不善，"美好"KTV出现了严重亏损，李明、张元两人遂产生矛盾。2015年3月16日，李明趁张元外出办事之机，将"美好"KTV两套豪华音响设备以3万元的价格卖给被告刘志。李明称自己是"美好"KTV的老板，并向刘志出示了工商和税务等部门颁发的证照作为证明。刘志对此深信不疑，遂于当日付清价款后搬走了两套音响设备，两天后张元回来得知此事，遂拿出合伙协议找到刘志，称其所买的两套音响设备系自己与李明共有，李明无权单独处分，要求刘志返还音响设备。3人几次协商未果，张元诉至法院。

分析：

1. 如何看待合伙存续期间的财产？法院应该如何判决？

2. 你认为张元该怎样做来维护自己的合法权益？谈谈该案例给你的启示。

3. 合伙人财产份额的转让

合伙人财产份额的转让是指合伙企业的合伙人向他人转让其在合伙企业中的全部或部分财产份额的行为。由于合伙人财产份额的转让将影响合伙企业及各合伙人的切身利益，《合伙企业法》对合伙人财产份额的转让做了以下限制性规定。

1）除合伙协议另有约定外，合伙人向合伙人以外的人转让其在合伙企业中的全部或部分财产份额时，须经其他合伙人一致同意。

2）合伙人之间转让在合伙企业中的全部或部分财产份额时，应当通知其他合伙人。

3）合伙人向合伙人以外的人转让其在合伙企业中的财产份额的，在同等条件下其他合伙人有优先购买权；但是，合伙协议另有约定的除外。

合伙人以外的人依法受让合伙人在合伙企业中的财产份额的，经修改合伙协议即成为合伙企业的合伙人，依照《合伙企业法》和修改后的合伙协议享有权利，履行义务。

《合伙企业法》规定，合伙人以其在合伙企业中的财产份额出质的，须经其他合伙人一致同意；未经其他合伙人一致同意，其行为无效，由此给善意第三人造成损失的，由行为人依法承担赔偿责任。

（三）普通合伙企业的事务执行

1. 合伙事务执行的方式

根据《合伙企业法》的规定，合伙人执行合伙企业事务，可以有两种形式：① 全体合伙人共同执行合伙事务。② 委托一个或数个合伙人执行合伙事务。

2. 合伙人在执行合伙事务中的权利和义务

（1）合伙人在执行合伙事务中的权利

根据《合伙企业法》的规定，合伙人在执行合伙事务中的权利主要包括：① 合伙人对执行合伙事务享有同等的权利。② 执行合伙事务的合伙人对外代表合伙企业。③ 不执行合伙事务的合伙人的监督权利。④ 合伙人查阅合伙企业会计账簿等财务资料的权利。⑤ 合伙人有提出异议的权利和撤销委托的权利。

（2）合伙人在执行合伙事务中的义务

根据《合伙企业法》的规定，合伙人在执行合伙事务中的义务主要包括：① 合伙事务执行人向不参加执行事务的合伙人报告企业经营状况和财务状况。② 合伙人不得自营或同他人合作经营与本合伙企业相竞争的业务。③ 除合伙协议另有约定或经全体合伙人一致同意外，合伙人不得同本合伙企业进行交易。④ 合伙人不得从事损害本合伙企业利益的活动。

3. 合伙企业事务执行的决议办法

《合伙企业法》规定，合伙人对合伙企业有关事项做出决议，按照合伙协议约定的表决办法办理。合伙协议未约定或约定不明确的，实行合伙人一人一票并经全体合伙人过半数通过的表决办法。《合伙企业法》对合伙企业的表决办法另有规定的，从其规定。

4. 合伙企业的损益分配

合伙损益包括合伙利润和合伙亏损。

《合伙企业法》规定，合伙企业的利润分配、亏损分担，按照合伙协议的约定办理；合伙协议未约定或约定不明确的，由合伙人协商决定；协商不成的，由合伙人按照实缴出资比例分配、分担；无法确定出资比例的，由合伙人平均分配、分担。合伙协议不得约定将全部利润分配给部分合伙人或由部分合伙人承担全部亏损。

5. 非合伙人参与经营管理

在合伙企业中，往往由于合伙人经营管理能力不足，需要在合伙人之外聘任非合伙人担任合伙企业的经管理人员，参与合伙企业的经营管理工作。《合伙企业法》规定，除合伙协议另有约定外，经全体合伙人一致同意，可以聘任合伙人以外的人担任合伙企业的经营管理人员。

（四）普通合伙企业与第三人的关系

1. 合伙企业与善意第三人的关系

合伙企业对合伙人执行合伙事务及对外代表合伙企业权利的限制不得对抗善意第三人。

2. 合伙企业和合伙人的债务清偿

（1）合伙企业的债务清偿与合伙人的关系

1）合伙企业财产优先清偿。《合伙企业法》规定，合伙企业对其债务，应先以其全部财产进行清偿，而不应当向合伙人个人直接请求债权。

2）合伙人的无限连带清偿责任。《合伙企业法》规定，合伙企业不能清偿到期债务的，合伙人承担无限连带责任。所谓合伙人的无限责任，是指当合伙企业的全部财产不足以偿付到期债务时，各个合伙人承担合伙企业的债务不是以其出资额为限，而是以其自有财产来清偿合伙企业的债务。合伙人的连带责任是指当合伙企业的全部财产不足以偿付到期债务时，合伙企业的债权人对合伙企业所负债务，可以向任何一个合伙人主张，该合伙人不得以其出资的份额大小、合伙协议有特别约定、合伙企业债务另有担保人或自己已经偿付所承担份额的债务等理由来拒绝。

3）合伙人之间的债务分担和追偿。《合伙企业法》规定，合伙人由于承担无限连带责任，清偿数额超过规定的其亏损分担比例的，有权向其他合伙人追偿。合伙人之间的分担比例对债权人没有约束力。债权人可以根据自己的清偿利益，请求全体合伙人中的一人或数人承担全部清偿责任，也可以按照自己确定的清偿比例向各合伙人分别追索。如果某一合伙人实际支付的清偿数额超过其依照既定比例所应承担的数额，依照《合伙企业法》的规定，该合伙人有权就超过部分向其他未支付或未足额支付应承担数额的合伙人追偿。

（2）合伙人的债务清偿与合伙企业的关系

1）合伙人发生与合伙企业无关的债务，相关债权人不得以其债权抵消其对合伙企业的债务；也不得代位行使合伙人在合伙企业中的权利。

2）合伙人的自有财产不足清偿其与合伙企业无关的债务的，该合伙人可以以其从合伙企业中分取的收益用于清偿；债权人也可以依法请求人民法院强制执行该合伙人在合伙企业中的财产份额用于清偿。人民法院强制执行合伙人的财产份额时，应当通知全体合伙人，其他合伙人有优先购买权；其他合伙人未购买，又不同意将该财产份额转让给他人的，依照《合伙企业法》的规定为该合伙人办理退伙结算，或者办理削减该合伙人相应财产份额的结算。

（五）入伙与退伙

1．入伙

入伙是指在合伙企业存续期间，合伙人以外的第三人加入合伙，从而取得合伙人资格。

（1）入伙的条件和程序

《合伙企业法》规定，新合伙人入伙，除合伙协议另有约定外，应当经全体合伙人一致同意，并依法订立书面入伙协议。订立入伙协议时，原合伙人应当向新合伙人如实告知原合伙企业的经营状况和财务状况。

（2）新合伙人的权利和责任

一般来说，入伙的新合伙人与原合伙人享有同等权利，承担同等责任。《合伙企业法》规定，新合伙人对入伙前合伙企业的债务承担无限连带责任。

2．退伙

退伙是指合伙人退出合伙企业，从而丧失合伙人资格。根据退伙的原因，合伙人退伙分为自愿退伙和法定退伙。

（1）自愿退伙

自愿退伙是指合伙人基于自愿的意思表示而退伙。自愿退伙可以分为协议退伙和通知退伙两种。

《合伙企业法》规定，合伙协议约定合伙期限的，在合伙企业存续期间，有下列情形之一的，合伙人可以退伙：① 合伙协议约定的退伙事由出现。② 经全体合伙人一致同意。③ 发生合伙人难以继续参加合伙的事由。④ 其他合伙人严重违反合伙协议约定的义务。合伙人违反上述规定退伙的，应当赔偿由此给合伙企业造成的损失。

《合伙企业法》规定，合伙协议未约定合伙期限的，合伙人在不给合伙企业事务执行造成不利影响的情况下，可以退伙，但应当提前 30 日通知其他合伙人。

（2）法定退伙

法定退伙是指合伙人因出现法律规定的事由而退伙。法定退伙分为当然退伙和除名两类。

《合伙企业法》规定，合伙人有下列情形之一的，当然退伙：① 作为合伙人的自然人死亡或被依法宣告死亡。② 个人丧失偿债能力。③ 作为合伙人的法人或其他组织依法被吊销营业执照、责令关闭、撤销，或者被宣告破产。④ 法律规定或合伙协议约定合伙人必须具有相关资格而丧失该资格。⑤ 合伙人在合伙企业中的全部财产份额被人民法院强制执行。

此外，合伙人被依法认定为无民事行为能力人或限制民事行为能力人的，经其他合伙人一致同意，可以依法转为有限合伙人，普通合伙企业依法转为有限合伙企业。其他合伙人未能一致同意的，该无民事行为能力或限制民事行为能力的合伙人退伙。当然退伙以退伙事由实际发生之日为退伙生效日。

《合伙企业法》规定，合伙人有下列情形之一的，经其他合伙人一致同意，可以决议将其除名：① 未履行出资义务。② 因故意或重大过失给合伙企业造成损失。③ 执行合伙事务时有不正当行为。④ 发生合伙协议约定的事由。

对合伙人的除名决议应当书面通知被除名人。被除名人接到除名通知之日，除名生效，被除名人退伙。被除名人对除名决议有异议的，可以自接到除名通知之日起 30 日内，向人民法院起诉。

案例 1-5

2013 年，田某、洪某和余某共同出资成立了某矿产企业，约定合作期限 5 年，合作经营开发煤矿。2014 年上半年，由于企业经营不善，田某提出退伙，洪某和余某不同意。田某擅自搬走了企业的部分机器设备，价值 12 余万元，造成了该矿产企业经营的进一步恶化，直接经济损失 100 余万元，该企业的经营被迫中止。

分析：田某强行退伙给矿产企业造成的损失应如何处理？

（六）特殊的普通合伙企业

1. 特殊的普通合伙企业的含义

特殊的普通合伙企业是指以专业知识和专门技能为客户提供有偿服务的专业服务机构。特殊的普通合伙企业名称中应当标明"特殊普通合伙"字样。

2. 特殊的普通合伙企业的责任形式

1）一个合伙人或数个合伙人在执业活动中因故意或重大过失造成合伙企业债务的，应当承担无限责任或无限连带责任，其他合伙人以其在合伙企业中的财产份额为限承担责任。

2）合伙人在执业活动中非因故意或重大过失造成的合伙企业债务及合伙企业的其他债务，由全体合伙人承担无限连带责任。

3）合伙人在执业活动中因故意或重大过失造成的合伙企业债务，以合伙企业财产对外承担责任后，该合伙人应当按照合伙协议的约定对给合伙企业造成的损失承担赔偿责任。

三、有限合伙企业

（一）有限合伙企业的设立

1. 有限合伙企业人数

《合伙企业法》规定，有限合伙企业由 2 人以上 50 人以下合伙人设立，法律另有规定的除外。有限合伙企业至少应当有 1 名普通合伙人。

2. 有限合伙企业名称

《合伙企业法》规定，有限合伙企业名称中应当标明"有限合伙"字样。

3. 有限合伙企业协议

有限合伙企业协议除符合普通合伙企业合伙协议的规定外，还应当载明下列事项：① 普通合伙人和有限合伙人的姓名或名称、住所。② 执行事务合伙人应具备的条件和选择程序。③ 执行事务合伙人权限与违约处理办法。④ 执行事务合伙人的除名条件和更换程序。⑤ 有限合伙人入伙、退伙的条件、程序及相关责任。⑥ 有限合伙人和普通合伙人相互转变程序。

4. 有限合伙人出资形式

《合伙企业法》规定，有限合伙人可以用货币、实物、知识产权、土地使用权或其他财产权利作价出资，有限合伙人不得以劳务出资。

5. 有限合伙人出资义务

《合伙企业法》规定，有限合伙人应当按照合伙协议的约定期限足额缴纳出资；未按期足额缴纳的，应当承担补缴义务，并对其他合伙人承担违约责任。

（二）有限合伙企业事务执行的特殊规定

1. 有限合伙企业事务执行人

《合伙企业法》规定，有限合伙企业由普通合伙人执行合伙事务。执行事务合伙人可以要求在合伙协议中确定执行事务的报酬及报酬提取方式。有限合伙人不执行合伙事务，不得对外代表有限合伙企业。

2. 有限合伙企业利润分配

《合伙企业法》规定，有限合伙企业不得将全部利润分配给部分合伙人；但是，合伙协议另有约定的除外。

3. 有限合伙人的特殊权利

有限合伙人可以同本企业进行交易，有限合伙人可以经营与本企业相竞争的业务，有限合伙人可以将其在有限合伙企业中的财产份额出质，但合伙协议另有约定的除外。有限合伙人可以按照合伙协议的约定向合伙人以外的人转让其在有限合伙企业中的财产份额，但应当提前 30 日通知其他合伙人。

（三）有限合伙人债务承担

有限合伙人的自有财产不足清偿其与合伙企业无关的债务的，该合伙人可以以其从有限合伙企业中分取的收益用于清偿；债权人也可以依法请求人民法院强制执行该合伙人在有限合伙企业中的财产份额用于清偿。

人民法院强制执行有限合伙人的财产份额时，应当通知全体合伙人。在同等条件下，其他合伙人有优先购买权。

第三人有理由相信有限合伙人为普通合伙人并与其交易的，该有限合伙人对该笔交易承担与普通合伙人同样的责任。

有限合伙人未经授权以有限合伙企业名义与他人进行交易，给有限合伙企业或其他合伙人造成损失的，该有限合伙人应当承担赔偿责任。

（四）有限合伙企业入伙与退伙的特殊规定

1. 入伙

新入伙的有限合伙人对入伙前有限企业的债务，以其认缴的出资额为限承担责任。

2. 退伙

（1）有限合伙人当然退伙

《合伙企业法》规定，有限合伙人出现下列情形时，当然退伙：① 作为合伙人的自然人死亡或被依法宣告死亡。② 作为合伙人的法人或其他组织依法被吊销营业执照、责令关闭和撤销，或者被宣告破产。③ 法律规定或合伙协议约定合伙人必须具有相关资格而丧失该资格。④ 合伙人在合伙企业中的全部财产份额被人民法院强制执行。

（2）有限合伙人丧失民事行为能力的处理

《合伙企业法》规定，作为有限合伙人的自然人在有限合伙企业存续期间丧失民事行为能力的，其他合伙人不得因此要求其退伙。

（3）有限合伙人继承人的权利

《合伙企业法》规定，作为有限合伙人的自然人死亡、被依法宣告死亡或作为有限合伙人的法人及其他组织终止时，其继承人或权利承受人可以依法取得该有限合伙人在有限合伙企业中的资格。

（4）有限合伙人退伙后责任承担

《合伙企业法》规定，有限合伙人退伙后，对基于其退伙前的原因发生的有限合伙企业债务，以其退伙时从有限合伙企业中取回的财产承担责任。

（五）合伙人身份的变更

除合伙协议另有约定外，普通合伙人转变为有限合伙人，或者有限合伙人转变为普通合伙人，应当经全体合伙人一致同意。有限合伙人转变为普通合伙人的，对其作为有限合伙人期间有限合伙企业发生的债务承担无限连带责任。

普通合伙人转变为有限合伙人的，对其作为普通合伙人期间合伙企业发生的债务承担无限连带责任。

 思考 1-6

有限合伙和普通合伙有何异同？

四、合伙企业解散和清算

（一）合伙企业解散

合伙企业解散是指各合伙人解除合伙协议，合伙企业终止活动。根据《合伙企业法》的规定，合伙企业有下列情形之一的，应当解散。

1）合伙期限届满，合伙人决定不再经营。

2）合伙协议约定的解散事由出现。

3）全体合伙人决定解散。

4）合伙人已不具备法定人数满 30 天。

5）合伙协议约定的合伙目的已经实现或无法实现。

6）依法被吊销营业执照、责令关闭或被撤销。

7）法律和行政法规规定的其他原因。

（二）合伙企业清算

合伙企业解散的，应当进行清算。《合伙企业法》对合伙企业清算做了以下 4 个方面的规定。

1. 确定清算人

清算人由全体合伙人担任；经全体合伙人过半数同意，可以自合伙企业解散事由出现后 15 日内指定一个或数个合伙人，或者委托第三人，担任清算人。自合伙企业解散事由出现之日起 15 日内未确定清算人的，合伙人或其他利害关系人可以申请人民法院指定清算人。

2. 债权申报

清算人自被确定之日起 10 日内将合伙企业解散事项通知债权人，并于 60 日内在报纸上公告。债权人应当自接到通知书之日起 30 日内，未接到通知书的自公告之日起 45 日内，向清算人申报债权。

3. 财产清偿顺序

合伙企业财产在支付清算费用和职工工资、社会保险费用、法定补偿金及缴纳所欠税款、清偿债务后的剩余财产，按照合伙协议的约定办理；合伙协议未约定或约定不明确的，由合伙人协商决定；协商不成的，由合伙人按照实缴出资比例分配；无法确定出资比例的，由合伙人平均分配。

　　4．注销登记

　　清算结束，清算人应当编制清算报告，经全体合伙人签名和盖章后，在15日内向企业登记机关报送清算报告，申请办理合伙企业注销登记。

　　合伙企业注销后，原普通合伙人对合伙企业存续期间的债务仍应承担无限连带责任。

情境三　个人独资企业法

> 学习要点
> 1．个人独资企业法的基本概念和特征；
> 2．设立个人独资公司的条件、程序、期限及清算解散等相关规定，个人独资企业的投资人及事务管理、清算及解散。

　　司徒律师从他的大公文包中拿出一沓卷宗，请他的学生们阅读下面的案例，然后试图解决案例中的问题。

【导读案例】刘某是某高校的在职研究生，经济上独立于其家庭。2013年8月，在工商行政管理机关注册成立了一家主营信息咨询的个人独资企业，取名为"远大信息咨询有限公司"，注册资本为人民币1元。公司营业形势看好，收益甚丰。之后，黄某与刘某协议参加该个人独资企业的投资经营，并注入投资5万元人民币。经营过程中先后共聘用工作人员10名，对此刘某认为自己开办的是私人企业，并不需要为职工办理社会保险，因此没有为职工缴纳社会保险费也没有与职工签订劳动合同。后来该独资企业由于经营不善导致负债10万元。刘某决定于2014年10月自行解散企业，但因为企业财产不足清偿而被债权人、企业职工诉诸人民法院。法院审理后认为刘某与黄某形成事实上的合伙关系，判决责令刘某、黄某补充办理职工的社会保险并缴纳保险费，由刘某与黄某对该企业的债务承担无限连带责任。

分析：

1．该企业的设立是否合法？

2．刘某允许另一公司参加投资，共同经营的行为是否合法？

3．刘某的理由是否成立？

4．该企业的债权人要求是否成立？

5．刘某是否能自行解散企业？

6. 黄某是否承担责任？

在没有学习情境三时，你能回答这些问题吗？请写出你的答案。

1. _____

2. _____

3. _____

4. _____

5. _____

6. _____

学习情境三以后，你的答案发生变化了吗？请再次写下你的答案。

1. _____

2. _____

3. _____

4. _____

5. _____

6. _____

一、个人独资企业法律制定概述

（一）个人独资企业的概念

个人独资企业是指依照《中华人民共和国个人独资企业法》（以下简称《个人独资企业法》）在中国境内设立，由一个自然人投资，财产为投资人个人所有，投资人以其个人财产对企业债务承担无限责任的经营实体。

（二）个人独资企业的法律特征

1. 个人独资企业是由一个自然人投资的企业

根据《个人独资企业法》的规定，设立个人独资企业只能是一个自然人。国家机关、国家授权投资的机构或国家授权的部门、企业和事业单位等都不能作为个人独资企业的设立人。自然人既包括中国公民，也包括外国人及无国籍的人，但是《个人独资企业法》所指的自然人只是指中国公民，因此，外商独资企业不适用《个人独资企业法》的规定。

2. 个人独资企业的投资人对企业的债务承担无限责任

投资人对企业的债务承担无限责任，即当企业的资产不足以清偿到期债务时，投资人应以自己个人的全部财产用于清偿，这实际上是将企业的责任与投资人的责任连为一体。

3. 个人独资企业的内部机构设置简单，经营管理方式灵活

个人独资企业的投资人既是企业的所有者，又是企业的经营者。因此，法律对其内部机构设置和经营管理方式不像公司和其他企业那样加以严格地规定。

4. 个人独资企业是非法人企业

个人独资企业由一个自然人出资，投资人对企业的债务承担无限责任。在权利义务上，企业和个人是融为一体的，企业的责任即投资人个人的责任，企业的财产即投资人个人的财产。因此，个人独资企业不具有法人资格，也无独立承担民事责任的能力。个人独资企业虽然不具有法人资格，但是独立的民事主体，可以自己的名义从事民事活动。

 思考 1-7

个体工商户是个人独资企业吗？

（三）个人独资企业法的概念

个人独资企业法有广义和狭义之分。广义的个人独资企业法是指国家关于个人独资企业的各种法律规范的总称；狭义的个人独资企业法是指1999年8月30日第九届全国人大常委会第十一次会议通过，自2000年1月1日起施行的《中华人民共和国个人独资企业法》。2014年2月20日国家工商行政管理总局公布第63号令，对《个人独资企业登记管理办法》进行修改，并于2014年3月1日起施行。

二、个人独资企业的设立

（一）个人独资企业的设立条件

根据《个人独资企业法》的规定，设立个人独资企业应当具备下列条件。

1）投资人为一个自然人，且只能是中国公民。

2）有合法的企业名称。个人独资企业的名称应当符合国家关于企业名称登记管理的有关规定，企业名称应与其责任形式及从事的营业相符合，可以称厂、店、部、中心和工作室等，名称中不得使用"有限"、"有限责任"或"公司"字样。

3）有投资人申报的出资。投资人可以个人财产出资，也可以家庭共有财产作为个人出资。《个人独资企业法》对设立个人独资企业的出资数额未做限制。设立个人独资企业可以用货币出资，也可以用实物、土地使用权、知识产权或其他财产权利出资。以家庭共有财产作为个人出资的，投资人应当在设立（变更）登记申请书上予以注明。

4）有固定的生产经营场所和必要的生产经营条件。生产经营场所包括企业的住所和与生产经营相适应的处所。住所是企业的主要办事机构所在地，是企业的法定地址。

5）有必要的从业人员。有必要的从业人员是指要有与其生产经营范围、规模相适应的从业人员。

（二）个人独资企业的设立程序

1. 提出申请

申请设立个人独资企业，应当由投资人或其委托的代理人向个人独资企业所在地的登记机关提出设立申请。投资人申请设立登记，应当向登记机关提交下列文件：投资人签署的个人独资企业设立申请书；投资人的身份证明；企业住所证明和生产经营场所的使用证明等文件；委托代理人申请设立登记的，应当提交投资人的委托书和代理人的身份证明或资格证明；国家工商行政管理局规定提交的其他文件。

2．工商登记

登记机关应当在收到设立申请文件之日起 15 日内，对符合《个人独资企业法》规定条件的予以登记，发给营业执照；对不符合规定条件的，不予登记。个人独资企业营业执照的签发日期，为个人独资企业成立日期。

 思考 1-8

个人独资企业与一人有限责任公司的设立程序有何异同？

三、个人独资企业的投资人及事务管理

（一）个人独资企业的投资人

根据《个人独资企业法》的规定，个人独资企业的投资人为具有中国国籍的自然人，但法律、行政法规禁止从事营利性活动的人，不得作为投资人申请设立个人独资企业。

根据《个人独资企业法》的规定，个人独资企业投资人对本企业的财产依法享有所有权，其有关权利可以依法进行转让或继承。

由于个人独资企业是一个投资人以其个人财产对企业债务承担无限责任的经营实体，所以，《个人独资企业法》规定，个人独资企业财产不足以清偿债务的，投资人应当以其个人的其他财产予以清偿。如果个人独资企业投资人在申请企业设立登记时明确以其家庭共有财产作为个人出资的，应当依法以家庭共有财产对企业债务承担无限责任。

（二）个人独资企业的事务管理

1．事务管理的方式

《个人独资企业法》规定，个人独资企业投资人可以自行管理企业事务，也可以委托或聘用其他具有民事行为能力的人负责事务管理。投资人委托或聘用他人管理个人独资企业事务，应当与受托人或被聘用的人签订书面合同。

投资人对受托人或被聘用人员职权的限制，不得对抗善意第三人。个人独资企业的投资人与受托人或被聘用人员之间有关权利的限制只对受托人或被聘用人员有效，对第三人并无约束力，受托人或被聘用人员超出投资人的限制与善意第三人的有关业务交往应当有效。

2．事务管理的内容

个人独资企业事务管理的内容包括以下 5 个方面。

1）个人独资企业应当依法设置会计账簿，进行会计核算。

2）个人独资企业招用职工的，应当依法与职工签订劳动合同，保障职工的劳动安全，按时、足额发放职工工资。

3）个人独资企业应当按照国家规定参加社会保险，为职工缴纳社会保险费。根据有关规定，中国目前设有 5 种强制性的社会保险，即养老保险、工伤保险、医疗保险、失业保险和企业职工生育保险。

4）个人独资企业可以依法申请贷款，取得土地使用权，并享有法律、行政法规规定的

其他权利。

5）任何单位和个人不得违反法律、行政法规的规定，以任何方式强制个人独资企业提供财力、物力和人力；对于违法强制提供财力、物力和人力的行为，个人独资企业有权拒绝。

四、个人独资企业的解散和清算

（一）个人独资企业的解散

个人独资企业的解散是指个人独资企业终止活动使其民事主体资格消灭的行为。根据《个人独资企业法》的规定，个人独资企业有下列情形之一时，应当解散。

1）投资人决定解散。

2）投资人死亡或被宣告死亡，无继承人或继承人决定放弃继承。

3）被依法吊销营业执照。

4）法律、行政法规规定的其他情形。

（二）个人独资企业的清算

个人独资企业解散的，应当进行清算。《个人独资企业法》对个人独资企业清算做了如下规定。

1. 通知和公告债权人

个人独资企业解散，由投资人自行清算或由债权人申请人民法院指定清算人进行清算。投资人自行清算的，应当在清算前15日内书面通知债权人，无法通知的，应当予以公告。债权人应当在接到通知之日起30日内，未接到通知的应当在公告之日起60日内，向投资人申报债权。

2. 财产清偿顺序

个人独资企业解散的，财产应当按照下列顺序清偿：① 所欠职工工资和社会保险费用。② 所欠税款。③ 其他债务。

3. 清算期间对投资人的要求

清算期间，个人独资企业不得开展与清算目的无关的经营活动，在按法律规定的财产清偿顺序清偿债务前，投资人不得转移和隐匿财产。

4. 投资人的持续清偿责任

个人独资企业解散后，原投资人对个人独资企业存续期间的债务仍应承担偿还责任，但债权人在5年内未向债务人提出偿债请求的，该责任消灭。

5. 注销登记

个人独资企业清算结束后，投资人或人民法院指定的清算人应当编制清算报告，并于15日内到登记机关办理注销登记。经登记机关注销登记，个人独资企业终止。

分组讨论

根据本次学习任务，全体学生分两组对实际案例进行讨论，其中，一组站在王俊虎的角度，另一组站在杨民全的角度。首先在理解营销主体法律的特征和基本框架的基础上，分析实际案例；然后对案例后的问题进行思考和讨论。

1. 2011 年 3 月 2 日的协议书是股权转让协议，还是合伙协议？
2. 本案法院应该如何判决？

在讨论过程中，每组设立一位组长，组长负责组织整个小组的讨论工作，以及做出小组总结，如表 1-1 所示。

表 1-1　小组总结

小组成员	
组　　长	
总　　结	

 学习反馈

1. 问题解答和理论补充

每组的讨论任务完成后，对结论进行发言，在发言过程中，司徒律师根据学生讨论情况，指出结论的独特之处及不足之处，对于讨论当中出现的一些问题进行解答和理论的补充。两组的具体讨论如表 1-2 所示。

表 1-2　两组的具体讨论

王俊虎组	依　　据	杨民全组	依　　据
观点 1		观点 1	
观点 2		观点 2	
观点 3		观点 3	

2. 案例分析参考

本案例的关键之处在于如何认定王俊虎和杨民全于 2011 年 3 月 2 日所签订协议书的性质，即该协议书是股权转让协议还是合伙协议。

表面上看，该协议书是王俊虎将 20% 的公司股权转让于杨民全，属于因股权转让而发生的股东资格争议。而实践中对该类争议，审判时坚持以股东变更登记为基本标准，尊重股权实际转让事实的原则。首先，应当承认公司有权审查股权转让是否符合公司法和公司章程的规定，公司办理变更登记申请应当推定为公司对股权转让和受让人股东资格的确认，对公司及其他股东均具有约束力。其次，如果股权受让方已事实上承受了转让方的出资额，参与了公司的经营管理，行使股东的权利和承担了相应义务，而公司却未实际办理股东变更登记手续。在这种情况下，应该尊重既定事实，认定受让方具有股东资格，并责令公司将受让方记载于股东名册。最后，工商变更登记手续，属于行政确权行为，是对当事人已经发生的股权转让事实予以确认，是否进行工商变更登记不影响受让方股东资格的取得。

从本案的事实来看，杨民全仅和王俊虎于 2011 年 3 月 2 日签订协议书一份，其并未实际出资，公司也未到工商部门进行股权变更登记。因而应当认定该协议不是一份股权转让协议。

而从该协议书内容来看，该协议实质上是一份合伙协议，杨民全投资 60 万元入伙，获得 20% 的份额，并约定了合伙企业经营管理方式，虽然也约定利润分配方式，但未有风险负担的条款。中国《合伙企业法》第 33 条明确对此加以禁止，合伙协议不得约定将全部的红利分配给部分合伙人或由部分合伙人承担全部的亏损。

本协议从内容上看，杨民全仅享受利润，却并不承担亏损，这与法律所规定的合伙人之间应当共同出资、共担风险、共负盈亏的法律特点是相违背的。从合伙协议的履行来看，截至 2014 年 4 月杨民全起诉时，该协议期限已经届满，而其并未出资，从根本上也丧失了履行该协议的依据，因而法院应驳回其请求分红的权利，而其所得到的所谓的"红利"也应予以返还。

本案判决结果如下：① 驳回杨民全的诉讼请求。② 解除杨民全与王俊虎于 2011 年 3 月 2 日签订的协议书。③ 杨民全返还王俊虎已付的 11 万元红利款。

 实务操作

1. 比较异同（见表 1-3）

表 1-3　比较异同

类型 项目	个人独资企业	一人有限公司	个体工商户
设立条件			
设立程序			
变更与终止			

2. 设立企业

（1）企业设立程序模拟

（2）目的

通过本项实训，进一步使学生了解和掌握中国《公司法》的主要法律规定，并学会用法律规定解决各项实际问题，进而提高其实践能力。

（3）操作流程

1）由教师寻找好当地设立的有限责任公司、合伙企业和个人独资企业，将学生分成小组，分别深入相关公司调查了解。

2）每组的组长担任发起人，其他小组成员协助企业发起人制定企业章程。

3）让学生跟随教师前往有关部门办理企业设立的相关手续。

（4）考核

教师根据学生掌握《公司法》的熟练情况和办理企业设立事宜的准确程度做出相应评分。

 延伸阅读：新旧公司法对比

新《公司法》于 2013 年 12 月 28 日第十二届全国人大常委会第六次会议通过，2014 年 3 月 1 日起正式实施。以下加黑字体为修改之处。

修订前	修订后
第七条 依法设立的公司，由公司登记机关发给公司营业执照。公司营业执照签发日期为公司成立日期。 公司营业执照应当载明公司的名称、住所、注册资本、**实收资本**、经营范围、法定代表人姓名等事项。 公司营业执照记载的事项发生变更的，公司应当依法办理变更登记，由公司登记机关换发营业执照。	第七条 依法设立的公司，由公司登记机关发给公司营业执照。公司营业执照签发日期为公司成立日期。 公司营业执照应当载明公司的名称、住所、注册资本、经营范围、法定代表人姓名等事项。 公司营业执照记载的事项发生变更的，公司应当依法办理变更登记，由公司登记机关换发营业执照。
第二十三条 设立有限责任公司，应当具备下列条件： （一）股东符合法定人数； （二）**股东出资达到法定资本最低限额**； （三）股东共同制定公司章程； （四）有公司名称，建立符合有限责任公司要求的组织机构； （五）有公司住所。	第二十三条 设立有限责任公司，应当具备下列条件： （一）股东符合法定人数； （二）**有符合公司章程规定的全体股东认缴的出资额**； （三）股东共同制定公司章程； （四）有公司名称，建立符合有限责任公司要求的组织机构； （五）有公司住所。
第二十六条 有限责任公司的注册资本为在公司登记机关登记的全体股东认缴的出资额。公司全体股东的首次出资额不得低于注册资本的 **20%**，也不得低于法定的注册资本最低限额，其余部分由股东自公	第二十六条 有限责任公司的注册资本为在公司登记机关登记的全体股东认缴的出资额。 **法律、行政法规及国务院决定对有限责任公司注册资本实缴、注册资本最低限**

修 订 前	修 订 后
司成立之日起 2 年内缴足；其中，投资公司可以在 5 年内缴足。 **有限责任公司注册资本的最低限额为人民币 3 万元。法律、行政法规对有限责任公司注册资本的最低限额有较高规定的，从其规定。**	额另有规定的，从其规定。
第二十七条 股东可以用货币出资，也可以用实物、知识产权、土地使用权等可以用货币估价并可以依法转让的非货币财产作价出资；但是，法律、行政法规规定不得作为出资的财产除外。 对作为出资的非货币财产应当评估作价，核实财产，不得高估或低估作价。法律、行政法规对评估作价有规定的，从其规定。 **全体股东的货币出资金额不得低于有限责任公司注册资本的30%。**	第二十七条 股东可以用货币出资，也可以用实物、知识产权、土地使用权等可以用货币估价并可以依法转让的非货币财产作价出资；但是，法律、行政法规规定不得作为出资的财产除外。 对作为出资的非货币财产应当评估作价，核实财产，不得高估或低估作价。法律、行政法规对评估作价有规定的，从其规定。
第二十九条 股东缴纳出资后，必须经依法设立的验资机构验资并出具证明。	删去
第三十三条 有限责任公司应当置备股东名册，记载下列事项： （一）股东的姓名或名称及住所； （二）股东的出资额； （三）出资证明书编号。 记载于股东名册的股东，可以依股东名册主张行使股东权利。 公司应当将股东的姓名或名称**及其出资额**向公司登记机关登记；登记事项发生变更的，应当办理变更登记。未经登记或变更登记的，不得对抗第三人。	第三十二条 有限责任公司应当置备股东名册，记载下列事项： （一）股东的姓名或名称及住所； （二）股东的出资额； （三）出资证明书编号。 记载于股东名册的股东，可以依股东名册主张行使股东权利。 公司应当将股东的姓名或名称向公司登记机关登记；登记事项发生变更的，应当办理变更登记。未经登记或变更登记的，不得对抗第三人。
第五十九条 **一人有限责任公司的注册资本最低限额为人民币十万元。股东应当一次足额缴纳公司章程规定的出资额。** 一个自然人只能投资设立一个一人有限责任公司。该一人有限责任公司不能投资设立新的一人有限责任公司。	第五十八条 一个自然人只能投资设立一个一人有限责任公司。该一人有限责任公司不能投资设立新的一人有限责任公司。

续表

修订前	修订后
第七十七条 设立股份有限公司，应当具备下列条件： （一）发起人符合法定人数； **（二）发起人认购和募集的股本达到法定资本最低限额；** （三）股份发行、筹办事项符合法律规定； （四）发起人制定公司章程，采用募集方式设立的经创立大会通过； （五）有公司名称，建立符合股份有限公司要求的组织机构； （六）有公司住所。	第七十六条 设立股份有限公司，应当具备下列条件： （一）发起人符合法定人数； **（二）有符合公司章程规定的全体发起人认购的股本总额或募集的实收股本总额；** （三）股份发行、筹办事项符合法律规定； （四）发起人制定公司章程，采用募集方式设立的经创立大会通过； （五）有公司名称，建立符合股份有限公司要求的组织机构； （六）有公司住所。
第八十一条 股份有限公司采取发起设立方式设立的，注册资本为在公司登记机关登记的全体发起人认购的股本总额。**公司全体发起人的首次出资额不得低于注册资本的 20%，其余部分由发起人自公司成立之日起 2 年内缴足；其中，投资公司可以在 5 年内缴足。**在缴足前，不得向他人募集股份。 股份有限公司采取募集方式设立的，注册资本为在公司登记机关登记的实收股本总额。 **股份有限公司注册资本的最低限额为人民币 500 万元。法律、行政法规对股份有限公司注册资本的最低限额有较高规定的，从其规定。**	第八十条 股份有限公司采取发起设立方式设立的，注册资本为在公司登记机关登记的全体发起人认购的股本总额。在发起人认购的股份缴足前，不得向他人募集股份。 股份有限公司采取募集方式设立的，注册资本为在公司登记机关登记的实收股本总额。**法律、行政法规及国务院决定对股份有限公司注册资本实缴、注册资本最低限额另有规定的，从其规定。**
第八十四条 以发起设立方式设立股份有限公司的，发起人应当书面认足公司章程规定其认购的股份；一次缴纳的，应即缴纳全部出资；分期缴纳的，应即缴纳首期出资。以非货币财产出资的，应当依法办理其财产权的转移手续。 发起人不依照前款规定缴纳出资的，应	第八十三条 以发起设立方式设立股份有限公司的，发起人应当书面认足公司章程规定其认购的股份，并按照公司章程规定缴纳出资。以非货币财产出资的，应当依法办理其财产权的转移手续。 发起人不依照前款规定缴纳出资的，应当按照发起人协议承担违约责任。

修 订 前	修 订 后
当按照发起人协议承担违约责任。 发起人首次缴纳出资后，应当选举董事会和监事会，由董事会向公司登记机关报送公司章程、由依法设定的验资机构出具的验资证明以及法律、行政法规规定的其他文件，申请设立登记。	发起人认足公司章程规定的出资后，应当选举董事会和监事会，由董事会向公司登记机关报送公司章程，以及法律、行政法规规定的其他文件，申请设立登记。
第一百七十八条 公司需要减少注册资本时，必须编制资产负债表及财产清单。 公司应当自做出减少注册资本决议之日起 10 日内通知债权人，并于 30 日内在报纸上公告。债权人自接到通知书之日起 30 日内，未接到通知书的自公告之日起 45 日内，有权要求公司清偿债务或提供相应的担保。 公司减资后的注册资本不得低于法定的最低限额。	第一百七十七条 公司需要减少注册资本时，必须编制资产负债表及财产清单。 公司应当自做出减少注册资本决议之日起 0 日内通知债权人，并于 30 日内在报纸上公告。债权人自接到通知书之日起 30 日内，未接到通知书的自公告之日起 45 日内，有权要求公司清偿债务或提供相应的担保。

资料来源：http://www.cngsf.com。

学习任务二

营销产品法律

地点： 事务所   **人物：** 司徒律师、学生

 学习目标

1. 了解价格法的概念、价格违法责任；理解价格法的目的、中国价格形成机制及价格调控与监督措施；掌握价格法的适用范围。

2. 理解产品质量法、产品质量认证等概念；了解生产者、销售者的责任和义务；掌握违反产品质量法的损害赔偿的法律规定；理解产品质量法的适用范围和产品质量认证监督制定。

3. 理解工业产权的概念和特征；掌握商标的概念、种类和作用；了解商标注册的原则、条件和程序，理解中国商标法禁用条款和禁止条款的规定，掌握商标专用权的概念、内容和有效期，掌握商标侵权行为的特征和类型；理解专利权的主体和客体，授予专利权的条件，专利的审批制定和程序，专利权的内容及其限制、有效期和宣告专利权无效的规定；掌握专利侵权行为的特征、界限和类型；了解商标管理和专利代理的法律规定。

 任务描述

1. 司徒律师以主持人的身份组织学生进行营销价格管理的辩论，根据学生总数的多少，学生3~6人一组，进行对抗辩论。

2. 下达市场调查任务，学生以组为单位完成市场调查活动，出具调查报告。

CASE **实际案例**
>>>>

2007年7月25日，在济南市一家超市里，前来购买方便面的顾客络绎不绝。业内有人士分析，从2006年开始，小麦粉、棕榈油等与方便面相关的上游产品价格都出现了不

同程度的上涨，导致方便面价格将大幅上涨，据估算当时的方便面成本增长已经超过了11%。

世界方便面协会中国分会事务局的局长孟素菏表示，从2006年年底，尤其是2007年1~6月以来，中国所有的方便面企业，尤其是中低价的方便面企业，在这次涨价以后，其利润水平依然仅是1%~2%。

据了解，在高价方便面于2007年6月率先提价后，从2007年7月26日开始，华龙、白象、康师傅、统一、今麦郎、日清和农心等10多家知名企业全部参与此次统一调价，其市场覆盖率达到95%以上。

对于相关企业的这种做法，深圳市华商律师事务所律师邓磊表示，当时不仅房价大幅上涨，连牛肉面都在涨价，因此方便面涨价存在一定的合理性，但此次方便面集体涨价的形式值得商榷。他认为，方便面企业通过协会内部协调的方式来集体涨价，违背了《价格法》第十四条"（经营者）不得相互串通、操纵市场价格，损害其他经营者或消费者合法权益"的规定。

"由几个企业巨头操纵的价格调整，对一些小的方便面生产企业及消费者来说也显失公平。"邓磊说。据他透露，在《反垄断法》草案中也有规定，禁止经营者之间达成旨在排除限制竞争或实际具有排除限制竞争的协议，其中包括"统一确定、维持和变更商品价格"的协议。

中国社科院法学所民商法研究员、中国消费者协会理事刘俊海教授也认为，方便面价格属于市场调节价，生产企业可以根据自身的成本状况进行自主定价，集体涨价的做法不可取。但据刘俊海透露，当时的消费者协会及理事会还未就此召开会议商讨应对之策。"只能希望行业协会从消费者的利益出发，在企业具有涨价冲动时适当抑制，这样反而会得到消费者的认可，进而培养消费者的忠诚度。"

邓磊律师也表示，当时的情况是消费者处于弱势，只能由相关行业管理部门对此次涨价行为进行调查取证后，再考虑是否予以纠正或处罚。国家发展和改革委员会（以下简称国家发改委）价格监督检查司经过立案调查，认定"世界拉面协会中国分会"（又称"世界方便面协会中国分会"，简称"方便面中国分会"）及相关企业涉嫌相互串通、操纵市场价格，违反《价格法》，责令其立即改正错误，消除不良影响，并将依法做出进一步处理。

案例来源：深圳《晶报》。

? 思考

方便面行业集体涨价是否合法？

学习档案

情境一　价格法律制定

学习要点
1．价格法的概念、价格违法责任；
2．价格法的目的、中国价格形成机制及价格调控与监督措施；
3．价格法的适用范围。

司徒律师从他的大公文包中拿出一沓卷宗，请他的学生们阅读下面的案例，然后试图解决案例中的问题。

【导读案例】**都市时报 记者 乔长红**　2010 年 7 月 1 日，据国家发展和改革委员会网站消息，国家发展和改革委员会价格监督检查司、商务部市场秩序司、国家工商总局市场规范管理司联合召开新闻通气会，通报近期依法查处的一批经营者恶意囤积、串通涨价和哄抬价格的违法案件。吉林玉米批发公司等操纵绿豆价格被罚 100 万元。国家发改委将设立反价格垄断处、市场价格监管处，在全国价格主管部门组建一支专门从事反垄断和市场价格监管队伍。

案例一：吉林玉米批发公司等操纵绿豆价格被罚 100 万元

吉林玉米中心批发市场有限公司等企业相互串通，捏造散布涨价信息，操纵市场价格。查清事实后，价格主管部门根据违法情节轻重，依法对相关当事人实施了行政处罚。对市场主办方吉林玉米中心批发市场有限公司，按照法定最高处罚额度处以 100 万元罚款；对协办企业处以 50 万元罚款；对参加会议并相互串通的其他 109 家绿豆经销企业，由当地价格主管部门予以告诫。

案例二：山东一经销商被罚款 10 万元

山东省某经销商囤积大蒜，哄抬价格案。经查，2009 年 6 月以来，山东某经销商伙同他人，收储大蒜 3 000 多吨。其个人存储的部分至 2010 年 5 月 20 日左右有关部门介入调查后才集中出售。同时，该经销商还于 2009 年 2 月—2010 年 6 月，带领多人在电子交易市场合伙炒作大蒜中远期合约价格。该经销商 2009 年以来在大蒜现货和电子交易市场中存在的囤积、炒作行为，违反了《价格法》、《价格违法行为行政处罚规定》的有关规定。价格主管部门依法按照法定最高处罚额度，对当事人做出罚款 10 万元的行政处罚。

新举措：价格违法处罚特别规定

国家有关部门将采取有力措施，全面加强市场价格监管：进一步完善反映市场波动的价格监测制定，建立更加灵敏的价格监测预警体系，扩大监测覆盖的广度，增加监测数据的深度；探索建立小品种农产品价格异常波动预警机制，完善应对市场价格异常波动价格工作预案；进一步完善规范市场价格行为的法律法规，加大对不正当价格行为的处罚力度。

另外，国家发改委员会同有关部门研究起草了《关于市场价格异常波动时期价格违法行为处罚的特别规定（征求意见稿）》（以下简称《特别规定》）。《特别规定》明确了在重要商品（包括服务）市场价格出现异常波动，对人民群众生活和企业生产造成重大影响时，价格主管部门严厉打击捏造散布涨价信息，扰乱市场价格秩序；多进少售、只进不售或囤积拒售；产销或进销差价额超过正常时期差价额一倍，哄抬价格，牟取暴利，以及相互串通，操纵市场价格等价格违法行为。据了解，《特别规定》已经征求了有关部门和地方的意见，已向社会公开征求意见。该文件正式出台后，捏造散布涨价信息、恶意囤积和哄抬价格等违法行为将遭到更为严厉的处罚。

分析：
1．你认为政府处罚的依据是什么？
2．你觉得政府的《特别规定》能否取得预期的效果？为什么？
在没有学习情境一时，你能回答这些问题吗？请写出你的答案。
1．_____
_____
2．_____

学习情境一以后，你的答案发生变化了吗？请再次写下你的答案。
1．_____
_____
2．_____
_____

一、价格法概述

（一）价格与价格体系

1．价格的含义

价格又称物价，是商品价值的货币表现。价格法所称的价格包括商品价格和服务价格。商品价格是指各类有形产品和无形资产的价格，其中，有形产品是指消费品和生产资料等有实物形态和物质载体的产品，如农产品和工业品等；无形资产是指长期使用而没有实物形态的资产，包括专利权、非专利权、商标权、著作权、土地使用权、商誉权、地产和科技产品等。服务价格是指各类有偿服务的收费，即不出售实物，以一定的设备、工具和服务性劳动，为消费者或经营者提供某种服务所收取的费用。

 思考 2-1

你身边的无形产品有哪些？

2．价格体系

中国的价格形式共分为 3 类，即市场调节价、政府指导价及政府定价。市场调节价是指由经营者自主制定，通过市场竞争形成的价格。这里所称的经营者是指从事生产、经营商品或提供有偿服务的法人、其他组织和个人。政府指导价是指由政府价格主管部门或其他有关部门，按照定价权限和范围规定基准价及其浮动幅度，指导经营者制定的价格。政府定价是指由政府价格主管部门或其他有关部门，按照定价权限和范围制定的价格。目前，中国大多数商品和服务的价格实行市场调节价，极少数商品和服务价格实行政府指导价和政府定价。

（二）价格法的概念

价格法是调整价格的制定、执行和监督检查管理中发生的经济关系的法律规范的总称。

1997 年 12 月 29 日，第八届全国人大常委会第二十九次会议通过了《中华人民共和国价格法》（以下简称《价格法》），使之成为中国调整价格关系的基本法律。

二、经营者的价格行为

（一）经营者的概念

经营者是指以营利为目的，从事商品生产、销售和提供有偿服务的法人、合伙企业及其他社会组织和个人。经营者既可以是个体经营者，也可以是合伙企业或公司法人；经营者既可以是财产所有者、使用者和收益者，也可以是投资者、生产制造商、销售商和中介组织等。

（二）经营者的定价行为

大多数商品和服务的价格实行市场调节价，极少数商品和服务的价格实行政府指导价或政府定价。除不适宜竞争的垄断性强的及对社会稳定和经济长期发展有重大影响的极少数商品和服务仍实行政府指导价、政府定价外，其他绝大多数商品和服务都要实行市场调节价，由经营者自主定价，即"谁生产，谁经营，谁服务，谁定价"。

经营者自主定价，应当遵循公平、合法和诚实信用的原则。

经营者自主定价的基本依据是其生产经营成本和市场供求状况。经营者在自主定价时既享有一定的价格权利，也承担着一定的价格义务，具体表现如下。

1．经营者的价格权利

经营者的价格权利是指法律对经营者能够做出或不能做出一定的价格行为，以及要求他人相应做出或不做出一定的价格行为的许可与保障。按照《价格法》的规定，经营者的价格权利主要有以下 4 项。

1）自主制定属于市场调节价的商品和服务的价格的权利。

2）在政府指导价规定的幅度内制定价格的权利。

3）除特定产品外，制定属于政府指导价、政府定价产品范围内的新产品的试销价格的权利。

4）检举、控告侵犯其依法自主定价权利的行为。

2．经营者的价格义务

经营者的价格义务是指法律规定经营者必须做出一定行为或不得做出一定行为的约束。经营者的价格义务包括作为义务和不作为义务两大类，概括起来主要有以下5项。

1）经营者应当努力改进生产经营管理、降低生产经营成本，为消费者提供价格合理的商品和服务，在市场竞争中获取合法利润。

2）经营者应当根据自己的经营条件建立、健全内部价格管理制定，准确记录于核定商品和服务的生产经营成本中，不得弄虚作假。

3）经营者进行价格活动，应当遵守法律、法规，执行依法制定的政府指导价、政府定价和法定的价格干预措施、紧急措施。

4）经营者销售、收购商品和提供服务，应当按政府价格主管部门的规定明码标价，注明商品的品名、产地、规格、等级、计价单位、价格或服务的项目、收费标准等有关情况。

5）经营者不得在标价之外加价出售商品，不得收取任何未予标明的费用。

3．经营者的不当价格行为

在市场经济中，经营者的不正当价格行为有很多种，这些行为的发生不仅损害了其他经营者和消费者的利益，而且破坏了正常的市场秩序，造成经济生活的紊乱。

因此，《价格法》明令禁止经营者从事不正当价格行为。归纳起来，经营者的不当价格行为主要有以下几种表现形式。

（1）价格垄断行为

价格垄断行为是指经营者通过相互串通或滥用市场支配地位，操纵市场调节价，扰乱正常的生产经营秩序，损害其他经营者或消费者合法权益，或者危害社会公共利益的行为。经营者之间不得通过协议、决议或协调等串通方式实行下列价格垄断行为：① 统一确定、维持或变更价格。② 通过限制产量或供应量，操纵价格。③ 在招投标或拍卖活动中操纵价格。④ 其他操纵价格的行为。

（2）低价倾销行为

低价倾销行为是指经营者为了排挤竞争对手或独占市场，生产企业以低于本企业生产成本销售工业品，经销企业以低于本企业进货成本销售工业品，扰乱正常的生产经营秩序，损害国家利益或其他经营者合法权益的行为。以下行为属于低价倾销不正当价格行为：① 生产企业销售工业品的出厂价格低于本企业生产成本的，经销企业的销售价格低于本企业进货成本的。② 采用高规格和高等级充抵低规格和低等级等手段，变相降低价格，使生产企业实际出厂价格低于本企业生产成本，经销企业实际销售价格低于本企业进货成本的。③ 通过折扣和补贴等手段，使生产企业实际出厂价格低于本企业生产成本，经销企业实际销售价格低于本企业进货成本的。④ 进行非对等物资串换，使生产企业实际出厂价格低于本企业生产成本，经销企业实际销售价格低于本企业进货成本的。⑤ 除依法实行破产外，通过以物抵债，使生产企业实际出厂价格低于本企业生产成本，经销企业实际销售价格低于本企业进货成本的。⑥ 采取多发货少开票或不开票方式经销，使生产企业实际出厂价格低于本企业生产成本，经销企业实际销售价格低于本企业进货成本的。⑦ 通过多给数量和批量优惠等方式，变相降低价格，使生产企业实际出厂价格低于本企业生产成本，经销企业实际销售价格低于本企业进货成本的。⑧ 采用其他方式使生产企业实际出厂价格低于本企业生产成本，经销企业实际销售价格低于本企业进货成本的。

案例 2-1

2014 年 3 月某金店开展"开业酬宾"的降价销售活动。该店宣称：在酬宾销售期间，将纯金饰品以每克 118 元进行销售。消费者知悉后，纷纷踊跃购买，金店的销售额直线上升。当地的物价部门得知此情况后，多次要求该金店纠正其降价销售行为，但均遭到该金店的拒绝。市物价局经过调查，发现金店 2013 年 7 ~ 12 月的有关会计资料显示，该金店委托进行加工的黄金饰品的无税成本为每克 90.26 元，包括消费税在内的商品流通费用为每克 12.9 元，实际成本合计每克 103.16 元。该金店以每克 118 元销售纯金饰品，其中每克黄金的增值税为 17.15 元，扣除增值税，则实际销售价为 100.85 元。与纯金制品的实际成本相比，该金店纯金饰品的实际销售价每克比其实际成本低 2.31 元。

分析： 金店以低于成本价销售其产品是否违法？为什么？如果是，应承担何种法律责任？

（3）价格歧视行为

价格歧视行为实质上是一种价格差异，通常是指商品或服务的提供者在向不同的接收者提供相同等级、相同质量的商品或服务时，在接收者之间实行不同的销售价格或收费标准。经营者没有正当理由，就同一种商品或服务，对条件相同的若干买主实行不同的售价，则构成价格歧视行为。

（4）价格欺诈行为

价格欺诈行为是指经营者利用虚假的或使人误解的标价形式或价格手段，欺骗、诱导消费者或其他经营者与其进行交易的行为。

（5）牟取暴利行为

依据《价格法》第 14 条第 7 项规定："经营者不得违反法律、法规的规定牟取暴利。"这里所称的牟取暴利，是指通过不正当的价格手段在短时间内获得巨额利润。暴利行为破坏了市场经济等价交换、公平竞争的基本法则，严重损害消费者的合法权益。暴利行为还为经营者提供虚假的价格信号，误导投资方向，破坏了资源的合理配置，扭曲了产业结构。

（6）哄抬价格行为

哄抬价格行为是指经营者捏造、散布涨价信息，恶意囤积及利用其他手段，哄抬价格，推动商品价格过高上涨的行为。哄抬价格行为是一种故意扰乱市场秩序的行为，尤其是在商品供不应求时，以人为编造并且扩散虚假的涨价信息，导致市场价格信号导向错误，故意引起社会恐慌，推动商品和服务价格大幅度上涨的行为。有时经营者为了等待时机高价出售而故意把市场上比较稀缺的商品储存起来，破坏商品流通正常秩序导致商品供应短缺，推动商品价格大幅度上涨，造成市场秩序混乱。

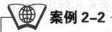 **案例 2-2**

国家发改委发布典型通信价格欺诈案例

国家发改委于 2006 年 3 月公布通信行业存在的 6 类通信价格欺诈典型案例，提醒消费者警惕类似的价格欺诈行为，并已经部署各级价格主管部门，对通信行业价格欺诈行为进行重点检查。这 6 类通信价格欺诈行为具体如下，参见《国家发改委发布 6 类通信价格欺诈案例》。

第一类：提供通信服务不如实标示全部费用。

案例：在固定电话上用 IP 卡拨打长途，需要从 IP 卡中支付长途通话费并缴纳固定电话 IP 接入费。但很多通信公司在推出 IP 卡长话业务时，往往只宣传使用 IP 电话打长途每分钟 0.30 元、比普通长途电话每分钟省 0.40 元的内容。

第二类：提供通信服务使用误导性语言夸大价格优惠。

案例：某通信公司开展长途电话服务优惠活动，在宣传单上标注："××长途电话注册优惠期间国内长途每分钟消费 0.20 元。"消费者理解为长途电话每分钟 0.20 元，如果预存 200 元、300 元、500 元和 1 000 元，还可获赠预存金额一半的话费。事实上，该公司所谓的每分钟 0.20 元是按照优惠套餐折算而来的。

第三类：销售通信产品标示市场最低价与实际不符。

案例：某通信产品销售店在宣传广告纸上写明该店所经营的 21 种手机执行"全市最低价"，实际上，经物价检查人员核实，该店有两种手机的价格，明显高于其他手机店。

第四类：销售通信产品隐瞒价格附加条件。

案例：一家手机销售店宣传购买手机按标价减 200 元，但隐瞒了必须在该店入网并预存 200 元话费才能享受减免的价格附加条件。对于经营者的这些手法，消费者往往在上当后才恍然大悟。

第五类：提供通信服务不履行价格承诺。

案例：某通信公司在广告中承诺，虚拟网用户付月租费 10 元，可以无限制通话。在实际执行中，该公司从 2005 年 9 月起对虚拟网用户通话时间超过 1 000 分钟的部分另行收费，没有履行交易前的价格承诺。

第六类：提供信息服务无端占用消费者付费时间。

案例：部分通信经营者向用户提供交通和气象等信息服务时，经常在语音服务中插播商业广告，占用由消费者付费的收听时间。实际上是消费者自掏腰包，收听并不需要的商业广告信息。

案例来源：《中国青年报》。

三、政府定价行为

（一）政府定价行为的概念和种类

1. 政府定价行为的概念

政府定价行为是指政府价格主管部门或其他有关部门（以下简称"有定价权的政府部

门")在制定或调整实行政府指导价、政府定价的商品和服务的价格时,有关受理申请、调查、论证或听证、审核、决策、公告、跟踪调查和定期审价等公务活动。

2. 政府定价的种类和范围

按照不同的标准可以对政府定价行为做出不同的分类。

1)以政府定价的效力不同为标准,可以将政府定价行为分为制定政府指导价行为和制定政府定价行为两种。

2)以政府定价的机关级别不同为标准,又可以把政府定价行为分为中央政府定价行为和地方政府定价行为。

另外,明确政府行使定价权的法律界限,促使政府在法律规定的范围内制定价格是非常必要的。

(二)政府定价原则

政府定价原则是贯穿政府定价活动始终的基本行为准则,是政府定价行为科学性的重要保证。政府定价必须坚持以下 7 项原则。

1)合法原则。制定或调整实行政府指导价、政府定价的商品和服务的价格,应当遵守合法原则。

2)公平原则。政府制定价格应符合市场经济规律和社会发展的需要,要有利于各行各业生产的发展和人民生活水平的提高。

3)公正原则。制定政府指导价、政府定价,应重点考虑社会承受能力,主要是经营者的承受能力和消费者的承受能力。

4)效率原则。政府指导价、政府定价应随市场供求变化而及时调整。

5)合理原则。制定或调整政府指导价、政府定价,一般应当依据有关商品和服务的社会平均成本、市场供求状况、国民经济与社会发展要求及社会承受能力等因素合理确定价格。

6)集体审议原则。政府制定或调整商品和服务的价格,实行集体审议制定。

7)定期审查原则。价格主管部门应当对列入中央和地方定价目录的重点商品和服务的价格定期审查。

(三)政府定价的依据

政府制定价格应当有一定的依据。根据《价格法》第 21 条的规定和国家发改委《政府制定价格行为规则》的规定,制定价格应当依据有关商品或服务的社会平均成本和市场供求状况、国民经济与社会发展要求及社会承受能力。商品或服务价格与国际市场价格联系紧密的,可以参考国际市场价格。国务院价格主管部门和省级人民政府价格主管部门可以根据不同行业特点,确定具体的作价原则和作价办法。

 思考 2-2

政府会对哪些商品进行政府定价?

（四）政府定价的程序

严格的程序是实现政府定价的合法性和科学性的重要条件。政府定价程序由不同阶段的工作事项所构成，具体包括以下内容。

1. 申请和初步审查

制定和调整价格，可以由要求制定或调整价格的行业主管部门、行业协会、消费者协会或经营者提出书面申请报告，报有定价权的政府部门，也可以由有定价权的政府部门根据《价格法》的规定直接确定。有定价权的政府部门收到制定或调整价格的申请报告后，应当对申请报告进行初步审查。

2. 调查评审

制定或调整列入价格听证目录及政府价格主管部门认为需要听证的商品和服务的价格，应当按照《政府价格决策听证办法》的有关规定执行。

3. 集体审议

制定或调整商品和服务价格的方案形成后，应当提交集体审议机构审议。集体审议可以采用价格审议委员会讨论和办公会议讨论等方式。

4. 公告

制定或调整价格实行公告制定。除涉及国家秘密外，政府指导价、政府定价制定或调整后，由制定和调整价格的政府部门在媒体和指定报刊上公布。

5. 跟踪调查和监测

制定或调整价格的决定实施后，定价机关应当对价格决定执行情况进行跟踪调查和监测。

（五）价格决策听证制定

1. 价格决策听证的概念、范围、形式及原则

政府价格决策听证是指制定或调整实行政府指导价或政府定价的重要商品和服务的价格前，由政府价格主管部门组织社会有关方面，对制定价格的必要性和可行性进行论证。

2. 听证的组织

列入听证目录的商品和服务价格的制定，由政府价格主管部门组织听证。国务院价格主管部门和其他有关部门定价的商品和服务价格，由国务院价格主管部门组织听证，其中，在一定区域范围内执行的商品和服务价格，也可以委托省、自治区和直辖市人民政府价格主管部门组织听证。省、自治区、直辖市人民政府价格主管部门和其他有关部门定价的商品和服务价格，由省、自治区、直辖市人民政府价格主管部门组织听证，也可以委托市、县人民政府价格主管部门组织听证。省、自治区、直辖市人民政府授权市、县人民政府定价的商品和服务价格，由市、县人民政府价格主管部门组织听证。听证经费可申请纳入同级财政预算。

3. 听证程序

《政府价格决策听证办法》第 3 条规定，制定关系群众切身利益的公用事业价格、公益

性服务价格和自然垄断经营的商品价格等政府指导价、政府定价，应当实行定价听证。经营者可以委托有代表性的行业协会等团体作为申请人。在无申请人的情况下，政府价格主管部门或有权制定价格的其他有关部门，应当依据定价权限，提出定价方案，并由政府价格主管部门组织听证。

政府价格主管部门应当在举行听证会后制作听证纪要，并于 10 日内送达听证会代表。

价格决策部门定价时应当充分考虑听证会提出的意见。听证会代表多数不同意定价方案或对定价方案有较大分歧时，价格决策部门应当协调申请人调整方案，必要时由政府价格主管部门再次组织听证。

政府价格主管部门应当向社会公布定价的最终结果。为降低行政成本，提高行政效率，在降低价格或价格的制定对社会影响较小的情况下，听证会可采取简易程序。具体办法由省级以上人民政府价格主管部门另行确定。

？思考 2-3

政府定价举行听证会时应如何体现和保护群众利益，并实现生产者与消费大众之间的利益平衡？

四、价格监督检查

（一）价格监督检查的概念和种类

1. 价格监督检查的概念

价格监督检查包括价格监督和价格检查，其中，价格监督又包括国家监督和社会监督两种不同的形式。

2. 价格监督检查的种类

价格监督检查可根据不同的标准进行分类，具体如下。

1. 一般价格监督检查和特定价格监督检查

这是以价格监督检查的对象是否确定所做的分类。一般价格监督检查是价格主管部门针对不特定的价格管理相对人实施的，具有巡察、普查的性质。特定价格监督检查是价格主管部门针对特定的价格管理相对人实施的检查。这两种价格监督检查可以同时使用，并不截然分开。

2. 全面价格监督检查和专项价格监督检查

这是以价格监督检查的内容为标准划分的。全面价格监督检查是价格主管部门在一定时间内对公民、法人、其他组织及其他国家机关遵守价格法律、法规、规章和政策情况进行全面的集中检查。专项价格监督检查是价格主管部门对某一行业、某类重要商品价格或服务价格进行的监督检查。

3. 经常价格监督检查和临时价格监督检查

这是以价格监督检查的时间是否中断为标准划分的。经常价格监督检查是价格主管部门对价格管理相对人日常实施的监督检查。临时价格监督检查是价格主管部门对价格管理相对人的突然性监督检查，如节日的市场物价检查。

4. 联合价格监督检查和单独价格监督检查

这是以行政监督检查主体的多少为标准划分的。联合监督检查是指两个以上的行政主体对行政管理相对人某一方面的情况进行的检查，如物价财政税收大检查。单独价格监督检查是价格主管部门单独对价格管理相对人遵守价格法律、法规、规章和政策情况进行的监督检查。

（二）价格监督检查的机构和内容

1. 价格监督检查的机构

价格监督检查属于价格主管部门的一种经济管理职能，是保证价格法律、法规、规章和政策得以正确贯彻实施的重要手段。

价格监督检查机构是指依法行使价格监督检查和处理价格违法行为的职权的国家机关。各级价格主管部门是价格监督检查的机构，价格监督检查机构内设不同的职能部门，以国家名义，进行价格监督检查。

除国家监督外，价格行为还受社会的监督。

2. 价格监督检查的内容

1）宣传国家价格法律和政策，保证其贯彻执行。

2）监督中央和地方各项价格调控措施的贯彻落实，确保价格改革和管理任务的实施。

3）建立完善的价格监督检查网络，有效地规范价格行为。

4）健全和完善价格监督检查法制建设。加快立法，力争尽快构筑适应社会主义市场经济需要的价格监督检查法规体系。

（三）价格监督检查机构的职权

作为价格行政处罚主体的价格主管部门在进行价格监督检查时，拥有相应的职权。依照《价格法》第34条的规定，价格主管部门在进行价格监督检查时，可以行使下列职权：

1）询问并要求提供证明材料。

2）查询、复制与价格违法行为有关的账簿、单据、凭证、文件及其他资料，核对与价格违法行为有关的银行资料。

3）检查与价格违法行为有关的财物，必要时可以责令当事人暂停相关营业。

4）在证据可能灭失或以后难以取得的情况下，可以依法先行登记保存，当事人或有关人员不得转移、隐匿或销毁。

（四）价格违法行为举报制定

为保障公民、法人或其他组织（包括外国人、无国籍人和外国组织）依法行使举报价格违法行为的权利，规范价格主管部门对价格违法行为举报的处理，根据《价格法》、《价格违法行为行政处罚规定》等法律、行政法规，国家发改委制定了《价格违法行为举报规定》。该规定自2004年10月1日起施行。

五、价格法律责任

价格法律责任是指价格主体违反价格法所规定的义务应当承担的法律责任。价格法律责任主要包括以下两种。

（一）经营者的法律责任

经营者不执行政府指导价、政府定价及法定的价格干预措施、紧急措施的，责令改正，没收违法所得，可以并处违法所得 5 倍以下的罚款；没有违法所得的，可以处以罚款；情节严重的，责令停业整顿。经营者违反明码标价规定的，责令改正，没收违法所得，可以并处 5 000 元以下的罚款。

（二）地方政府及价格工作人员的法律责任

根据《价格法》的规定，地方各级人民政府或各级人民政府有关部门违反价格法的规定，超越定价权限和范围擅自制定、调整价格或不执行法定的价格干预措施、紧急措施的，责令改正，并可以通报批评；对直接负责的主管人员和其他直接责任人员，依法给予行政处分。

价格工作人员泄露国家秘密、商业秘密及滥用职权、徇私舞弊、玩忽职守、索贿受贿，构成犯罪的，依法追究刑事责任；尚不构成犯罪的，依法给予处分。

情境二　产品质量法

> 学习要点
> 1．产品质量法、产品质量认证等概念；
> 2．生产者、销售者的责任和义务；
> 3．产品质量法的适用范围和产品质量认证监督制定，掌握违反产品质量法的损害赔偿的法律规定。

司徒律师从他的大公文包中拿出一沓卷宗，请他的学生们阅读下面的案例，然后试图解决案例中的问题。

> 【导读案例】2014 年，王××在为家中老人祝寿时，高压锅突然爆炸，王××被锅盖击中头部，抢救无效死亡。据负责高压锅质理检测的专家鉴定，高压锅爆炸的直接原因是高压锅的设计有问题，导致锅盖上的排气孔堵塞。由于高压锅的生产厂家距离遥远，王家要求出售此高压锅的商场承担损害民事赔偿责任。但商场声称缺陷不是由自己造成的，而且商场在出售这种高压锅（尚处于试销期）时已与买方签订了一份合同，约定如果产品存在质量问题，商场负责退货，并双倍返还货款，因而商场只承担双倍返还货款的违约责任。
> **分析：**
> 1．王家可否向该商场请求承担责任？为什么？

2．王家可以请求违约责任还是侵权赔偿责任？

在没有学习情境二时，你能回答这些问题吗？请写出你的答案。

1. ＿＿＿＿＿＿＿＿＿＿＿＿＿＿＿＿＿＿＿＿＿＿＿＿＿＿

＿＿＿＿＿＿＿＿＿＿＿＿＿＿＿＿＿＿＿＿＿＿＿＿＿＿＿＿

2. ＿＿＿＿＿＿＿＿＿＿＿＿＿＿＿＿＿＿＿＿＿＿＿＿＿＿

学习情境二以后，你的答案发生变化了吗？请再次写下你的答案。

1. ＿＿＿＿＿＿＿＿＿＿＿＿＿＿＿＿＿＿＿＿＿＿＿＿＿＿

＿＿＿＿＿＿＿＿＿＿＿＿＿＿＿＿＿＿＿＿＿＿＿＿＿＿＿＿

2. ＿＿＿＿＿＿＿＿＿＿＿＿＿＿＿＿＿＿＿＿＿＿＿＿＿＿

＿＿＿＿＿＿＿＿＿＿＿＿＿＿＿＿＿＿＿＿＿＿＿＿＿＿＿＿

一、产品质量法概述

（一）产品和产品质量的概念

1．产品

产品是指人们运用劳动手段对劳动对象进行加工而成，用于满足人们生产和生活需要的物品。

依据中国《中华人民共和国产品质量法》（以下简称《产品质量法》）对产品范围的界定如下。

1）经过加工、制作和用于销售的产品属于该法调整的产品。未经加工的产品（如天然品）及不是为了销售而加工制作的物品就不是《产品质量法》意义上的产品。

2）《产品质量法》所讲的产品不包括不动产——建筑工程。

3）由于军工产品一般不进入市场销售，所以《产品质量法》的规定不适用军工产品。

4）《产品质量法》的规定不适用未经加工的初级农产品。

5）在中国境内销售的属于《产品质量法》所称的产品范围内的进口产品，适用《产品质量法》有关规定。

2．产品质量

产品质量是指产品所应具有的、符合人们需要的各种特性，如适用性、安全性、可靠性和可维修性等。在中国，产品质量是指国家有关法律法规、质量标准及合同规定的对产品适用、安全和其他特性的要求。

产品质量法所指的"产品质量"是指国家法律、法规和质量标准等所确定的或由当事人在合同中所约定的有关产品适用、安全和外观等特性的综合。它是经济概念（价值和使用价值）、技术概念（具有技术特性）和法律概念的结合。

产品质量的内容随经济、科技的发展及人们需要的变化，在不断丰富和发展。产品质量包括适用性和安全性两个方面。产品质量问题大体分为产品不适用和产品不安全两大类，前者多因产品瑕疵而形成，后者多因产品缺陷而发生。

（二）产品质量法概述

产品质量法是调整产品生产与销售，以及对产品质量进行监督管理过程中所形成的社会关系，而由国家制定的法律规范的总称。广义的产品质量法是指以产品质量为对象，由不同立法机关制定并具有不同层次效力的法律、法规所组成的产品质量法律体系。狭义的产品质量法特指 1993 年 2 月 22 日第七届全国人大常委会第三十次会议通过的、2000 年 7 月 8 日第九届全国人大常委会第十六次会议修正的《中华人民共和国产品质量法》。

二、产品质量监督管理制定

产品质量监督管理制定是指国家有关部门及由有关部门授权的质量监督机构、消费者组织和个人，依照一定的标准体系或合同要求，采用一定的技术和法律手段，对生产者和销售者生产经营的产品质量进行检查、监督、处罚和奖励的制定体系。

（一）产品质量监督管理体制

产品质量监督管理体制是指有关产品质量监督管理的主体、职责、权限、方式和方法等问题。

中国的产品质量监督体制，按照《产品质量法》的规定，包括下述层次有别、任务不同的产品质量监督管理机构。

1）国务院产品质量监督管理部门，负责全国产品质量监督管理工作。

2）县级以上地方人民政府管理产品质量监督工作的部门，负责本行政区域内的产品质量监督管理工作。

3）国务院和县级以上地方人民政府设置的有关行业主管部门。

这里的产品质量监督管理部门是指国家质量技术监督局和地方各级质量技术监督局；有关部门是指各级卫生行政部门、劳动部门和商品检验部门等，它们依各自的职权，对某些特定产品的质量进行监督管理。

（二）产品质量监督管理的主要制定

产品质量管理和监督具有严格的科学性和规律性，是一种系统的管理制定，主要包括以下内容。

1. 产品质量检验制定

产品质量检验是指检验机构根据特定标准对产品品质进行检测，并判断合格与否的活动。产品质量应当检验合格，不得以不合格产品冒充合格产品。产品或其包装上的标志，要有产品质量检验合格证明。产品出厂要检验，商家进货也要检验。通过检验，把好产品质量关。产品质量检验机构必须具备相应的监测条件和能力，经有权考核的部门考核合格后，方可承担产品质量检验工作。

2. 企业质量体系认证制定

企业质量体系认证制定是指国务院产品质量监督管理部门或由其授权的部门认可的认证机构，依据国际通用的"质量管理和质量保证"系列标准，对企业的质量体系和质量保证能力进行审核合格，颁发企业质量体系认证证书以兹证明的制定。企业根据自愿原则，可以向国务院产品质量监督管理部门或国务院产品质量监督管理部门授权的部门认可的认证机构申请企业质量体系认证。

3. 产品质量认证制定

依据产品质量法的规定，中国实行产品质量认证制定，其主要内容为国家参照国际先进的产品标准和技术要求，推行产品质量认证制定。根据自愿原则，企业可以申请产品质量认证，接受其申请的部门是国务院产品质量监督管理部门或国务院产品质量监督管理部门授权的部门认可的机构。企业提出认证申请后，经认证合格的，由认证机构颁发产品质量认证证书，准许企业在产品或包装上使用产品质量认证标志。

⑦ 思考 2-4

一种电子产品在国内上市前要经过什么质量认证？如果销售到美国及欧盟，则需要哪些质量认证？

4. 标准化管理制定

标准化是指在经济、技术、科学及管理等社会实践中，对重复性事物和概念通过制定、发布和实施标准，达到统一，以获得最佳秩序和社会效益的全部活动。产品质量的标准化制定是产品质量管理标准的制定、实施和监督检查的各项规定的总和，是产品质量管理的依据和基础，是实现产品质量管理的专业化、社会化和现代化的可靠保障。中国按照世界上的通行做法实行产品质量的标准化管理，目前，把产品标准划分为国际标准、国家标准、部颁标准（行业标准）、地方标准和企业标准等。

对可能危及人体健康和人身、财产安全的工业成品，法律要求必须符合保障人体健康、人身及财产安全的国家标准、行业标准（强制性标准）。对于一般的产品，到底采用何种标准，法律不做统一要求，只是鼓励达到并且超过高标准。对于国际标准不做强制性要求，而是鼓励采用。

5. 产品质量监督检查制定

中国的《产品质量法》对于产品质量监督规定了 3 个层次。

（1）国家行政监督

产品质量的国家行政监督是指国家各级质量监督管理部门在本行政区域内依法对生产和流通领域的产品质量所进行的强制性监督检查活动。根据中国《产品质量法》的规定，国家对产品质量实行以抽查为主要方式的监督管理制定。其范围是：① 可能危及人体健康和人身财产安全的产品。② 影响国计民生的重要工业产品。③ 用户、消费者和有关组织反映有质量问题的产品。

案例 2-3

1999 年 12 月 5 日发布的《国务院关于进一步加强产品质量工作若干问题的决定》（国发［1999］24 号）第十六项中写明：对产品质量长期稳定、市场占有率高、企业标准达到或严于国家有关标准的，以及国家或省、自治区、直辖市质量技术监督部门连续 3 次以上抽查合格的产品，可确定为免检产品。列为免检产品的目录由省级以上质量技术监督部门确定，定期向社会公告，并使用免检标志，其产品在一定时间内免于各地区、各部门各种形式的检查。免检产品一旦出现质量问题，即取消其免检资格，并依法从严处罚。2008 年 9 月 18 日国务院办公厅下发通知，废止 1999 年 12 月 5 日发布的《国务院关于进一步加强产品质量工作若干问题的决定》（国发［1999］24 号）中有关食品质量免检制定的内容。同日，国家质检总局公布第 109 号总局令，决定自公布之日起，对《产品免于质量监督检查管理办法》（国家质量监督检验检疫总局令第 9 号）予以废止。

分析： 为何取消实施多年的国家产品质量免检制定？

（2）用户和消费者直接监督

用户和消费者是产品的最终使用者，也是产品质量问题的直接受害者，因此，用户和消费者有权对产品质量进行监督。根据《产品质量法》的规定，消费者有权就产品质量问题向产品的生产和销售者查询；向产品质量监督管理部门、工商行政管理部门及有关部门申诉，有关部门应当负责处理。

（3）社会监督

社会监督是指社会各级消费者协会和其他消费者组织、社会媒体及个人都有权依照国家产品质量法的规定对产品质量进行监督。《产品质量法》规定："保护消费者权益的社会组织可以就消费者反映的产品质量问题建议有关部门负责处理，支持消费者对因产品质量造成的损害向人民法院起诉。""任何单位和个人有权对违反本法规定的行为，向产品质量监督部门或其他有关部门检举。产品质量监督部门和有关部门应当为检举人保密，并按照省、自治区和直辖市人民政府的规定给予奖励。"

三、生产者、销售者的产品质量义务

产品质量义务是指产品的生产者和销售者为保证产品质量必须做出一定行为和不做出一定行为的义务，包括积极的作为义务和消极的不作为义务。

（一）生产者的产品质量义务

1. 作为的义务

《产品质量法》规定："生产者应当对其生产的产品质量负责。"具体要求有以下 3 项。

（1）保证产品内在质量义务

按照《产品质量法》的规定，产品质量应当符合下列要求。

1）不存在危及人身、财产安全的不合理的危险，有保障人体健康和人身、财产安全的国家标准、行业标准的，应当符合该标准。

2）具备产品应当具备的使用性能，但是，对产品存在使用性能的瑕疵做出说明的除外。

3）符合在产品或其包装上注明采用的产品标准，符合以产品说明和实物样品等方式表明的质量状况。生产者明示采用的标准应与产品的实际质量状况相一致，否则可构成欺诈性经营。

（2）遵守有关产品标志的义务

产品标志起着说明产品的来源、成分和安全使用期等作用，是消费者选购商品时的重要参考。《产品质量法》规定："产品或其包装上的标志必须真实，并符合下列要求。

1）有产品质量检验合格证明。

2）有中文标明的产品名称、生产厂厂名和厂址。

3）根据产品的特点和使用要求，需要标明产品规格、等级、所含主要成分的名称和含量的，用中文相应予以标明；需要事先让消费者知晓的，应当在外包装上标明，或者预先向消费者提供有关资料。

4）限期使用的产品，应当在显著位置清晰地标明生产日期和安全使用期或失效日期。

5）使用不当，容易造成产品本身损坏或可能危及人身、财产安全的产品，应当有警示标志或中文警示说明。裸装的食品和其他根据产品的特点难以附加标志的裸装产品，可以不附加产品标志。"

（3）履行正确包装的义务

产品包装可以分为运输包装和销售包装，它不仅具有保护产品和方便运输的功能，而且可以美化商品、宣传商品和提高商品的附加值。生产者的产品包装应当符合有关包装规定的要求。《产品质量法》规定："易碎、易燃、易爆、有毒、有腐蚀性和有放射性等危险物品及储运中不能倒置和其他有特殊要求的产品，其包装质量必须符合相应要求，依照国家有关规定做出警示标志或中文警示说明，标明储运注意事项。"

2. 不作为的义务

不作为的义务主要表现在：生产者不得生产国家明令淘汰的产品；生产者不得伪造产地，不得伪造或冒用他人的厂名和厂址；生产者不得伪造或冒用认证标志、名优标志等质量标志；生产者生产产品，不得掺杂、掺假，不得以次充好，不得以不合格产品冒充合格产品。

（二）销售者的产品质量义务

1. 作为的义务

根据中国《产品质量法》的规定，销售者作为的义务主要有以下3个方面。

1）销售者应当建立并执行进货检查验收制定，验明产品合格证明和其他标志。

2）销售者应当采取措施，保持销售产品的质量。

3）销售者销售的产品的标志应当符合《产品质量法》的规定。

2. 不作为的义务

根据中国《产品质量法》的规定，销售者不作为的义务主要有以下4个方面。

1）销售者不得伪造产地，不得伪造或冒用他人的厂名和厂址。

2）销售者不得伪造或冒用认证标志等质量标志。

3）销售者销售产品，不得掺杂、掺假，不得以假充真、以次充好，不得以不合格产品冒充合格产品。

4）销售者不得销售国家明令淘汰并停止销售的产品和失效、变质的产品。

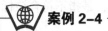 **案例 2-4**

　　2006 年 4 月，北京市某质量监督管理部门在对一家商场的商品进行检查时，怀疑该商场经销的 18K 金镶嵌黄晶宝石戒指含有杂质。该商场经理称，这种 18K 金镶嵌黄晶宝石戒指共有 24 枚，是北京宏兴实业有限公司从湖南顺发首饰厂购进的，北京宏兴实业有限公司告诉商场，购货时商品附有产品检验合格证书，只是在中途运输时丢失了。商场相信并以每枚 700 元价格销售，目前已卖出 4 枚，还剩下 20 枚戒指。于是，技术监督管理部门将剩下的 20 枚戒指送国家地矿部宝石监测中心进行技术鉴定。鉴定结果证明该黄晶的折射率不合格，中间掺杂玻璃物质，属不合格产品。于是质量监督管理部门重新对进货方北京宏兴有限公司和驻京湖南顺发首饰厂办事处进行调查。在调查过程中，湖南顺发首饰厂承认该批戒指中的黄晶是用碎黄晶和碎玻璃合成加工而成的，用回扣的方式进货给北京宏兴实业有限公司。北京宏兴实业有限公司则向商场谎报"产品属检验合格的产品，只是在运输中将检验合格证书丢失"。

　　分析： 商场应该承担何种行政责任？商场损失能否向进货方北京宏兴实业有限公司和驻京湖南顺发首饰厂追偿？为什么？

四、违反产品质量法的法律责任

（一）产品质量责任的概念及种类

　　违反产品质量法的法律责任，即产品质量责任，是指生产者、销售者、储运者及对产品质量负有直接责任的人违反产品质量义务应承担的法律后果。

　　产品质量责任主要有以下 3 种。

　　1. 产品质量民事责任

　　产品质量民事责任是指产品的生产者和销售者因违反产品质量法规定的或合同当事人约定的产品质量义务应当承担的法律后果，包括产品质量侵权责任和产品质量违约责任。

　　2. 产品质量行政责任

　　产品质量行政责任是指生产者和销售者因违反产品质量监督管理法律法规而应承担的法律后果，包括对生产者和销售者的行政处罚和对个人责任者给予行政处分。

　　3. 产品质量刑事责任

　　产品质量刑事责任是指生产者、销售者违反法律规定的产品质量义务并触犯刑事法律构成犯罪时，由司法机关按照刑事法律的规定强制其承担法律后果，即由于产品质量的原因造成人身伤亡、财产损害触犯刑事法律的，对责任人应追究刑事责任。

（二）产品质量责任的构成要件

　　产品质量责任作为一种特殊的侵权责任，其成立须具备以下 3 个要件。

　　1. 产品本身有缺陷

　　产品责任是以进入流通领域中的产品存在缺陷，并造成受害人损害为基础的。《产品质量法》第 46 条规定："本法所称缺陷，是指产品存在危及人身、他人财产安全的不合理的危险；产品有保障人体健康和人身、财产安全的国家标准、行业标准的，是指不符合该标准。"

一般可将产品的质量缺陷分为以下 4 种情况。

1）设计上的缺陷，是指产品在设计上存在着不安全和不合理的因素。

2）制造上的缺陷，是指产品在加工、制作和装配等制造过程中，不符合设计规范，或者不符合加工工艺要求，没有完善的控制和检验手段，致使产品存在不安全的因素。

3）指标上的缺陷，是指在产品的警示说明上或在产品的使用指标标志上未能清楚地告知使用人应当注意的使用方法，以及应当引起警惕的注意事项；或者产品使用了不真实、不适当的甚至是虚假的说明，致使使用人遭受损害。例如，油漆具有易燃性，生产者应附警示标志，提醒使用者存在的危险性，并告知如何避免。如果未履行上述义务，就属于指示上的缺陷。

4）发展上的缺陷，是指产品的制造虽已符合当时的科学技术标准，但由于受当时科技水平限制，仍不免存在的缺陷。

因前 3 种产品质量缺陷造成损害的，应承担产品质量责任。因第 4 种缺陷造成损害的，按照中国《产品质量法》的规定，不负产品质量责任。

2. 必须有人身伤亡或财产损失的事实

构成产品质量法律责任，除了当事人违反产品质量法的行为之外，还要求有客观上损害的事实。这里的损害，不是指产品本身的损坏和毁灭，而是指产品造成了他人的人身伤害、死亡和财产损失。例如，食品变质造成食用者中毒，冰箱漏电击伤使用者等。

3. 产品缺陷与损害事实之间存在因果关系

只有实施了违反产品质量法的行为，还必须造成了人身、财产损害的事实，才能承担产品质量法律责任。因果关系是产品质量法律责任的一个重要构成要件。

对于主观过错的要求，产品质量法律责任和一般侵权责任不同，不要求生产者和销售者主观上一定存在过错（包括故意和过失），而是实行无过错责任或称严格责任原则，也就是说承担责任需视其有无人身伤亡或财产损失的事实，但并不要求受侵害人要负举证责任，证明侵权人在主观上有过错。这也是对普通消费者和企业之间地位和利益的一种平衡。

（三）产品质量责任的归责原则与免责条件

1. 中国产品质量法中的归责原则

产品责任的归责原则是指确立产品的生产者和销售者承担损害赔偿责任的基本准则，是消费者或用户诉请司法机关追究产品生产者或销售者承担产品责任的基本法律依据和指导思想，它贯穿于产品质量法的始终。

中国的《产品质量法》采用过错责任原则与无过错责任并存的立法模式。

1）对销售缺陷产品造成人身、他人财产损害的销售者适用过错责任原则。

2）对缺陷产品致人损害的生产者及不能指明缺陷产品生产者的销售者，适用无过错责任原则。

2．产品质量责任的免责事由

产品质量责任的免责是指在产品责任事故发生后，被告人能够证明有法定的免责条件的存在而可以全部或部分免除赔偿责任，具体如下。

1）未将产品投入流通。生产者只要证明其未将有关产品投入流通，即对非经商业渠道进入使用和消费领域的有关产品造成的损害结果不负责任。

2）产品投入流通时，引起损害的缺陷尚不存在。生产者和销售者如果证明造成损害结果的产品缺陷在离开其控制之前并不存在，则不负产品责任。但是，如果产品的缺陷是运输或仓储过程中因储运人的过错造成的，生产者和销售者仍须承担责任。

3）将产品投入流通时的科学技术水平尚不能发现缺陷的存在。生产者如果能证明在产品投入商业流通时，由于当时的科学技术水平所限而未能发觉该产品的潜在危险，生产者对此种产品缺陷所引起的损害不负责任。

4）受害人自身的过错。由于受害人自己的过错，如擅自改变产品的结构和性能等，生产者和销售者不负责任。如果损害是由受害人和生产者、销售者共同造成的，即受害人与生产者、销售者构成共同过错，则可视其责任的大小而相应减轻生产者和销售者的责任。

（四）产品质量民事责任

1．产品质量民事责任的形式

（1）产品瑕疵责任

《产品质量法》对产品瑕疵责任做出了明确、具体的规定。售出的产品有下述3种情形之一的，销售者应当负责修理、更换和退货；给购买产品的用户和消费者造成损失的，销售者应当赔偿损失。

1）不具备产品应当具备的使用性能而事先未做说明的。

2）不符合在产品或其包装上注明采用的产品标准的。

3）不符合以产品说明和实物样品等方式表明质量状况的。

销售者依照上述要求负责修理、更换、退货和赔偿损失后，属于生产者的责任或属于向销售者提供产品的其他销售者的责任的，销售者有权向生产者和供货者追偿。

（2）产品缺陷责任

产品缺陷是指产品具有"不合理危险"或不符合保障安全的国家标准和行业标准，存在造成人身损害及缺陷产品以外的其他财产损害的可能性。产品缺陷责任可分为以下两种。

1）生产者产品缺陷责任。《产品质量法》规定："因产品存在缺陷造成人身、缺陷产品以外的其他财产（以下简称他人财产）损害的，生产者应当承担赔偿责任。"生产者无论有无过错都应承担赔偿责任。

2）销售者产品缺陷责任。《产品质量法》规定："由于销售者的过错使产品存在缺陷，造成人身、他人财产损害的，销售者应当承担赔偿责任。销售者不能指明缺陷产品的生产者也不能指明缺陷产品的供货者的，销售者应当承担赔偿责任。"也就是说销售者承担缺陷责任的条件有两种情况：一种情况是实行过错责任原则，由于销售者的过错使产品存在缺陷，造成人身、他人财产损害的，销售者应当承担赔偿责任；另一种情况是实行过错推定原则，销售者不能指明缺陷产品的生产者，也不能指明缺陷产品的供货者的，销售者应当承担赔偿责任。

2. 产品质量赔偿责任

承担产品质量责任的方式就是致害产品的提供者对产品损害事故的受害人进行赔偿。

产品质量责任的责任主体是在产品损害事故中负有赔偿的责任者。根据《民法通则》和《产品质量法》的有关规定，消费者、用户因使用存在缺陷的产品造成损害的，受害人可以向产品的生产者要求赔偿，也可以向产品的销售者要求赔偿。因此，产品质量责任诉讼中的被告人既可以是生产者，也可以是销售者。

产品缺陷导致损害的赔偿主要有以下两种情况。

（1）人身伤害的赔偿

人身伤害的赔偿分为3种情况：① 产品缺陷造成受害人人身伤害的，侵害人应当赔偿医疗费、治疗期间的护理费和因误工减少的收入等费用。② 造成残疾的，还应支付残疾者的生活自助费、生活补助费、残疾赔偿金和由其抚养的人必需的生活费等。③ 造成受害人死亡的，应当支付丧葬费、死亡赔偿金和由死者生前抚养的人所必需的生活费等。

（2）财产损害的赔偿

对于因产品缺陷造成受害人财产损失的，产品质量法规定侵害人应当恢复原状或折价赔偿；受害人因此遭受重大损失的，侵害人应当赔偿损失。

🌐 案例 2-5 ————

2014年春节除夕，北京居民张先生在北京某烟花爆竹销售点购买了一些烟花爆竹。正月初一凌晨，张先生酒后在自家小区里燃放该大型烟花时不幸被炸身亡。在出售给张先生的烟花爆竹中没有中文使用说明书，该销售点是从北京市烟花鞭炮有限公司进的货，生产厂商为江西省某烟花集团有限公司。

分析： 能否认定烟花爆竹存在产品缺陷？张先生的家属可以向谁主张权利？

（五）产品质量行政责任和刑事责任

1. 产品质量行政责任

（1）承担行政责任的违法行为

违法行为包括：① 生产、销售不符合保障人体健康，人身、财产安全的国家标准、行业标准的产品。② 生产国家明令淘汰的产品。③ 生产者、销售者在产品中掺杂、掺假，以假充真、以次充好，或者以不合格产品冒充合格产品。④ 销售失效、变质的产品。⑤ 伪造产品的产地，伪造或冒用他人的厂名、厂址，伪造或冒用认证标志、名优标志等质量标志。⑥ 产品或包装上的产品标志不符合法律规定。⑦ 伪造检验数据或检验结论等。

（2）承担行政责任的形式

质量技术监督部门、工商行政管理部门依照各自的职权，对违反产品质量法的行为可以责令纠正，并给予下列行政处罚：警告，罚款，没收违法生产、销售的产品和没收违法所得，责令停止生产、销售，吊销营业执照等。另外，《产品质量法》第65～68条规定了对有关人员的行政处分。

2. 产品质量刑事责任

《产品质量法》将刑事责任分为两大类。第一类是产品质量监督部门或工商行政管理部门的工作人员滥用职权、玩忽职守、徇私舞弊构成犯罪的，依法追究刑事责任。第二类是生产者、销售者违反《产品质量法》各项义务构成犯罪或以暴力、威胁方法阻碍产品质量监督部门或工商行政管理部门的工作人员依法执行职务的，依法追究刑事责任。

情境三　工业产权法

学习要点

1. 工业产权的概念和特征；
2. 商标的概念和种类、作用，掌握商标注册的原则、条件和程序，商标管理的规定，中国商标法禁用条款和禁止条款的规定，商标专用权的概念、内容和有效期，商标侵权行为的特征和类型；
3. 专利权的主体和客体，授予专利权的条件，专利的审批制定和程序，专利权的内容及限制、有效期和宣告专利权无效的规定，专利侵权行为的特征、界限和类型，专利代理的法律规定。

司徒律师从他的大公文包中拿出一沓图片，你从这组图片中发现了什么问题？

【导读案例】

在没有学习情境三时，你发现了什么问题，请写出你的答案。

1. _____

2. _____

学习情境三以后，你的答案发生变化了吗？请再次写下你的答案。

1. _____

2. _____

一、工业产权法概述

（一）工业产权概述

工业产权是知识产权的重要组成部分。一般来说，工业产权和著作权统称知识产权。工业产权是指人们对脑力劳动所创造的智力成果应用于商品生产和流通领域而依法享有的专有权，包括商标权与专利权。

工业产权是一种无形财产权，具有以下法律特征。

1. 专有性

工业产权是国家赋予权利人的一种独占、使用、收益和处分的权利，即权利人垄断这种专有权并受严格保护，排除他人享有同样权利的可能性。非经权利人同意，任何人均不得使用其专利或注册商标，否则将因构成侵权而受到法律制裁。

2. 地域性

工业产权是依照特定国家法律获得承认和保护的工业产权，所以根据国家主权原则，依照特定国家法律获得承认和保护的工业产权，一般只能在该国领域内有效，即工业产权的专有性受到严格的地域限制，并不当然地获得其他国家的承认。

3. 时间性

工业产权保护有一定的期限，权利人只能在法定期限内行使其专有权，一旦法律规定的期限届满，这种专有性便自行失去效力，该智力成果便成为社会的共有财富，人们可以任意加以利用。

（二）工业产权法概述

《工业产权法》是调整因确认、保护和使用工业产权而发生的各种社会关系的法律规范的总称。中国的《工业产权法》包括《商标法》和《专利法》。

中国真正建立工业产权制定并逐步完善是从 20 世纪 80 年代开始的。十一届三中全会后，中国于 1980 年成立了专利局。1982 年 8 月 23 日颁布了《中华人民共和国商标法》（以下简称《商标法》），1984 年 3 月 12 日颁布了《中华人民共和国专利法》（以下简称《专利法》),《专利法》、《商标法》两部法律分别在 1992 年、1993 年进行了第一次修改，之后，又在 2000 年、2001 年对《专利法》、《商标法》分别进行了第二次修改。这些都标志着中国工业产权法律制定的发展与完善，对加强社会主义市场经济建设，进一步扩大对外开放，促进中国国际经济技术贸易活动的开展，起到了巨大的推动作用。

二、商标法

（一）商标与商标法

1. 商标

商标是一种标记，是商品生产者、经营者或服务项目的提供者为使自己生产、销售的商品或提供的服务同他人生产、销售的商品或提供的服务区别开而使用的一种标记。商标通常由文字、图形或文字和图形的组合而构成，并置于商品表面或包装、服务场所及服务说明书上。商标应当具有显著特征，以便识别。

2. 商标权的概念及特征

商标权不是商标本身所固有的，它是商标注册人在商标注册后对其注册商标所享有的权利。商标权的基础是对商标的占有，只有当法律赋予了商标权，这种占有才具有专有权的性质，才能受到法律的保护。

商标权具有专有性、地域性和时间性。

3. 商标法

商标法是调整在商标注册、使用、管理和保护商标专用权过程中发生的社会关系的法律规范的总称。

《商标法》于 1982 年 8 月 23 日第五届全国人大常委会第二十四次会议通过。此后全国人大常委会分别于 1993 年、2001 年对《商标法》进行了修订。2013 年 8 月 30 日第十二届全国人大常委会对《商标法》进行第三次修订，并于 2014 年 5 月 1 日起施行。

（二）商标注册

商标注册是指商标使用人将其使用的商标依照法定的条件和程序，向商标管理机关提出注册申请，经商标局审核批准后，依法取得商标专用权的法律活动。

1. 商标注册的原则

根据中国的《商标法》规定，商标注册应遵循以下基本原则。

1）自愿注册与强制注册相结合的原则。

2）申请在先为主、使用在先为辅的原则。

3）一项商标，一份申请的原则。

4）申请注册和使用商标，应当遵循诚实信用原则。

2. 商标注册的条件

中国的《商标法》对申请注册的商标应当具备的条件做出了明确规定。

1）商标应当具有法定的构成要素。根据《商标法》规定，任何能够将自然人、法人或其他组织的商品与他人的商品区别开的标志，包括文字、图形、字母、数字、三维标示、颜色组合和声音等，以及上述要素的组合，均可以作为商标申请注册。

2）商标应当具有显著特征，便于识别，并不得与他人在先取得的合法权利相冲突。

3）商标不得使用禁用标志。根据《商标法》规定，下列标志不得作为商标使用：① 同中华人民共和国的国家名称、国旗、国徽、国歌、军旗、军徽、军歌、勋章相同或近似的；以及同中央国家机关的名称、标志、所在地特定地点的名称或标志性建筑物的名称、图形相同的。② 同外国的国家名称、国旗、国徽、军旗等相同或近似的，但该国政府同意的除外。③ 同政府间国际组织的名称、旗帜、徽记相同或近似的，但经该组织同意或不易误导公众的除外。④ 与表明实施控制、予以保证的官方标志、检验印记相同或近似的，但经授权的除外。⑤ 同 "红十字"、"红新月" 的名称、标志相同或近似的。⑥ 带有民族歧视性的。⑦ 带有欺骗性，容易使公众对商品的质量等特点或产地产生误认的。⑧ 有害于社会主义道德风尚或有其他不良影响的。

另外，县级以上行政区划的地名或公众知晓的外国地名不得作为商标。但是地名具有其他含义或作为集体商标、证明商标组成部分的除外；已经注册的使用地名的商标继续有效。

根据《商标法》规定，下列标志不得作为商标注册：① 仅有本商品的通用名称、图形和型号的。② 仅直接表示商品的质量、主要原料、功能、用途、重量、数量及其他特点的。③ 缺乏显著特征的。但上述所列标志经过使用取得显著特征，并便于识别的，可以作为商标注册。

3．商标注册的程序

（1）商标注册的申请

1）商标注册申请人应当按规定的商品分类表填报使用商标的商品类别和商品名称，提出注册申请。商标注册申请人可以通过一份申请就多个类别的商品申请注册同一商标。商标注册申请等有关文件，可以以书面方式或数据电文方式提出。

2）注册商标需要在核定使用范围之外的商品上取得商标专用权的，应当另行提出注册申请。

3）注册商标需要改变其标志的，应当重新提出注册申请。

4）商标注册申请人自其商标在外国第一次提出商标注册申请之日起 6 个月内，又在中国就相同商品以同一商标提出商标注册申请的，依照该国同中国签订的协议或共同参加的国际条约，或者按照相互承认优先权的原则，可以享有优先权。

5）依照前款要求优先权的，应当在提出商标注册申请时提出书面声明，并且在 3 个月内提交第一次提出的商标注册申请文件的副本；未提出书面声明或逾期未提交商标注册申请文件副本的，视为未要求优先权。

6）商标在中国政府主办的或承认的国际展览会展出的商品上首次使用的，自该商品展出之日起 6 个月内，该商标的注册申请人可以享有优先权。

依照前款要求优先权的，应当在提出商标注册申请时提出书面声明，并且在 3 个月内提交展出其商品的展览会名称、在展出商品上使用该商标的证据、展出日期等证明文件；未提出书面声明或逾期未提交证明文件的，视为未要求优先权。

7）为申请商标注册所申报的事项和所提供的材料应当真实、准确、完整。

（2）商标注册的审查与核准

1）对申请注册的商标进行审查。商标注册申请人在向商标局提出商标注册申请后，由商标局依法对申请注册的商标进行形式审查和实质审查。

形式审查是确定是否具备受理该商标申请的起码条件，主要是审查商标注册申请是否具备法定的条件和手续，从而决定对该申请是否受理。实质审查是商标审查人依照法律规定对形式审查合格的商标注册申请所进行的检索、分析、对比和调查研究，并决定给予初步审定或驳回申请的一系列活动。

在审查过程中，商标局认为商标注册申请内容需要说明或修正的，可以要求申请人做出说明或修正。申请人未做出说明或修正的，不影响商标局做出审查决定。

2）初步审定予以公告。对申请注册的商标经过审查，凡符合商标法有关规定的，由商标局初步审定，予以公告；凡不符合商标法有关规定或同他人在同一种商品或类似商品上已经注册的或初步审定的商标相同或近似的，由商标局驳回申请，不予公告。

3）驳回商标注册申请的复审。根据《商标法》规定，对驳回申请、不予公告的商标，商标局应当书面通知商标注册申请人。商标注册申请人不服的，可以自收到通知之日起 15 日内向商标评审委员会申请复审，由商标评审委员会做出决定，商标评审委员会应当自收到申请之日起 9 个月内做出决定，并书面通知申请人。有特殊情况需要延长的，经国务院工商行政管理部门批准，可以延长 3 个月。当事人对商标评审委员会的决定不服的，可以自收到通知之日起 30 日内向人民法院起诉。

4）商标异议及其复审。新《商标法》对商标异议的提出人做了限制性的规定，任何人均可以对违反禁止性规定提出异议，但其他异议必须是利害关系人提出。

对初步审定的商标，自公告之日起 3 个月内，任何人均可以提出异议。对初步审定、予以公告的商标提出异议的，商标局应当听取异议人和被异议人陈述事实和理由，经调查核实后，自公告期满之日起 12 个月内做出是否准予注册的决定，并书面通知异议人和被异议人。有特殊情况需要延长的，经国务院工商行政管理部门批准，可以延长 6 个月。商标局做出准予注册决定的，发给商标注册证，并予公告。异议人不服的，可以依照《商标法》第 44 条、第 45 条的规定向商标评审委员会请求宣告该注册商标无效。

商标局做出不予注册决定，被异议人不服的，可以自收到通知之日起 15 日内向商标评审委员会申请复审。商标评审委员会应当自收到申请之日起 12 个月内做出复审决定，并书面通知异议人和被异议人。有特殊情况需要延长的，经国务院工商行政管理部门批准，可以延长 6 个月。被异议人对商标评审委员会的决定不服的，可以自收到通知之日起 30 日内向人民法院起诉。人民法院应当通知异议人作为第三人参加诉讼。

商标评审委员会在依照前款规定进行复审的过程中，所涉及的在先权利的确定必须以人民法院正在审理或行政机关正在处理的另一案件的结果为依据的，可以中止审查。中止原因消除后，应当恢复审查程序。

5）核准注册。对初步审定的商标，公告期满无异议的或经裁定异议不能成立的，由商标局予以核准注册，发给商标注册证，并予以公告。

（三）商标专有权及商标管理

商标权人的权利是商标注册人对其注册商标所享有的权利，包括商标所有权及与商标所有权相联系的其他权利。商标权人在行使权利的同时，还必须按照《商标法》有关规定，正确使用注册商标，并依法履行各项义务。

1．商标权人的权利

（1）商标专用权

商标专用权即商标权人对其注册商标享有专有使用的权利。具体内容包括两个方面：① 商标使用权，即商标权人有权在其核准注册的商品上使用其注册商标，并进行广告宣传。② 禁止权，即商标权人有权禁止他人未经许可，使用与其注册商标相混合的商标。

（2）商标转让权

商标权人可以自己使用，也可以依法转让，既可以通过合同方式进行有偿转让，也可以通过继承、遗赠和赠予等方式进行无偿转让。转让时应当签订书面合同，并报请商标局核准公告，自行转让注册商标的行为无效。

（3）许可使用权

商标权人可以通过签订注册商标使用许可合同，许可他人使用其注册商标。许可人应当监督被许可人使用其注册商标的商品质量，被许可人应当保证使用该注册商标的商品质量。经许可使用他人注册商标的，必须在使用该注册商标的商品上标明被许可人的名称和商品产地。商标使用许可合同应当报商标局备案。

（4）标记权

商标注册人有权标明"注册商标"或注册标记。使用注册标记，应当标注在商标的右上角或右下角。

（5）请求保护权

当商标权人的商标权受到侵害时，商标权人可以向人民法院起诉，也可以请求工商行政管理部门处理。

2．商标权人的义务

1）商标权人应当按规定正确使用注册商标。商标权人应当在核准的范围内使用其注册商标，不得将注册商标使用在未经核准使用的商品或服务项目上，不得自行改变注册商标的文字、图形或其组合，不得自行改变注册人的名义、地址或其他注册事项，不得连续 3 年停止使用注册商标，不得自行转让注册商标。

2）商标权人应当保证使用注册商标的商品质量和服务质量。首先，商标权人自己要保证使用注册商标的商品质量或服务质量，同时在许可他人使用其注册商标时，也应当采取有效措施，监督被许可人使用其注册商标的商品质量或服务质量。

3）商标权人要依法缴纳有关费用，如授权注册费、续展注册费和转让注册费等。

3．商标使用的管理

商标的使用是指将商标用于商品、商品包装或容器，以及商品交易文书上，或者将商标用于广告宣传、展览及其他商业活动中，用于识别商品来源的行为。商标使用的管理是指商标行政管理部门为维护社会经济秩序，保护商标权人的合法权益和消费者的利益，依法对商标注册、使用和印制等行为进行的监督、检查、控制、协调和服务等管理活动的总称。

（1）商标管理机构

根据《商标法》规定，国务院工商行政管理部门商标局主管全国商标注册和管理的工作。地方各级工商行政管理部门负责本行政区域内的商标管理工作。国务院工商行政管理部门设立商标评审委员会，负责处理商标争议事宜。

（2）注册商标的使用管理

根据《商标法》规定，注册商标的有效期为 10 年，自核准注册之日起计算。注册商标有效期满，需要继续使用的，应当在期满前 12 个月内申请续展注册；在此期间未能提出申请的，可以给予 6 个月的宽展期。宽展期满仍未提出申请的，注销其注册商标。每次续展注册的有效期为 10 年。

商标注册人在使用注册商标的过程中，自行改变注册商标、注册人名义、地址或其他注册事项的，由地方工商行政管理部门责令限期改正；期满不改正的，由商标局撤销其注册商标。注册商标成为其核定使用的商品的通用名称或没有正当理由连续 3 年不使用的，任何单位或个人可以向商标局申请撤销该注册商标。商标局应当自收到申请之日起 9 个月内做出决定。有特殊情况需要延长的，经国务院工商行政管理部门批准，可以延长 3 个月。

（3）注册商标的转让和使用许可

注册商标的转让是指注册商标所有人依法将因注册商标产生的商标权转让给他人的行为。注册商标转让后，原注册商标所有人不再享有该注册商标的专用权，受让人成为该注册商标的所有人，享有商标专用权。根据《商标法》规定，转让注册商标的，转让人和受让人应当签订转让协议，并共同向商标局提出申请。受让人应当保证使用该注册商标的商品质量。转让注册商标的，商标注册人对其在同一种商品上注册的近似的商标，或者在类似商品上注册的相同或近似的商标，应当一并转让。对容易导致混淆或有其他不良影响的转让，商标局不予核准，书面通知申请人并说明理由。转让注册商标经商标局核准后，并予以公告。受让人自公告之日起享有商标专用权。

注册商标的使用许可是指注册商标所有人通过签订商标使用许可合同，许可他人使用其注册商标，同时收取一定的许可使用费。根据《商标法》规定，商标注册人可以通过签订商标使用许可合同，许可他人使用其注册商标。许可人应当监督被许可人使用其注册商标的商品质量。被许可人应当保证使用该注册商标的商品质量。经许可使用他人注册商标的，必须在使用该注册商标的商品上标明被许可人的名称和商品产地。商标使用许可合同应当报商标局备案，由商标局公告。商标使用许可未经备案不得对抗善意第三人。

（四）注册商标专用权的保护

注册商标的专用权，以核准注册的商标和核定使用的商品为限。保护商标专用权是中国商标法的核心。对侵犯注册商标专用权的行为，国家用法律的手段予以制裁，以保护商标注册人的合法权益。

1. 商标侵权行为

根据《商标法》规定，有下列行为之一的，均属侵犯注册商标专用权：① 未经商标注册人的许可，在同一种商品上使用与其注册商标相同的商标的。②未经商标注册人的许可，在同一种商品上使用与其注册商标近似的商标，或者在类似商品上使用与其注册商标相同或近似的商标，容易导致混淆的。③销售侵犯注册商标专用权的商品的。④伪造、擅自制造他人注册商标标识或销售伪造、擅自制造的注册商标标识的。⑤ 未经商标注册人同意，更换其注册商标并将该更换商标的商品又投入市场的。⑥故意为侵犯他人商标专用权行为提供便利条件，帮助他人实施侵犯商标专用权行为的。⑦给他人的注册商标专用权造成其他损害的。

2. 商标侵权行为的法律责任

（1）民事责任

注册商标专用权遭受侵害的，注册商标所有人有权要求停止侵害，消除影响，赔偿损失。

根据《商标法》规定，侵犯商标专用权的赔偿数额，为侵权人在侵权期间因侵权所获得的利益，或者被侵权人在被侵权期间因被侵权所受到的损失，包括被侵权人为制止侵权行为所支付的合理开支。存在侵权行为，违法经营额 5 万元以上的，可以处违法经营额 5 倍以下的罚款，没有违法经营额或违法经营额不足 5 万元的，可以处 25 万元以下的罚款。对 5 年内实施两次以上商标侵权行为或有其他严重情节的，应当从重处罚。

对侵犯商标专用权的赔偿数额的争议，当事人可以请求进行处理的工商行政管理部门调解，也可以依照《中华人民共和国民事诉讼法》向人民法院起诉。经工商行政管理部门调解，当事人未达成协议或调解书生效后不履行的，当事人可以依照《中华人民共和国民事诉讼法》向人民法院起诉。

侵犯商标专用权的赔偿数额，按照权利人因被侵权所受到的实际损失确定；实际损失难以确定的，可以按照侵权人因侵权所获得的利益确定；权利人的损失或侵权人获得的利益难以确定的，参照该商标许可使用费的倍数合理确定。对恶意侵犯商标专用权，情节严重的，可以在按照上述方法确定数额的 1 倍以上 3 倍以下确定赔偿数额。赔偿数额应当包括权利人为制止侵权行为所支付的合理开支。

人民法院为确定赔偿数额，在权利人已经尽力举证，而与侵权行为相关的账簿、资料主要由侵权人掌握的情况下，可以责令侵权人提供与侵权行为相关的账簿、资料；侵权人不提供或提供虚假的账簿、资料的，人民法院可以参考权利人的主张和提供的证据判定赔偿数额。

权利人因被侵权所受到的实际损失、侵权人因侵权所获得的利益、注册商标许可使用费难以确定的，由人民法院根据侵权行为的情节判决给予 300 万元以下的赔偿。

 案例 2-6

2013 年 4 月 22 日，克拉玛依区工商局执法人员依法在克区幸福路某超市检查时发现，王某从事珠宝首饰销售的经营场所内摆放的柜台及店面装饰上使用"香港中国黄金"

字样及图形，而且其使用的商品标价牌和质量保证单（销售凭证）上商品名称均标记为"香港中国黄金"，但王某无法提供该品牌的注册商标证书及相关授权手续。

分析：王某所销售的"香港中国黄金"黄金首饰是否侵犯了中国黄金集团公司的商标专用权？是否构成商标侵权行为？

（2）行政责任

根据《商标法》规定，有上述所列侵犯注册商标专用权行为之一，引起纠纷的，由当事人协商解决；不愿协商或协商不成的，商标注册人或利害关系人可以向人民法院起诉，也可以请求工商行政管理部门处理。工商行政管理部门处理时，认定侵权行为成立的，责令立即停止侵权行为，没收、销毁侵权商品和专门用于制造侵权商品、伪造注册商标标志的工具，并可处以罚款。销售不知道是侵犯注册商标专用权的商品，能证明该商品是自己合法取得并说明提供者的，由工商行政管理部门责令停止销售。

（3）刑事责任

根据《商标法》规定，未经商标注册人许可，在同一种商品上使用与其注册商标相同的商标，构成犯罪的，除赔偿被侵权人的损失外，依法追究刑事责任；伪造、擅自制造他人注册商标标志或销售伪造、擅自制造的注册商标标志，构成犯罪的，除赔偿被侵权人的损失外，依法追究刑事责任；销售明知是假冒注册商标的商品，构成犯罪的，除赔偿被侵权人的损失外，依法追究刑事责任。

3. 驰名商标的法律保护

（1）驰名商标的概念

驰名商标是指由商标局认定的在市场上享有较高声誉并为相关公众所熟知的注册商标。

根据《商标法》规定，驰名商标应当根据当事人的请求，作为处理涉及商标案件需要认定的事实进行认定。认定驰名商标应当考虑下列因素：① 相关公众对该商标的知晓程度。② 该商标使用的持续时间。③ 该商标的任何宣传工作的持续时间、程度和地理范围。④ 该商标作为驰名商标受保护的记录。⑤ 该商标驰名的其他因素。

在商标注册审查、工商行政管理部门查处商标违法案件的过程中，当事人依照《商标法》第13条规定主张权利的，商标局根据审查、处理案件的需要，可以对商标驰名情况做出认定。

在商标争议处理过程中，当事人依照《商标法》第13条规定主张权利的，商标评审委员会根据处理案件的需要，可以对商标驰名情况做出认定。

在商标民事、行政案件审理过程中，当事人依照《商标法》第13条规定主张权利的，最高人民法院指定的人民法院根据审理案件的需要，可以对商标驰名情况做出认定。

生产、经营者不得将"驰名商标"字样用于商品、商品包装或容器上，或者用于广告宣传、展览及其他商业活动中。

（2）驰名商标的保护

为了保护驰名商标所有人的合法权益，《商标法》对驰名商标规定了一些有别于一般商标的特殊保护规定。为相关公众所熟知的商标，持有人认为其权利受到侵害时，可以依照《商标法》规定请求驰名商标保护，具体表现在：

1）就相同或类似商品申请注册的商标是复制、模仿或翻译他人未在中国注册的驰名商标，容易导致混淆的，不予注册并禁止使用；就不相同或不相似商品申请注册的商标，是复制、模仿或翻译他人已经在中国注册的驰名商标，误导公众，致使该驰名商标注册人的利益可能受到损害的，不予注册并禁止使用。

2）对于已经注册的与驰名商标相冲突的商标，自商标注册之日起5年内，驰名商标所有人或利害关系人可以请求商标评审委员会裁定撤销该注册商标。对恶意注册的，驰名商标所有人不受5年的时间限制。

三、专利法

（一）专利及专利法概述

1. 专利的概念及特征

专利一词，是从英语 Patent 翻译而来的。专利通常有以下3种含义：一是专利权的简称；二是取得专利权的发明创造；三是记载发明创造内容的专利文献。一般来说，专利的基本含义是指专利权，它是国家专利主管机关按照法律规定，授予专利申请人或专利申请人的权利继受人在一定期限内对其发明创造所享有的专有权。

专利权具有专有性、地域性和时间性。

2. 专利法的概念

《专利法》是调整在确认和保护发明创造的专有权及在利用专有的发明创造过程中发生的社会关系的法律规范的总称。它除了包括1984年3月全国人大常委会通过的、并先后于1992年9月、2000年8月和2008年12月修订的《中华人民共和国专利法》（以下简称《专利法》）外，还包括经国务院批准、由中国专利局公布的《专利法实施细则》。《专利法》及其《专利法实施细则》是中国调整专利法律关系的两个基本的规范性文件。最新《专利法》自2009年10月1日起施行，最新《专利法实施细则》自2010年2月1日起施行。

（二）专利权的主体和客体

1. 专利权的主体

专利权的主体是指申请并获得专利权的单位和个人。根据中国《专利法》的规定，发明人或设计人、发明人或设计人所属单位、外国的单位和个人都可以成为中国专利法规定的专利权的主体。

（1）发明人或设计人

发明人或设计人是指对发明创造的实质性特点做出创造性贡献的自然人，可以是一个人，也可以是多个人。在完成发明创造过程中，只负责组织工作的人、为物质条件的利用提供方便的人或从事其他辅助工作的人，不应当认作发明人或设计人。发明人或设计人必须满足两个条件：一是必须直接参加发明创造活动；二是对发明创造的实质性特点做出创造性贡献。根据《专利法》有关规定，对非职务发明创造，申请专利的权利属于发明人或设计人；申请被批准后，该发明人或设计人为专利权人。

（2）职务发明创造中发明人或设计人所属的单位

职务发明创造是指发明人或设计人执行本单位的任务或主要是利用本单位的物质技术条件所完成的发明创造。职务发明创造申请专利的权利属于该单位；申请被批准后，该单位为专利权人。

根据《专利法实施细则》规定，执行本单位的任务所完成的职务发明创造是指下列情形：① 在本职工作中做出的发明创造。② 履行本单位交付的本职工作之外的任务所做出的发明创造。③ 退休、调离原单位后或劳动、人事关系终止后1年内做出的，与其在原单位承担的本职工作或原单位分配的任务有关的发明创造。

《专利法》第6条中所称本单位，包括临时工作单位；所称本单位的物质技术条件，是指本单位的资金、设备、零部件、原材料或不对外公开的技术资料等。

（3）共同发明人或共同设计人

共同发明创造是指两个以上的单位或个人合作完成的发明创造。完成该发明创造的单位和个人，称作共同发明人或共同设计人。根据《专利法》规定，两个以上单位或个人合作完成的发明创造、一个单位或个人接受其他单位或个人委托所完成的发明创造，除另有协议的以外，申请专利的权利属于完成或共同完成的单位或个人；申请被批准后，申请的单位或个人为专利权人。

（4）发明人或设计人的权利继受人

根据《专利法》规定，专利申请权和专利权可以转让。转让专利申请权或专利权的，当事人应当订立书面合同，并向国务院专利行政部门登记，由国务院专利行政部门予以公告。专利申请权或专利权的转让自登记之日起生效。合法受让人取得专利申请权并就受让的发明创造申请专利，申请被批准后，该申请人为专利权人。

（5）外国人

根据《专利法》规定，在中国没有经常居所或营业所的外国人、外国企业或其他外国组织在中国申请专利的，依照其所属国同中国签订的协议或共同参加的国际条约，或者依照互惠原则，根据《专利法》有关规定办理。

2. 专利权的客体

专利权的客体是指依法可以授予专利权的发明创造。中国的《专利法》规定的可以授予专利权的发明创造，包括发明、实用新型和外观设计。

（1）发明

《专利法》中所称的发明是指对产品、方法或其改进所提出的新的技术方案。发明是专利法保护的主要对象。

关于发明的认定，首先，是指所制造的产品或所提出的方法是前所未有的，是对自然规律的利用。其次，必须是利用自然规律的结果，而不是人的纯智力活动所产生的东西或人为规定的东西。最后，发明是具体的技术方案。

发明包括产品发明和方法发明。产品发明是关于各种新产品、新材料和新物质的技术方案，如汽车、船只和仪器等。方法发明是指用于制造某种产品方法的发明、使用产品方法的发明、测量方法的发明和通信方法的发明等。

（2）实用新型

《专利法》中所称的实用新型是指对产品的形状、构造或其结合所提出的适于实用的新的技术方案。实用新型作为专利法保护的对象，属于发明的范畴，但两者也有区别。实用新型仅指具有一定形状的物品的发明，不包括方法的发明；实用新型在技术水平上的要求比发明低，所以称小发明。

（3）外观设计

《专利法》中所称的外观设计是指对产品的形状、图案或其结合及色彩与形状、图案的结合所做出的富有美感并适于工业应用的新设计。外观设计必须以产品为依托，以产品的形状、图案和色彩等作为要素。外观设计只涉及美化产品的外表和形状，而不涉及产品的制造和设计技术。

（三）专利权的内容

专利权的内容是专利权所指的专利权人的权利和义务。

1. 专利权人的主要权利

（1）专利独占实施权

1）专利权人自己实施其专利的权利，即专利权人对其专利产品依法享有的进行制造、使用、销售和允许销售的专有权利，或者专利权人对其专利方法依法享有的专有使用权，以及对依照该专利方法直接获得的产品的专有使用权和销售权。

2）专利权人禁止他人实施其专利的特权。除专利法另有规定的以外，发明和实用新型专利权人有权禁止任何单位或个人未经其许可实施其专利，即为生产经营目的制造、使用、销售、允许销售和进口其专利产品，或者使用其专利方法及使用、销售、允许销售和进口依照该专利方法直接获得的产品；外观设计专利权人有权禁止任何单位或个人未经其许可实施其专利，即为生产经营目的制造、销售、进口其外观设计专利产品。

（2）转让权

转让权是指专利权人将其获得的专利所有权转让给他人的权利。转让专利权的，当事人应当订立书面合同，并向国务院专利行政部门登记，由国务院专利行政部门予以公告。专利权的转让自登记之日起生效。中国单位或个人向外国人转让专利权的，必须经国务院有关主管部门批准。

（3）许可实施权

许可实施权是指专利权人通过实施许可合同的方式，许可他人实施其专利并收取专利使用费的权利。专利权人应与被许可人订立书面专利实施许可合同，并自合同生效之日起3个月内向国务院专利行政部门备案。

（4）标记权

标记权即专利权人有权自行决定是否在其专利产品或该产品的包装上标明专利标记和专利号。

（5）请求保护权

请求保护权是专利权人认为其专利权受到侵犯时，有权向人民法院起诉或请求专利管理部门处理以保护其专利权的权利。保护专利权是专利制定的核心，他人未经专利权人许可而实施其专利，侵犯专利权并引起纠纷的，专利权人可以直接向人民法院起诉，也可以请求管理专利工作的部门处理。

（6）放弃权

专利权人可以在专利权保护期限届满前的任何时候，以书面形式声明或以不缴纳年费的方式自动放弃其专利权。专利权人提出放弃专利权声明后，一经国务院专利行政部门登记和公告，其专利权即可终止。

（7）质押权

根据担保法，专利权人还享有将其专利权中的财产权进行出质的权利。

 思考 2-5

如何理解质押权？

2. 专利权人的义务

依据《专利法》和相关国际条约的规定，专利权人应履行的义务包括以下内容。

（1）按规定缴纳专利年费的义务

专利年费又称专利维持费。专利法规定，专利权人应当自被授予专利权的当年开始缴纳年费。

（2）不得滥用专利权的义务

不得滥用专利权是指专利权人应当在法律所允许的范围内选择其利用专利权的方式并适度行使自己的权利，不得损害他人的知识产权和其他合法权益。

（四）专利权的取得

一项发明创造要取得专利权，一方面要符合专利法规定的授予专利权的条件，另一方面要按照专利法规定的程序，由专利申请人向专利行政部门提出专利申请，经专利行政部门审查合格后，才能批准授予专利权。

1. 专利申请的原则

（1）单一性原则

单一性原则是指一项发明创造只能申请一项专利，不能将两项或两项以上的发明创造作为一件申请提出。根据《专利法》规定，一件发明或实用新型专利申请应当限于一项发明或实用新型，一件外观设计专利申请应当限于一种产品所使用的一项外观设计。但属于一个总的发明构思的两项以上的发明或实用新型，用于同一类别并且成套出售或使用的产品的两项以上的外观设计，可以作为一件申请提出。

（2）申请在先原则

申请在先原则又称先申请原则，是指两个以上的申请人分别就同样的发明创造申请专利的，专利权授予最先申请的人。同样的发明创造只能授予一项专利权。但是，同一申请人同日对同样的发明创造既申请实用新型专利又申请发明专利，先获得的实用新型专利权尚未终止，且申请人声明放弃该实用新型专利权的，可以授予发明专利权。

（3）优先权原则

根据《专利法》规定，申请人自发明或实用新型在外国第一次提出专利申请之日起12个月内，或者自外观设计在外国第一次提出专利申请之日起6个月内，又在中国就相同主题提出专利申请的，依照该外国同中国签订的协议或共同参加的国际条约，或者依照相互承认优先权的原则，可以享有优先权。申请人自发明或实用新型在中国第一次提出专利申请之日起12个月内，又向国务院专利行政部门就相同主题提出专利申请的，可以享有优先权。

（4）书面原则

书面原则是指申请人为获得专利权所需履行的各种手续都必须依法以书面形式办理。申请发明或实用新型专利的，应当提交请求书、说明书及其摘要和权利要求书等文件；申请外观设计专利的，应当提交请求书及该外观设计的图片或照片等文件，并且应当写明使用该外观设计的产品及其所属的类别。

2. 授予专利权的条件

根据《专利法》规定，授予专利权的发明和实用新型，应当具备新颖性、创造性和实用性。

（1）新颖性

新颖性是指该发明或实用新型不属于现有技术；也没有任何单位或个人就同样的发明或实用新型在申请日以前向国务院专利行政部门提出过申请，并记载在申请日以后公布的专利申请文件或公告的专利文件中。其中所称现有技术，是指申请日以前在国内外为公众所知的技术。

在授予发明和实用新型专利权的条件中，新颖性是首要条件，也是最基本的条件。但是在某些特殊情况下，尽管申请专利的发明或实用新型在申请日以前已经公开，但如果在一定期限内提出专利申请的，则不视为丧失新颖性。根据《专利法》第24条规定，申请专利的发明创造在申请日以前6个月内，有下列情形之一的，不丧失新颖性：① 在中国政府主办或承认的国际展览会上首次展出的。② 在规定的学术会议或技术会议上首次发表的。③ 他人未经申请人同意而泄露其内容的。

（2）创造性

创造性是指同申请日以前已有的技术相比，该发明有突出的实质性特点和显著的进步，该实用新型有实质性特点和进步。

所谓实质性特点，是指发明创造具有一个或几个技术特征，与现有技术相比具有本质上的区别，也就是说，发明创造应当是发明人创造性构思的结果。凡是所属技术领域内的普通技术人员不能直接从现有技术中得出构成该发明创造的全部必要技术特征的，都应当认为具有实质性特点。所谓进步，是指与现有技术相比有所进步。中国的《专利法》对其保护的发明和实用新型专利在创造性方面做了不同的规定，对于发明，要求具有"突出的实质性特点和显著的进步"；对于实用新型，要求具有"实质性特点和进步"。

（3）实用性

实用性是指该发明或实用新型能够制造或使用，并且能够产生积极效果。对于发明或实用新型具有的实用性，一般可以从 3 个方面来判断：① 可实施性，即能够在生产过程中制造或使用。② 再现性，即在生产过程中能够反复制造或重复使用。③ 有益性，即能够产生有益的社会效果。

根据《专利法》规定，授予专利权的外观设计，应当不属于现有设计；也没有任何单位或者个人就同样的外观设计在申请日以前向国务院专利行政部门提出过申请，并记载在申请日以后公告的专利文件中。

授予专利权的外观设计与现有设计或现有设计特征的组合相比，应当具有明显区别。授予专利权的外观设计不得与他人在申请日以前已经取得的合法权利相冲突。

3. 不得授予专利权的项目

《专利法》对不授予专利权的发明创造和智力成果做出了明确规定：① 违反法律、社会公德或妨害公共利益的发明创造，及以违反法律、行政法规的规定获取或利用遗传资源，并依赖该遗传资源完成的发明创造。② 科学发现。③ 智力活动的规则和方法。④ 疾病的诊断和治疗方法。⑤ 动物和植物品种。⑥ 用原子核变换方法获得的物质。⑦ 对平面印刷品的图案、色彩或二者的结合做出的主要起标识作用的设计。

4. 授予专利权的程序

（1）专利的申请

根据《专利法》规定，申请发明或实用新型专利的，应当提交请求书、说明书及其摘要和权利要求书等文件。

1）请求书是申请人请求国务院专利行政部门授予专利权的一种书面文件。请求书应当写明发明或实用新型的名称，发明人的姓名，申请人姓名或名称、地址，以及其他事项。

2）说明书是对发明创造内容的具体说明。它是一个技术性文件，应当对发明或实用新型做出清楚、完整的说明，以所属技术领域的技术人员能够实现为准，必要时应当有附图。

3）说明书摘要是对说明书内容的简要说明，是发明或实用新型专利申请所公开内容的概要，即写明发明或实用新型的名称和所属技术领域，并清楚地反映所要解决的技术问题、解决该问题的技术方案的要点及主要用途。

4）权利要求书是申请人请求确定其专利保护范围的重要法律文件。权利要求书应当以说明书为依据，说明要求专利保护的范围。依赖遗传资源完成的发明创造，申请人应当在专利申请文件中说明该遗传资源的直接来源和原始来源；申请人无法说明原始来源的，应当陈述理由。专利权被授予后，权利要求书是确定发明或实用新型保护范围的依据，也是判定他人是否构成侵权的依据。

根据《专利法》规定，申请外观设计专利的，应当提交请求书、该外观设计的图片或照片，以及对该外观设计的简要说明等文件。申请人提交的有关图片或照片应当清楚地显示要求专利保护的产品的外观设计。

（2）专利申请的审查和批准

专利申请的审查和批准是一项发明创造能否获得专利权的决定性程序。中国的《专利法》对于发明专利申请，采用"早期公开、延迟审查"的审批制定，具体要经过以下5个阶段。

1）初步审查，又称形式审查。国务院专利行政部门收到发明专利申请后，对申请文件是否齐全、填写是否符合规定、各种证件是否完备、书写是否规范及是否属于授予专利权的范围等进行形式审查。

2）早期公开。国务院专利行政部门收到发明专利申请后，经初步审查认为符合《专利法》要求的，自申请日起满18个月，即行公布。

3）实质审查。发明专利申请自申请日起3年内，国务院专利行政部门可以根据申请人随时提出的请求，对其申请进行实质审查；申请人无正当理由逾期不请求实质审查的，该申请即被视为撤回。国务院专利行政部门认为必要时，可以自行对发明专利申请进行实质审查。

4）通知申请人陈述或修改申请书。国务院专利行政部门对发明专利申请进行实质审查后，认为不符合《专利法》规定的，应当通知申请人，要求其在指定的期限内陈述意见，或者对其申请进行修改；无正当理由逾期不答复的，该申请即被视为撤回。

5）授予专利权。发明专利申请经实质审查没有发现驳回理由的，由国务院专利行政部门做出授予发明专利权的决定，发给发明专利证书，同时予以登记和公告。发明专利权自公告之日起生效。

中国对于实用新型和外观设计专利申请采用形式审查的审批制定。根据《专利法》规定，实用新型和外观设计专利申请经初步审查没有发现驳回理由的，由国务院专利行政部门做出授予实用新型或外观设计专利权的决定，发给相应的专利证书，同时予以登记和公告。实用新型专利权和外观设计专利权自公告之日起生效。

（3）专利申请的复审

国务院专利行政部门设立专利复审委员会。专利申请人对国务院专利行政部门驳回申请的决定不服的，可以自收到通知之日起3个月内，向专利复审委员会请求复审。专利复审委员会复审后，做出决定，并通知专利申请人。专利申请人对专利复审委员会的复审决定不服的，可以自收到通知之日起3个月内向人民法院起诉。

🌐 **案例2-7**

张先生是甲公司的销售经理，业余时间喜好在家进行新产品的研发，研发过程中，他自筹资金购买设备、原材料，经过长年研究，张先生研发出一种新产品，准备在国内外同时申请发明专利。甲公司认为张先生是其公司的销售经理，在职期间研发的新产品属于职务发明创造，因而应由甲公司享有专利申请权。张先生则认为自己研制的新产品属于非职务发明创造，自己当然是专利权人。为此，张先生的朋友李某建议他尽快去申请专利，认为一旦获得了专利，就可以永久享有，任何人都不得侵犯。张先生就国内外同时申请专利的问题咨询王律师，王律师认为，由于中国和张先生拟递交专利申请的国家都是《保护工业产权巴黎公约》的缔约者，所以建议张先生在国内申请，再于12个月内，选择合适的时间到外国申请。

分析：甲公司、李某和王律师的看法是否符合法律？

（五）专利权的期限、终止

1. 专利权的期限

专利权的期限是指专利权的时间效力。中国的《专利法》规定，发明专利权的期限为20年，实用新型专利权和外观设计专利权的期限为10年，均自申请日起计算。

2. 专利权的终止

专利权的终止是指专利权人丧失对其所拥有的专利的独占权。一旦专利权终止，该项发明创造即进入了公有领域，成为社会的共同财富，而不为特定人所专有。综合《专利法》有关规定，专利权因以下原因而终止：专利期限届满；没有按照规定缴纳专利年费；专利权人以书面声明放弃其专利权；专利权人死亡而又无继承人；专利权被专利复审委员会宣告无效。

专利权终止后，由国务院专利行政部门登记并公告。

（六）专利权的保护

1. 专利权的保护范围

根据《专利法》规定，发明或实用新型专利权的保护范围以其权利要求的内容为准，说明书及附图可用于解释权利要求。外观设计专利权的保护范围以表示在图片或照片中的该外观设计专利产品为准，简要说明可以用于解释图片或照片所表示的该产品的外观设计。

2. 专利侵权行为

专利侵权行为是指未经专利权人许可实施其专利的行为。专利侵权行为主要表现在以下两个方面。

1）非法实施他人专利，即未经发明或实用新型专利权人许可，为生产经营目的制造、使用、许诺销售、销售和进口其专利产品，或者使用其专利方法及使用、许诺销售、销售和进口依照该专利方法直接获得的产品；或者未经外观设计专利权人许可，为生产经营目的制造、销售和进口其外观设计专利产品。

2）假冒他人专利，即违背专利权人的意愿，以欺骗他人并获取高额利润为目的而冒充已获得专利权的发明创造。

根据《专利法实施细则》规定，下列行为属于假冒专利的行为：① 在未被授予专利权的产品或其包装上标注专利标识，专利权被宣告无效后或终止后继续在产品或其包装上标注专利标识，或者未经许可在产品或产品包装上标注他人的专利号。② 销售前一项所述产品。③ 在产品说明书等材料中将未被授予专利权的技术或设计称为专利技术或专利设计，将专利申请称为专利，或者未经许可使用他人的专利号，使公众将所涉及的技术或设计误认为是专利技术或专利设计。④ 伪造或变造专利证书、专利文件或专利申请文件。⑤ 其他使公众混淆，将未被授予专利权的技术或设计误认为专利技术或专利设计的行为。

专利权终止前依法在专利产品、依照专利方法直接获得的产品或其包装上标注专利标识，在专利权终止后许诺销售、销售该产品的，不属于假冒专利行为。

销售不知道是假冒专利的产品，并且能够证明该产品合法来源的，由管理专利工作的部门责令停止销售，但免除罚款的处罚。

但根据《专利法》规定，有下列情形之一的，不视为侵犯专利权：① 专利产品或依照专利方法直接获得的产品，由专利权人或经其许可的单位、个人售出后，使用、许诺销售、销售、进口该产品的。② 在专利申请日前已经制造相同产品、使用相同方法或已经做好制造、使用的必要准备，并且仅在原有范围内继续制造、使用的。③ 临时通过中国领陆、领水和领空的外国运输工具，依照其所属国同中国签订的协议或共同参加的国际条约，或者依照互惠原则，为运输工具自身需要而在其装置和设备中使用有关专利的。④ 专为科学研究和实验而使用有关专利的。⑤ 为提供行政审批所需要的信息，制造、使用、进口专利药品或专利医疗器械的，以及专门为其制造、进口专利药品或专利医疗器械的。

为生产经营目的使用或销售不知道是未经专利权人许可而制造并售出的专利产品或依照专利方法直接获得的产品，能证明其产品合法来源的，不承担赔偿责任。

3. 专利侵权行为的法律责任

根据《专利法》规定，未经专利权人许可，实施其专利，即侵犯其专利权，引起纠纷的，由当事人协商解决；不愿协商或协商不成的，专利权人或利害关系人可以向人民法院起诉，也可以请求管理专利工作的部门处理。管理专利工作的部门处理时，认定侵权行为成立的，可以责令侵权人立即停止侵权行为，并应当事人的请求，可以就侵犯专利权的赔偿数额进行调解。关于侵犯专利权的赔偿数额，按照权利人因被侵权所受到的损失或侵权人因侵权所获得的利益确定；被侵权人的损失或侵权人获得的利益难以确定的，参照该专利许可使用费的倍数合理确定。

专利侵权纠纷涉及新产品制造方法的发明专利的，制造同样产品的单位或个人应当提供其产品制造方法不同于专利方法的证明。

专利侵权纠纷涉及实用新型专利或外观设计专利的，人民法院或管理专利工作的部门可以要求专利权人或利害关系人出具由国务院专利行政部门对相关实用新型或外观设计进行检索、分析和评价后做出的专利权评价报告，作为审理、处理专利侵权纠纷的证据。

在专利侵权纠纷中，被控侵权人有证据证明其实施的技术或设计属于现有技术或现有设计的，不构成侵犯专利权。

假冒专利的，除依法承担民事责任外，由管理专利工作的部门责令改正并予公告，没收违法所得，可以并处违法所得4倍以下的罚款；没有违法所得的，可以处20万元以下的罚款；构成犯罪的，依法追究刑事责任。

（七）专利实施的强制许可

专利实施的强制许可是与专利权人自愿许可实施相对而言的。自愿许可实施是指专利权人基于自己的意愿与受让人签订专利实施许可合同，允许受让人实施其专利。专利实施的强制许可是指国家专利行政部门依照法定条件和法定程序，不经专利权人同意而准许其他单位和个人实施其专利的行政强制措施。被强制许可的专利只涉及发明和实用新型，而不包括外观设计。

中国的《专利法》规定了以下4种情形下的强制许可。

1）依照具备实施条件的单位的申请给予的强制许可。根据《专利法》规定，有下列情形之一的，国务院专利行政部门根据具备实施条件的单位或个人的申请，可以给予实施发明专利或实用新型专利的强制许可：①专利权人自专利权被授予之日起满 3 年，且自提出专利申请之日起满 4 年，无正当理由未实施或未充分实施其专利的。②专利权人行使专利权的行为被依法认定为垄断行为，为消除或减少该行为对竞争产生的不利影响的。

2）根据国家利益给予的强制许可。根据《专利法》规定，在国家出现紧急状态或非常情况时；或者为了公共利益的目的，国务院专利行政部门可以给予实施发明专利或实用新型专利的强制许可。

3）以公共健康为目的强制许可。根据《专利法》规定，为了公共健康目的，对取得专利权的药品，国务院专利行政部门可以给予制造并将其出口到符合中华人民共和国参加的有关国际条约规定的国家或地区的强制许可。

4）从属专利的强制许可。根据《专利法》规定，一项取得专利权的发明或实用新型之前已经取得专利权的发明或实用新型具有显著经济意义的重大技术进步，其实施又有赖于前一发明或实用新型的实施的，国务院专利行政部门根据后一专利权人的申请，可以给予实施前一发明或实用新型的强制许可。

 分组讨论

根据实际案例进行分组讨论，成立正方和反方，对方便面行业集体涨价是否合法进行辩论，并考虑世界拉面协会中国分会的法律地位，讨论结果如表 2-1 所示。司徒律师在其中起主持人的作用，注意辩论重点的引导。

表2-1　分组讨论结果

	正　方	反　方
观　　点	违法	不违法
论点及依据	1.	1.
	2.	2.
	3.	3.
结　　论		

 学习反馈

根据辩论的情况，司徒律师进行了总结，并进行了评价，对各方的论点及依据进行剖析。

1．辩论结果

2. 理由

（1）_____

（2）_____

（3）_____

3. 分析参考

新华社 2007 年 8 月 17 日：记者 16 日从国家发改委获悉，国家发改委价格监督检查司经过立案调查，认定方便面中国分会及相关企业涉嫌相互串通、操纵市场价格，违反《价格法》，责令其立即改正错误，消除不良影响，并将依法做出进一步处理。

有关方面提供的情况表明，这类以行业协会为主导的涨价行为在一些地方已经多次出现。有关人士认为，当前行业协会暴露的问题值得重视。同时，有关部门应尽快完善针对价格垄断的法律法规，维护正常的市场竞争秩序。

国务院发展研究中心有关专家指出，近年来一些商品纷纷涨价，有成本上升的原因，但涨幅明显过大，如方便面等商品，本是一个供求总体平衡的产品，不像生猪生产需要一定的供求周期，它的涨价实质上是在全国菜价、肉价和蛋价等农产品价格上涨之际的一次"借势跟涨"。

国家发改委责令：方便面中国分会撤销集体涨价

2007 年 7 月下旬以来，国家发改委不断收到群众投诉举报和律师来函，反映方便面中国分会及相关企业涉嫌串通上调方便面价格。国家发改委随即立案调查，并约见有关人员核实了解情况。

据调查，2006 年年底至 2007 年 7 月初，方便面中国分会先后 3 次召集有关企业参加会议，协商方便面涨价事宜。有关企业按照以上会议协调安排，从 2007 年 6 月起，相继调高了方便面价格。

国家发改委认定：方便面中国分会 3 次组织、策划、协调企业商议方便面涨价幅度、步骤、时间；印刷会议纪要在《中国面制品》杂志刊发，向全行业传递龙头企业上调价格的信息；通过媒体发布方便面涨价信息，致使部分地区不明真相的群众排队抢购。上述行为，严重扰乱了市场价格秩序，阻碍了经营者之间的正当竞争，损害了消费者合法权益。此外，方便面中国分会在被调查过程中，没有提供完整的会议纪要文本；接受调查后，通过媒体发表不实言论，否认串通涨价事实。

方便面中国分会和相关企业的行为，违反了《价格法》第 7 条"经营者定价，应当遵循公平、合法和诚实信用的原则"，第 14 条"经营者不得相互串通，操纵市场认定价格"，第 17 条"行业组织应当遵守价格法律、法规，加强价格自律"的规定，以及国家发改委《制止价格垄断行为暂行规定》第 4 条"经营者之间不得通过协议、决议或协调等串通方式统一确定、维持或变更价格"的规定，已经构成相互串通、操纵市场价格的行为。

国家发改委责令方便面中国分会立即改正错误；公开向社会做出正面说明，消除不良影响；宣布撤销 3 次会议纪要中有关集体涨价的内容。对方便面中国分会和相关企业的串通涨价行为，国家发改委将深入调查，并依法做出进一步处理。

对此调查结果，方便面中国分会拒绝发表意见。

民政部证明：方便面中国分会没有合法身份

由方便面中国分会主导的方便面涨幅为 20% ~ 40%。

方便面大幅涨价在社会上引起不小的震动，争论声不断。在质疑声中，河北冀华律师事务所律师郝际广等人于 2007 年 8 月初上书民政部，申请对方便面中国分会的合法性进行调查。民政部 8 月 6 日出具的民档证字［2007］第 0160 号书面证明："经查档案，'世界拉面协会中国分会'、'世界方便面协会中国分会'均未在我部登记。"

据了解，世界拉面协会是一个于 1997 年 3 月在日本东京成立的行业商会。据一位加入方便面中国分会的企业新闻发言人说，协会正在中国积极办理相关的登记手续。"

新华社为此发表时评指出：所有行业协会和企业经营者，都应该以方便面中国分会的做法为戒，串通涨价的要立即停止。

案例来源：新华社、北京晨报

 实务提示

企业在营销过程中往往会遇到各种实务操作性的问题，在定价过程中应当注意以下两点。

1. 不参与价格联盟

（1）中国法律明确禁止价格联盟行为

《价格法》第 14 条规定，经营者不得相互串通，操纵市场价格，损害其他经营者或消费者的合法权益。如果形成价格联盟，则一方面存在因违反法律禁止性规定而导致行政处罚风险，另一方面联盟的松散，终将导致违反联盟约定的风险，个别企业假联盟、真降价，损害其他成员企业利益。这对企业来说，得不偿失。从法律层面来说，各企业所参与制定的联盟协议可能因违反《价格法》或《反不正当竞争法》等而归于无效。

（2）企业应当通过正常经营手段获得企业利润

虽然提价一般会遭到消费者和经销商的反对，但在许多情况下不得不提高价格。企业应当努力改进生产经营管理，降低生产经营成本，为消费者提供价格合理的商品和服务，通过正常的市场竞争获得合法利润。在调价时，要注意调价的技巧。

（3）企业要处理好与行业协会的关系

以行业协会名义制定自律价，实际上是将国家下放给企业的定价自主权又收回到行业部门，这是一种变相的"行政干预"行为。擅自参与企业行业协会组织的价格联盟行为，不能受到法律保护。行业协会实质上对企业并无强制性行政管理权力，企业应灵活处理与行业协会价格管理之间的法律关系。

2. 不进行价格欺诈

价格欺诈是指经营者利用虚假的或使人误解的标价形式或价格手段，欺骗、诱导消费者或其他经营者与其进行交易的行为。

价格欺诈行为不仅损害经营者和消费者的利益，而且破坏正常的社会秩序，造成经济失活的紊乱，属于法律禁止的不正当价格行为，属于企业终端销售环节常见的法律风险，一旦出现，企业要承担行政处罚、民事赔偿的法律责任，企业的商誉也要受损。

为防范价格欺诈带来的负面影响，企业要加强价格综合管理，注意各部门间的相互配合，强化日常监督检查。在商品定价管理中，要将企业宣传工作的细节做足，规避虚假广告，诚信经营，工作落实到位，从而杜绝价格欺诈现象的出现。一旦出现此类问题，一定要和各方面积极协商，进行及时补救，挽回企业形象。

 实务操作

做一个有关企业价格方面的市场调查。

将学生分成几组，对其感兴趣的一类产品进行价格调查。

1. 分组做市场调查表，调查表如表2-2所示。

表2-2　市场调查表

	××品牌	××品牌	××品牌	××品牌
特点				
价格				
市场份额				
受欢迎程度				
消费者对其品牌的忠诚度				
价格走向				
付款方式				
进货量				
……				

2. 印制问卷，进行市场调查。

3. 根据调查数据进行分析并出具分析报告。

 延伸阅读：驰名商标与网络域名

驰名商标是指在市场上享有较高声誉并为相关公众所熟知的商标。域名是用于互联网上识别和定位计算机的地址，也称网址，它一般由数字和英文字母组成。20世纪90年代以来，国际互联网在国际商务交流上日益体现出其无可替代的魅力。随着"电子商务"（Electronic Business）、"网络营销"（Online Marketing）等概念的提出，许多国际著名的大型企业纷纷在互联网上建立了自己的服务器和主页，运用互联网的多媒体功能，通过文字、声音和图像在网上宣传自己的企业形象，展示最新产品和服务，介绍企业的研发方向等，从而大大提高企业的知名度，缩短与商业伙伴的空间距离。

商业在互联网上的迅速发展随即产生了一系列全新的法律问题，特别是关于无形资产如驰名商标，在互联网上的保护问题。以下的案例是北京市高级人民法院知识产权审判庭审结的（美国）杜邦公司诉北京国网信息有限责任公司计算机网络域名侵权纠纷案，通过这一案例并结合所学知识理解驰名商标的价值及其保护措施。

➥（美国）杜邦公司诉北京国网信息有限责任公司计算机网络域名侵权纠纷案

（美国）杜邦公司（以下简称杜邦公司）于1802年在美国注册成立。杜邦公司的产品涉及电子、汽车、服装、建筑、交通、通信、农业、家庭用品和化工等领域，行销世界150余个国家和地区。杜邦公司自设立以来一直在其产品上使用椭圆字体"DU PONT"。

（瑞士）内穆尔杜邦国际公司于1976年11月在中国国家工商行政管理局商标局（以下简称商标局）注册了椭圆字体"DU PONT"商标，1995年10月转让给杜邦公司。1999年2月28日，杜邦公司在商标局注册了"DU PONT"文字商标。杜邦公司是椭圆字体及文字"DU PONT"商标在中国的注册人。自1988年开始，杜邦公司在中国设立了11家独资公司或合资公司，其产品涉及电子、化工和农药等领域，其中7家已经投产。

自1992年开始，杜邦公司在中国对椭圆字体"DU PONT"注册商标做了持续的广告宣传，包括在中央电视台、《经济日报》和《参考消息》等新闻媒体上发布广告、制作电视专题片、参加专题展览会和举办产品推介会等。1997年，杜邦公司在中国为椭圆字体"DU PONT"注册商标投入的广告费用为148.2万美元，同年使用该注册商标的商品在中国的销售额为2.23亿美元。

自1986年11月至今，杜邦公司在商标局通过办理受让和注册手续，取得了椭圆字体"DU PONT"注册商标在第3、第11、第22、第24、第26、第30、第31类商品上的专用权，中文"杜邦"注册商标在第23、第26、第30、第31、第46类商品上的专用权。杜邦公司在美国、德国、加拿大和俄罗斯等17个国家注册的三级域名，均为"dupont.com.行政区缩写"或"dupont.行政区缩写"或"dupont.co.行政区缩写"模式。

北京国网信息有限责任公司（以下简称国网公司）于1996年3月成立，经营范围包括计算机网络咨询在线服务等。1998年11月2日，国网公司在中国互联网信息中心申请注册了"dupont.com.cn"域名，但一直未实际使用。在法院审理过程中，国网公司不能说明该公司的名称、地址、简称、标志、业务或其他方面与"dupont"一词有关。

1999年11月4日，受杜邦公司委托，香港永新专利商标代理有限公司申请北京市公证处对国网公司在计算机网络上的网页进行了公证，出具了公证书。

因与国网公司协商解决"dupont.com.cn"域名纠纷未果，杜邦公司向法院起诉，请求法院判令国网公司撤销对"dupont.com.cn"域名的注册，负担为本案诉讼支出的调查取证费2700元。

北京市第一中级人民法院审理认为，杜邦公司指控国网公司侵犯商标专用权及不正当竞争，请求依照《保护工业产权的巴黎公约》（以下简称《巴黎公约》）和中国法律追究国网公司的民事侵权责任，以保护杜邦公司的民事权利。因此，本案是民事权益纠纷，属于人民法院受理民事诉讼的范围。

中国与美国均为《巴黎公约》成员，杜邦公司作为在美国注册成立的法人，认为其正当权益在中国受到侵害时，有权向人民法院提起诉讼，人民法院应依据中国法律和《巴黎公约》的规定进行审理。

商标是否驰名是一种客观存在，对驰名商标的认定，是对涉及民事权利的客观事实的确认，因此，人民法院有权依据当事人的请求及案件的具体情况认定涉及的注册商标是否为驰名商标。杜邦公司在多个商品类别上注册了"DU PONT"椭圆字体和文字商标，并在中国多家新闻媒体上投入大量资金长时间对"DU PONT"注册商标进行宣传，使得该商标在中国为相关公众所知悉。使用该注册商标的商品具有良好的质量，并且在中国实现了较大的销售额，具有一定的市场占有率。杜邦公司所注册的"DU PONT"商标可以认定为驰名商标；杜邦公司的"DU PONT"注册商标成为驰名商标的时间至少应早于国网公司注册"dupont.com.cn"域名的时间。根据巴黎公约的有关规定，应当给予驰名商标较高水平的保护。

域名是用户在计算机网络中的名称和地址，是用于区别其他用户的标志，具有识别功能。国网公司注册的域名"dupont.com.cn"如果在互联网上投入使用，必然混淆该域名与"DU PONT"商标的区别，引起公众的误认。国网公司在诉讼中不能说明与其名称、地址、简称、标志、业务或其他方面与"dupont.com.cn"有关，也不能证明其在域名领域对"dupont"一词享有在先使用的权利。该公司作为经营计算机网络信息咨询服务和在线服务的经营者，应当知道在计算机网络中域名的作用和价值，其将杜邦公司的驰名商标"DU PONT"注册为域名的商业目的十分明显。

国网公司注册该域名后并未实际使用，有意阻止杜邦公司注册该域名，在收到要求其停止使用并撤销"dupont.com.cn"域名的函件后，仍未停止，其行为具有明显的恶意。该公司的行为侵犯了杜邦公司"DU PONT"注册商标专用权。国网公司没有合法依据，无偿占有杜邦公司所有的驰名商标所能够带来的商业利益，违背了《中华人民共和国民法通则》、《中华人民共和国反不正当竞争法》和《巴黎公约》所规定的民事活动中应当遵守的诚实信用原则，构成了对杜邦公司的不正当竞争，应当承担相应的民事责任，包括停止侵权、赔偿杜邦公司为本案诉讼支出的合理费用。因此，北京市第一中级人民法院依据《中华人民共和国民法通则》第4条、《中华人民共和国商标法》第38条第（4）项、《中华人民共和国反不正当竞争法》第2条第1款，判决国网公司撤销其注册的"dupont.com.cn"域名，赔偿杜邦公司为本案诉讼支出的调查取证费人民币2 700元。

一审宣判后，国网公司不服一审判决提出上诉。北京市高级人民法院审理认为，一审判决认定事实清楚，适用法律正确，维持了一审判决。

资料来源：中国法院网

营销合同管理

地点：事务所　　人物：司徒律师、学生

 **学习目标**

1. 理解合同的概念、合同法的概念和合同的分类。
2. 掌握合同的订立程序，合同的生效条件，无效合同、可撤销或可变更合同的原因及其法律后果。
3. 掌握合同的原则，双务合同履行抗辩权的概念及适用条件，合同的变更、转让、终止和违约责任。
4. 运用上述知识点草拟简单的合同条款，分析实务案例。

 任务描述

司徒律师带领学生组织一个模拟法庭，学生以组为单位模拟法庭中的法官和各当事人，对实际案例进行模拟法庭的审理。

CASE ▶▶▶▶ **实际案例**

2008 年，某房地产公司在距离北京市区 10 千米的地段开发了一个房产项目，并通过广告，向社会宣传该项目的优势和售房的具体事宜。由于该房产项目离市区较远交通不便，所以在售房广告中，该房地产公司特意声明为购房者早晚提供免费的班车。2008 年年底，该市居民王某等人看到房地产公司的广告后，认为该项目的条件尚好，虽离市区较远，但早晚有班车服务，还是较为方便的，遂前去房地产公司商量买房。在买房过程中，王某等人坚持要把免费提供班车的事宜写入售房合同中，但房地产公司不同意写入合同，只是声明一定会按广告上宣传的去做。王某等人随后与房地产公司签订了合同，购买了该项目的房产。

2009年年底，房地产公司感到一年以来免费提供班车的费用太大，遂与住户协商要求中止班车服务，作为弥补房地产公司为各住户支付一笔交通补助费。但王某等众多住户坚持要求房地产公司继续提供免费班车服务。双方协商不成，房地产公司中止了班车服务，王某等众多住户遂向法院起诉，要求房地产公司继续提供班车服务，且赔偿损失。

思考

1. 合同成立和生效的程序是什么？

2. 本案例合同的纠纷主要集中在哪些方面？例如，案例中房地产公司的商业广告属于要约还是要约邀请？

3. 你认为房地产公司是否应当且必须提供班车？为什么？

4. 在合同的订立和履行中应注意哪些问题？

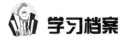 学习档案

情境一　《合同法》概述

学习要点

1. 合同、《合同法》的概念，《合同法》的调整范围；

2. 《合同法》的基本原则、合同的分类。

司徒律师从他的大公文包中拿出一沓卷宗，请他的学生阅读下面的案例，然后试图解决案例中的问题。

【导读案例】2014年1月1日下午，李某在某超市购物，到该店设置的22号自助寄存柜处存包，按提示投入1元硬币。当该硬币又从退币口出来时，投币口上方吐出一张印有1250719748数字的密码条，并见近胸口处有一箱门自动打开。李某遂将随身携带的一个黑色皮包、一把雨伞寄存在该箱内，然后进去购物。下午5时30分左右李某购物结束后，持该店自助寄存柜的密码条找到超市的工作人员，称其购物前曾将一个皮包（内装有原告从聘用单位上海航空旅行社刚领取的旅游团款4 660元及个人钱款650元，共计5 310元）、一把雨伞存入该店22号自助寄存柜的寄存箱内，现因无法打开箱子，要求解决。超市工作人员将李某指认的箱门打开后，发现里面是空的。工作人员告知李某，其指认的箱门与其所持密码条显示的箱门号码不一致。但是，当工作人员将与密码条号码相符的另一箱门打开后，发现里面也是空的。事后，李某将超市告上了法庭。

分析：

1. 李某与超市之间是什么类型的合同？

2．李某如何证明自己存入超市的物品的真实性？

3．从合同的分类角度看该合同是有名合同还是无名合同；是有偿合同还是无偿合同，并结合《消费者权益保护法》规定判断法院如何判决该案？

在没有学习情境一时，你能回答这些问题吗？请写出你的答案。

1．＿＿＿＿＿＿＿＿＿＿＿＿＿＿＿＿＿＿＿＿＿＿＿＿＿＿＿

2．＿＿＿＿＿＿＿＿＿＿＿＿＿＿＿＿＿＿＿＿＿＿＿＿＿＿＿

3．＿＿＿＿＿＿＿＿＿＿＿＿＿＿＿＿＿＿＿＿＿＿＿＿＿＿＿

学习情境一以后，你的答案发生变化了吗？请再次写下你的答案。

1．＿＿＿＿＿＿＿＿＿＿＿＿＿＿＿＿＿＿＿＿＿＿＿＿＿＿＿

2．＿＿＿＿＿＿＿＿＿＿＿＿＿＿＿＿＿＿＿＿＿＿＿＿＿＿＿

3．＿＿＿＿＿＿＿＿＿＿＿＿＿＿＿＿＿＿＿＿＿＿＿＿＿＿＿

一、合同的概念

合同是平等主体之间设立、变更和终止民事权利义务关系的协议。依据《中华人民共和国合同法》（以下简称《合同法》）的规定，婚姻、收养和监护等有关身份关系的协议，适用其他法律的规定。

合同具有如下法律性质。

1）合同是一种民事法律行为。

2）合同是两方以上当事人的意思表示一致的民事法律行为。合同的成立必须有两方以上的当事人，他们相互做出意思表示，并且意思表示相一致。这是合同区别于单方法律行为的重要标志。

3）合同是以设立、变更和终止民事权利义务关系为目的的民事法律行为。

4）合同是当事人各方在平等、自愿的基础上产生的民事法律行为。现实中，为实现合同正义，自愿或自由时常受到限制，如强制缔约、格式合同和劳动合同的社会化等。

二、合同的分类

根据不同的标准可以对合同进行不同的分类。

（一）有名合同与无名合同

根据《合同法》或其他法律是否对合同规定有确定的名称与调整规则的标准，可将合同分为有名合同与无名合同。有名合同又称典型合同，是立法上规定有确定名称与规则的合同，如《合同法》在分则中规定的买卖合同、赠予合同、借款合同和租赁合同等。无名合同是立法上尚未规定有确定名称与规则的合同，又称非典型合同。区分两者的法律意义在于适用的法律不同。有名合同可直接适用《合同法》分则中关于该种合同的具体规定；无名合同则只能在适用《合同法》总则中规定的一般规则的同时，参照分则或其他法律中最相似的规定执行。

（二）单务合同与双务合同

根据合同当事人是否相互负有对价义务的标准，可将合同分为单务合同与双务合同。此处的对价义务并不要求双方的给付价值相等，而只是要求双方的给付具有相互依存、相互牵连的关系即可。单务合同是指仅有一方当事人承担义务的合同，如赠予合同；双务合同是指双方当事人互负对价义务的合同，如买卖合同、承揽合同和租赁合同等。区分两者的法律意义在于：因为，双务合同中当事人之间的给付义务具有依存和牵连关系，所以，双务合同中存在同时履行抗辩权和风险负担的问题，而这些情形并不存在于单务合同中。

（三）有偿合同与无偿合同

根据合同当事人是否因给付取得对价的标准，可将合同分为有偿合同与无偿合同。有偿合同是指合同当事人为从合同中得到利益要支付相应对价给付的合同，此给付并不局限于财产的给付，也包含劳务和事务等。买卖、租赁、雇用、承揽和行纪等都是有偿合同。无偿合同是指只有一方当事人做出给付，或者虽然是双方做出给付但双方的给付间不具有对价意义的合同。赠予合同是典型的无偿合同，另外，委托、保管合同如果没有约定利息和报酬的，也属于无偿合同。

（四）诺成合同与实践合同

根据合同成立除当事人的意思表示以外，是否还要其他现实给付的标准，可以将合同分为诺成合同与实践合同。诺成合同是指当事人意思表示一致即可认定合同成立的合同；实践合同是指在当事人意思表示一致以外，尚须有实际交付标的物或其他现实给付行为才能成立的合同。确认某种合同属于实践合同必须是法律有规定或当事人之间有约定。常见的实践合同有保管合同、自然人之间的借贷合同和定金合同等。区分两者的法律意义在于：除了两种合同的成立要件不同以外，实践合同中作为合同成立要件的给付义务的违反不产生违约责任，而只是一种缔约过失责任。

（五）要式合同与不要式合同

根据合同的成立是否必须符合一定的形式的标准，可将合同分为要式合同与不要式合同。要式合同是按照法律规定或当事人约定必须采用特定形式订立方能成立的合同；不要式合同是对合同成立的形式没有特别要求的合同。确认某种合同属于要式合同必须是法律有规定或当事人之间有约定。

（六）主合同与从合同

根据两个或多个合同相互间的主从关系的标准，可将合同分为主合同与从合同。主合同是无须以其他合同存在为前提即可独立存在的合同，具有独立性。从合同又称附属合同，是以其他合同的存在为存在前提的合同。保证合同、定金合同和质押合同等相对于提供担保的借款合同即为从合同。从合同的存在是以主合同的存在为前提的，所以主合同的成立与效力直接影响从合同的成立与效力。但是从合同的成立与效力不影响主合同的成立与效力。

三、《合同法》的概念

《合同法》是调整平等主体之间的交易关系的法律。中国现行的《合同法》是 1999 年 3 月 15 日第九届全国人民代表大会第二次会议通过的《中华人民共和国合同法》，自 1999 年 10 月 1 日起实施。该法分为总则、分则和附则 3 篇，共 23 章 428 条。

四、《合同法》的调整范围

《合同法》的调整范围包括以下内容。

1）《合同法》调整平等主体之间的民事法律关系。政府的经济管理活动属于行政管理关系，不是民事关系，不适用《合同法》；企事业单位内部的管理关系，不是平等主体之间的关系，也不适用《合同法》。

2）《合同法》调整法人、其他组织之间的经济贸易关系，同时还包括自然人之间的买卖、租赁、借贷和赠予等合同关系。

五、《合同法》的基本原则

《合同法》的基本原则是制定和适用合同法总的指导思想，是指导合同立法、合同司法和进行合同活动的带有普遍指导意义的基本行为准则。

中国的《合同法》的基本原则主要有平等、自愿、公平、诚实信用、遵守法律和不得损害社会公共利益原则，具体如下。

（一）平等原则

合同当事人法律地位一律平等，一方不得将自己的意志强加给另一方。平等原则是《合同法》最基本的原则，若当事人双方法律地位不平等时，就谈不上自愿、公平和诚实信用等问题。因此，在合同关系中不承认特权的存在。

（二）自愿原则

当事人依法享有自愿订立合同的权利，任何单位和个人不得非法干预。自愿是贯彻合同活动整个过程的基本原则，但自愿的前提是不违反法律的强制性规定和社会公共利益。

（三）公平原则

当事人应当遵循公平原则确定各方的权利和义务。在《合同法》中贯彻公平原则，将有助于保障公平交易、公平竞争和公平处理纠纷，从而保障当事人的合法权益。

（四）诚实信用原则

合同的当事人应当诚实守信，不得有欺诈等恶意行为。从合同的订立、履行至合同权利义务的终止，都要遵循诚实信用原则。

（五）遵守法律和不得损害社会公共利益原则

当事人订立、履行合同时，应当遵守法律、行政法规，遵守社会公德，不得扰乱社会秩序，不得损害社会公共利益。

情境二　合同的订立

> 学习要点
> 1．合同订立的过程；
> 2．要约与承诺的条件及这两个阶段的法律效力。

司徒律师从他的大公文包中拿出一沓卷宗，请他的学生阅读下面的案例，然后试图解决案例中的问题。

【导读案例】某商店于 2014 年 4 月先后刊登两则有关特价销售的广告。其 4 月 6 日所刊登的广告内容如下："本星期六早上 9 点整，5 件原价值约 100 美元的皮外套，将以 1 美元的价格卖出，先来者即可先享受此优待。"稍后，同月 13 日，商店又刊登以下广告："本周六上午 9 点整，原价值 89.5 美元的两件全新貂皮围巾及原价值 139.5 美元的全新黑色兔皮围巾，均将以 1 美元 1 条的价格卖出，先来者可先享受此优待。"据此，张先生遂依广告所述，于特定时日第一个光顾商店，并向商店表示欲以单价 1 美元的价格购买上述皮外套及围巾，然而商店辩称按公司内部规定，此广告仅针对女性顾客而发，张先生是男性，所以该优惠不适用于张先生。于是张先生提起诉讼，要求商店将上述广告指明的货品以广告价格出售给他。

分析：

1．被告所发的广告是否构成要约？

2．你认为诉讼的结果将是怎样？

在没有学习情境二时，你能回答这些问题吗？请写出你的答案。

1．_____

_____

2．_____

_____

学习情境二以后，你的答案发生变化了吗？请再次写下你的答案。

1．_____

_____

2．_____

_____

合同订立的过程就是当事人各方就合同条款通过协商达成协议的过程。这一过程分为要约和承诺两阶段。

一、要约

要约也称订约提议，是当事人一方向他方提出订立合同的建议。要约中要有与对方订立合同的意愿和合同应有的主要条款、要求对方做出答复的期限等内容。在要约约定的对方答复期限内，要约人受其要约的约束。

 思考 3-1

广告是要约吗？

（一）要约的条件

1）要约的内容必须具体明确。所谓"具体"，是指要约的内容必须具有足以使合同成立的主要条款。如果没有包含合同的主要条款，受要约人难以做出承诺，即使做出了承诺，也会因为双方的这种合意不具备合同的主要条款而使合同不能成立。所谓"明确"，是指要约的内容必须明确，而不能含混不清，否则无法承诺。

2）要约必须具有订立合同的意图，表明一经受要约人承诺，要约人即受该意思表示的拘束。

3）要约必须到达。大多数国家的法律都规定，要约必须于到达受要约人时才能产生效力。

（二）要约与要约邀请

要约邀请是指一方邀请对方向自己发出要约。要约是一方向他方发出订立合同的意思表示；要约邀请不是一种意思表示，而是一种事实行为。要约是希望他人和自己订立合同的意思表示，是法律行为；要约邀请只是引诱他人向自己发出要约，在发出邀请要约邀请人撤回其邀请时，只要未给善意相对人造成信赖利益的损失，邀请人并不承担法律责任，以下4个法律文件为要约邀请：寄送的价目表、拍卖公告、招标公告和招股说明书。

案例 3-1

某电器公司新设分支机构，于 2014 年 9 月 23 日开业，在开业前对外发布开业酬宾广告宣传单，该宣传单上明确"康佳 32 寸液晶彩电一款 2 500 元"。当日，郭某在该电器有限公司分店要求按 2 500 元的价格购买康佳 32 寸液晶彩电 10 台遭拒绝，郭某遂就上述意思表示于当日以函件形式告知该电器公司。2014 年 10 月 10 日，郭某又向该电器公司发函要求履行合同，该公司未同意。郭某遂诉至法院，请求判令电器公司履行合同，向郭某交付康佳 32 寸液晶彩电 10 台。

分析：郭某会胜诉吗？为什么？

（三）要约的生效

要约的生效时间以要约的形式不同而不同。《合同法》规定，要约到达受约人时生效。对话形式的要约自受要约人了解时发生效力；书面形式的要约于到达受要约人时生效；采用数据电文形式订立合同，收件人指定特定系统的，该数据电文进入该特定系统的时间，视为到达时间；未指定特定系统的，该数据电文进入收件人的任何系统的时间，视为到达时间。

思考 3-2

口头要约是否具有法律效力？

（四）要约的撤回、撤销和失效

要约撤回是指在要约生效前，要约人使其不发生法律效力的意思表示。《合同法》规定，要约可以撤回，但撤回要约的通知应当在要约到达受要约人之前或与要约同时到达受要约人。

要约的撤销是指要约人在要约生效后，将该要约取消，从而使其效力归于消灭。撤销要约的通知应当在受要约人发出承诺通知之前到达受要约人。允许要约人撤销要约能够有效地保护要约人的利益，减少不必要的损失，但是也应顾及受要约人的利益，所以在下列情况下，要约不得撤销：① 要约人确定了承诺期限或以其他形式明示要约不可撤销。② 受要约人有理由认为要约是不可撤销的，并已经为履行合同做了准备工作。

有下列情形之一的，要约失效：① 拒绝要约的通知到达要约人。② 要约人依法撤销要约。③ 承诺期限届满，受要约人未做出承诺。④ 受要约人对要约的内容做出实质性变更。

二、承诺

（一）承诺的含义

依据《合同法》第21条的规定，承诺是受要约人同意要约的意思表示，即受要约人同意接受要约的全部条件而与要约人成立合同。承诺应当以通知的方式做出，但根据交易习惯或要约表明可以通过行为做出承诺的除外。承诺的法律效力在于，承诺一经做出，并送达要约人，合同即告成立，要约人不得加以拒绝。

（二）承诺的条件

任何有效的承诺，都必须具备以下条件。

1）承诺必须由受要约人做出。要约和承诺是一种相对人的行为，因此，承诺必须由受要约人做出。受要约人通常指的是受要约人本人，但也包括其授权的代理人。

2）承诺必须在有效时间内做出。所谓有效时间，是指要约定有答复期限的，规定的期限内即为有效时间；要约内并无规定承诺期限的，通常认为应当在合理的时间内承诺（如信件、电报往来及受要约人考虑问题所需要的时间），即为有效时间。

3）承诺必须与要约的内容一致，即承诺必须是实质性地接受要约的所有条件。受要约人可以变更要约的部分内容，而不得对要约的实质性内容进行变更。如果对要约做出实质性的变更，则构成了反要约。反要约是一项新的要约，而不是有效的承诺。反要约构成对原要约的拒绝，使原要约失效。《合同法》第30条规定，承诺的内容应当与要约的内容一致。受要约人对要约的内容做出实质性变更的，为新要约。有关合同标的、数量、质量、价款或报酬、履行期限、履行地点和方式、违约责任和解决争议方法等的变更，是对要约内容的实质性变更。第 31 条规定，"承诺对要约的内容做出非实质性变更的，除要约人及时表示反对或要约表明承诺不得对要约的内容做出任何变更的以外，该承诺有效，合同的内容以承诺的内容为准。

案例 3-2

某年 5 月 9 日，甲公司对乙公司发出一份要约，希望乙公司提供某种型号的办公桌椅 10 套，单价为 2 500 元/套，交货时间为承诺后的第 30 天。5 月 11 日，乙公司收到信后即刻发出一份承诺表明要约的其他条件都予认可，价格必须为 2 750 元/套。承诺信发出后，甲公司没给乙方任何回信。6 月 13 日，甲发函要追究乙公司迟延交货的违约责任。

分析：5 月 11 日乙公司发出的承诺是否有效？

（三）承诺生效

承诺生效的时间即为合同成立的时间，当事人也于此时开始享有合同权利、承担合同义务。《合同法》规定，承诺通知到达要约人时生效。承诺不需要通知的，根据交易习惯或要约的要求做出承诺的行为时生效。

要约没有确定承诺期限的，承诺应当依照下列规定到达：① 要约以对话方式做出的，应当即时做出承诺，但当事人另有约定的除外。② 要约以非对话方式做出的，承诺应当在合理期限内到达。

三、合同形式

合同形式是指当事人合意的外在表现形式，是合同内容的载体。依据中国《合同法》的规定，合同形式有以下 3 类。

（一）口头形式

口头形式是指当事人双方用对话方式表达相互之间达成的协议。当事人在使用口头形式时，应注意只能是即时履行的合同，才能使用口头形式，否则不宜采用这种形式。

（二）书面形式

依据《合同法》第 11 条 "书面形式是指合同书、信件和数据电文（包括电报、电传、传真、电子数据交换和电子邮件）等可以有形地表现所载内容的形式"，一般不能即时履行的经济合同，均宜采用书面形式。在签订书面合同时，当事人应注意，除主合同之外，与主合同有关的电报、书信和图表等，也是合同的组成部分，应同主合同一起妥善保管。书面形式便于当事人履行，便于管理和监督，便于举证，是经济合同当事人使用的主要形式。

案例 3-3

位于北京市某小区建筑面积为 85 平方米的一套住房，是旅居国外的张先生夫妻共有的私房。2005 年起，为小李租住。2009 年 7 月 15 日，小李收到张妻的电子邮件，愿意将该房以 175 万元的售价卖给小李，并要求发电子邮件回复。小李在 8 月 1 日通过电子邮件回复称，同意以 175 万元购买这套房屋。而 2009 年 10 月 10 日，张妻发电子邮件称，张先生因工作问题，能否来北京尚存疑问，她在北京也只有 15 天时间，房屋交易手续也不能完成。由于无法办理产权过户，房屋买卖已不可能完成。小李则在次日回复邮件中表示，双方的房屋买卖合同几个月前已经成立，房款 175 万元已经准备好，希望能顺利办妥房屋过户手续。同年 11 月，张妻将小李告上法庭，要求终止双方签订的《物业租赁协议》，小李搬出房屋并按月支付租金至实际搬出日止；还要小李支付相应违约金。同年 12 月，小李也将张先生夫妻告上法庭，要求确认双方的房屋买卖合同成立，并按 175 万元房价办理过户手续；表示愿在办理过户手续前 10 日将房款 175 万元支付给张先生夫妻。

分析：小李与张先生夫妻之间的合同属于什么形式？

（三）其他形式

其他形式是指当事人采用书面形式、口头形式以外的形式来表现合同的内容，如推定形式，即当事人不直接用书面形式或口头形式进行意思表示，而是通过实施某种行为进行意思表示。

四、合同成立的时间和地点

（一）成立的时间

合同成立的时间是由承诺实际生效的时间所决定的。

如果要约是以信件或电报发出的，承诺期限自信件载明的日期或电报交发之日开始计算。信件未载明日期的，自投寄该信件的邮戳日期开始计算。

采用数据电文形式订立合同的，如果要约人指定了特定系统接受数据电文的，则以要约人承诺的数据电文进入该特定系统的时间，视为承诺到达时间；未指定特定系统的，该数据电文进入要约人的任何系统的首次时间，视为承诺到达的时间。以直接对话做出承诺的，应以收到承诺通知的时间为承诺生效时间。

（二）成立的地点

从原则上说，承诺生效的地点就是合同成立的地点。

《合同法》第 35 条规定，当事人采用合同书形式订立合同的，以双方当事人签字或盖章的地点为合同成立的地点。

《合同法》第 34 条规定，采用数据电文形式订立合同的，以收件人的主营业地为合同成立的地点；没有主营业地的，以其经常居住地为合同成立的地点。当事人另有约定的，从其约定。

（三）合同的实际成立

有些合同是要式合同，必须履行特定的形式合同才能成立。在实践中，当事人虽未履行特定的形式，但已经实际履行了合同，则可以从当事人实际履行合同义务的行为中推定当事人已经形成了合意和合同关系。《合同法》第 36 条规定，法律、行政法规规定或当事人约定采用书面形式订立合同，当事人未采用书面形式但一方已经履行主要义务，对方接受的，该合同成立。

五、缔约过失责任

缔约过失责任是指当事人在订立合同过程中，因过错违反依诚实信用原则负有的先合同义务，导致合同不成立，或者合同虽然成立，但不符合法定的生效条件而被确认无效、被变更或被撤销，给对方造成损失时所应承担的民事责任。所谓先合同义务，又称先契约义务或缔约过程中的附随义务，是指自缔约当事人因签订合同而相互接触磋商，至合同有效成立之前，双方当事人依诚实信用原则负有协助、通知、告知、保护、照管、保密和忠实等义务。

中国《合同法》第42条确立了缔约过失责任制定，该条规定"当事人在订立合同过程中有下列情形之一，给对方造成损失的，应当承担损害赔偿责任：① 假借订立合同，恶意进行磋商。② 故意隐瞒与订立合同有关的重要事实或提供虚假情况。③ 有其他违背诚实信用原则的行为"。可见缔约过失责任实质上是诚实信用原则在缔约过程中的体现。

缔约过失责任的法律特征主要如下。

1）法定性。缔约过失责任是基于法律的规定而产生的一种民事责任。只有当事人的行为符合《合同法》第42条、第43条规定的情形之一，并给对方造成经济损失的，才应依法承担缔约过失责任。

2）相对性。缔约过失责任只能存在于缔约阶段（也称先契约阶段），即合同订立的磋商阶段，而不能存在于其他阶段。同时，缔约过失责任也只能在缔约当事人之间产生。

3）补偿性。缔约过失责任的补偿性是指缔约过失责任旨在弥补或补偿缔约过失行为所造成的财产损害后果。中国《合同法》第42条将损害赔偿作为缔约过失责任的救济方式，就是缔约过失责任补偿性的法律体现。缔约过失责任补偿性是民法意义上平等、等价原则的具体体现，也是市场交易关系在法律上的内在要求。

案例 3-4

甲有一家餐馆。一日得知乙有转让餐馆的意图，甲并不想购买该餐馆，但为了阻止乙将餐馆卖给丙快餐店，便谎称自己想购买，以扩大餐馆规模。为此，甲与乙就价格等事宜进行了长时间的谈判。当丙快餐店购买了另一家餐馆后，甲便中断了与乙的谈判。乙因为要出国，无奈之下以比丙快餐店业主出价更低的价格转让了餐馆。

分析： 如果乙起诉，甲应负什么责任？

六、格式条款和免责条款

（一）格式条款

格式条款又称格式合同，是指当事人为了重复使用而预先拟订、并在订立合同时未与对方协商的条款，如保险合同和拍卖成交确认书等，都是格式合同。适用于消费者的制定或规定、商业广告、通知、声明、店堂告示、凭证和单据等，其内容具备要约条件并符合前款规定的，视为格式条款。《合同法》从维护公平、保护弱者出发，对格式条款从 3 个方面予以限制。

1）提供格式条款一方有提示、说明的义务，应当提请对方注意免除或限制其责任的条款，并按照对方的要求予以说明。

2）格式条款具有：① 以欺诈、胁迫的手段订立合同，损害国家利益。② 恶意串通，损害国家、集体或第三人利益。③ 以合法形式掩盖非法目的。④ 损害社会公共利益。⑤ 违反法律、行政法规的强制性规定。⑥ 造成对方人身伤害的免责条款。⑦ 因故意或重大过失造成对方财产损失的免责条款情形的，或者提供格式条款一方免除其责任、加重对方责任、排除对方主要权利的，该条款无效。

3）对格式条款的理解发生争议的，应当做出不利于提供格式条款一方的解释。

 案例 3-5

商场儿童乐园规定：儿童在此游玩，发生事故本商场概不负责。

分析：这句话是否具有法律效力？

格式合同以其高速快捷的缔约优势，逐渐替代普通合同而成为现代经济生活中最主要的合同形式。随着经济的发展，格式条款作为经济交易手段的重要性将更加明显，作用也必将更加突出。格式条款的普遍使用价值如下。

1）它是交易活动标准化、便捷化的反映，可以简化缔约手续，减少缔约时间，降低交易成本，提高生产经营效率。

2）可以事先分配当事人之间的利益，预先确定风险分担机制，增加对生产经营预期效果的确定性。从而提高生产经营的计划性，促进生产经营的合理性。

3）可以使不同的消费者受到同等对待，平衡消费心理。

格式条款也有一些严重的负面影响，表现如下。

1）格式条款、合同多以垄断为基础，在一定程度上助长了垄断。

2）只实现了合同一方的合同自由，而对方的合同自由是极为有限的。

3）容易产生不公平的结果。一方很容易利用自己的优势地位把不公平的条款强加给对方，如扩大自己的免责范围，迫使对方放弃某些权利等。

（二）免责条款

免责条款是指在合同中约定免除或限制一方或双方当事人的未来责任的合同条款。免责条款的提出必须是明示的，不允许以默示方式提出，也不允许法官加以推定，而要把免责条款纳入合同必须取得对方当事人的同意。要注意的是，同意的做出既可以是明示的，也可以是默示的，即可从行为人的行为中加以推定。

免责条款的表现形式是多种多样的，它可以存在于格式条款中，也可以存在于非格式条款中。格式条款又称标准条款，是指一方当事人预先拟订固定格式和内容并在订立合同过程中未与对方协商的合同条款，假如合同中的所有条款均为格式条款，那么此类合同也称格式合同、定式合同或标准合同。在实际生活中往往遇到某些行业，如电信、邮电和银行等行业的行业规定，也应当将其视为格式条款。

情境三　合同的效力

学习要点
1．合同生效的概念、无效合同、可变更合同和可撤销合同；
2．合同的效力。

司徒律师从他的大公文包中拿出一沓卷宗，请他的学生阅读下面的案例，然后试图解决案例中的问题。

【导读案例】甲要去美国3个月，委托乙照看其房屋及屋内物品，还有一只小狗。乙不喜欢狗，但也没办法，只好将甲的狗拉到自己家中，以便照顾。一日，丙来访，看到放在乙家中的狗，甚是喜爱，便要求乙将该狗卖给他。乙想正好自己不想照顾这只狗了，现在卖了，等甲回来把钱给他，再让他去买一只就可以了。因此乙便自作主张将甲的狗卖给了丙，丙付了钱，乙交了狗。3个月后，甲回来了，乙便告知狗被卖一事，并把钱给了甲，而甲得知爱犬被卖相当生气，便要求乙将狗要回，丙却不同意，乙讨要未果，发生纠纷。

分析：
1．乙的行为有效吗？
2．甲能要回自己心爱的小狗吗？
在没有学习情境三时，你能回答这些问题吗？请写出你的答案。
1．_____

2．_____

学习情境三以后，你的答案发生变化了吗？请再次写下你的答案。
1．_____

2．_____

一、合同生效

合同生效是指已经依法成立的合同在当事人之间产生一定的法律约束力，即法律效力。
合同生效意味着双方当事人享有合同中约定的权利和承担合同中约定的应当履行的义务；任何一方不得擅自变更和解除合同；一旦当事人一方不履行合同规定的义务，另一方当事人可寻求法律保护；合同生效后，对合同当事人之外的第三人也具有法律约束力，第三人均不得对合同当事人进行非法干涉，合同当事人对妨碍合同履行的第三人可以请求法院排除妨害；合同生效后，合同条款成为处理合同纠纷的重要依据。因而，合同成立是合同生效的前提条件，合同生效是当事人双方订立合同实现预期目标必然要追求的结果。

 思考 3-3

如何理解合同成立与合同效力之间的关系？

二、无效合同、可变更合同和可撤销合同

（一）无效合同

无效合同是指合同虽然成立，但因其违反法律、行政法规和社会公共利益而无效。可见，无效合同是已经成立的合同，是欠缺生效要件的合同，是不具有法律约束力的合同，不受国家法律保护。无效合同自始无效，但部分条款无效，不影响其余部分的效力。

无效合同的原因有以下两种。

1）订立合同主体不合格，表现为：① 无民事行为能力人、限制民事行为能力人订立合同且法定代理人不予追认的，该合同无效，但有例外，纯获利益的合同和与其年龄、智力和精神健康状况相适应而订立的合同，不需追认，合同当然有效。② 代理人不合格且相对人有过失而成立的合同，该合同无效。③ 法人和其他组织的法定代表人、负责人超越权限订立的合同，且相对人知道或应当知道其超越权限的，该合同无效。

2）订立合同内容不合法，表现为：① 违反法律、行政法规的强制性规定的合同，无效。② 违反社会公共利益的合同，无效。③ 恶意串通，损害国家、集体或第三人利益的合同，无效。④ 以合法形式掩盖非法目的的合同，无效。⑤ 无处分权的人处分他人财产的合同，无效，但有两个例外，事后经权利人追认的，有效，事后取得处分权的，有效。

3）意思表示不真实的合同，即意思表示有瑕疵，如一方以欺诈、胁迫的手段订立合同，损害国家利益的，无效。

现代合同法或买卖法最为重要的基本精神或价值目标就是鼓励合同交易，增进社会财富。市场交易越频繁，市场经济越能充分发展，社会财富和国家财富越能迅速增加。实践不断证明，随着社会关系的日益复杂和市场经济日益繁荣，不适当地宣告合同无效，不仅增加交易成本、阻碍经济发展，而且不利于对当事人意志的尊重，甚至导致民事主体对民商法的信仰危机。

《合同法》颁行之后，为了保障交易的安全顺利进行，保障我国经济顺利转型，提升国家经济实力，最高法院贯彻"鼓励交易、增加财富"的原则，发布《合同法解释（一）》和《合同法解释（二）》等司法解释，严格规制对合同的无效认定。例如，其特别强调，人民法院确认合同无效的依据，只能是全国人大及其常委会制定的法律和国务院制定的行政法规，绝对不能再以地方性法规、行政规章作为依据。对合同法第 52 条第（五）项规定的"强制性规定"做出限缩性解释，即"强制性规定是指效力性强制性规定"，进一步减少了认定合同无效的事由。

（二）可变更、可撤销合同

可变更、可撤销的合同是指合同已经成立，但合同当事人的意思表示不真实，可以通过权利人请求，法院或仲裁机构确定后予以变更、撤销的合同。

可变更、可撤销的合同有以下 3 种。

（1）因重大误解订立的合同

因重大误解订立的合同是指当事人一方因为自己的认识错误对合同的内容产生误解而订立的合同，并且该误解直接影响其应该享有的权利和承担的义务。所谓重大误解是指当事人在意思表示时，行为人因对行为的性质、对方当事人、标的物的品种、质量、规格和数量等的错误认识，使行为的后果与自己的意思相悖，并造成较大损失。误解可以分为双方误解和单方误解。

（2）显失公平的合同

所谓显失公平的合同，就是一方当事人在紧迫或缺乏经验的情况下订立的使当事人之间享有的权利和承担的义务严重不对等的合同。标的物的价值和价款过于悬殊、承担责任及风险承担显然不合理的合同，都可称显失公平的合同。它往往是当事人双方权利和义务很不对等，经济利益上严重失衡，违反了公平合理的原则。法律规定显失公平的合同应予撤销，这不仅是公平原则的体现，而且切实保障了公平原则的实现；从法律上确认显失公平的合同可撤销，对保证交易的公正性和保护消费者的利益，防止一方当事人利用优势或利用对方没有经验而损害对方的利益都有重要的意义。

（3）因欺诈、胁迫的手段或乘人之危而订立的合同

因欺诈、胁迫订立的合同应分为两类：一类是一方以欺诈、胁迫的手段订立的合同损害国家利益，应作为无效合同；另一类是一方以欺诈、胁迫的手段订立的合同并没有损害国家利益，只是损害了集体或第三人的利益，对这类合同应按可撤销合同处理。欺诈是指一方当事人故意告知对方当事人虚假的情况，或者故意隐瞒真实的情况，诱使对方当事人做出错误意思表示的行为。胁迫是指以给公民及其亲人的生命健康、名誉、荣誉和财产等造成损害，或者以给法人的名誉、荣誉和财产等造成损害为要挟，迫使对方做出违背真实意思表示的行为。乘人之危是指一方当事人趁对方处于危难之机，为牟取不正当利益，迫使对方做出不真实的意思表示，严重损害对方利益的行为。

一方以欺诈、胁迫的手段或乘人之危，使对方在违背真实意思的情况下订立的合同，受损害方有权请求人民法院或仲裁机构变更或撤销。

（三）撤销权

撤销权是撤销权人依其单方的意思表示使合同效溯及既往的消灭的权利。因撤销原因不同，撤销权人也不同。重大误解中，误解人是撤销权人；显失公平中，遭受明显不公的人是撤销权人；欺诈、胁迫中，受欺诈、受胁迫的人是撤销权人。撤销权是诉权，只能通过法院或仲裁机构行使。

撤销权的消灭：① 具有撤销权的当事人自知道或应当知道撤销事由之日起一年内没有行使撤销权。② 具有撤销权的当事人知道撤销事由后明确表示或以自己的行为放弃撤销权。

案例 3-6

甲公司向乙公司订购乳胶漆一批，乙公司在订立合同时，谎称国产乳胶漆为进口乳胶漆。甲公司事后得知实情，适逢国产乳胶漆畅销，甲公司有意履行合同，乙公司则希望这批货以更高的价格卖给别人。

分析： 乙公司能将货卖给别人吗？

（四）合同无效、被撤销的法律后果

无效的合同或被撤销的合同自始没有法律约束力。合同部分无效，不影响其他部分的效力，其他部分仍然有效。

合同无效或被撤销后，因该合同取得的财产，应当予以返还；不能返还或没有必要返还的，应当折价补偿。有过错的一方应当赔偿对方因此所受到的损失，双方都有过错的，应当各自承担相应的责任。

当事人恶意串通，损害国家、集体或第三人利益的，因此取得的财产收归国家所有或返还集体、第三人。

三、效力待定合同

效力待定合同又称效力未定的合同，是指合同虽然已经成立，但因其不完全符合有关生效要件的规定，所以其效力能否发生，尚未确定，一般须经有权人表示承认才能生效。

《合同法》规定了以下 3 种情况为效力待定合同。

（一）主体不合格的效力待定合同

主体不合格的效力待定合同主要是指限制行为能力的人订立的合同。经法定代理人追认后，合同有效。纯获利或与其年龄、智力和精神健康状况相适应的，不必追认。相对人可催告法定代理人 1 个月内追认，法定代理人未做表示的，视为拒绝。合同被追认前，善意的相对人有撤销的权利。

（二）无权代理人订立的效力待定合同

行为人没有代理权、超越代理权或代理权终止后以被代理人名义订立的合同，必须经过被代理人的追认才能对被代理人产生法律拘束力，否则，后果由行为人承担。相对人可以催告被代理人 1 个月内予以追认，被代理人未做表示的，视为拒绝。被追认之前，善意相对人有撤销的权利。

（三）无处分权的人处分他人财产权利而订立的合同

无处分权的人处分他人财产，经权利人追认或无处分权的人订立合同后取得处分权的，合同有效。

效力待定合同的特点如下。

1）效力待定合同已经成立，但合同因缺乏处分权、代理权或缺乏行为能力而效力并不齐备。

2）效力待定合同的效力，既非完全无效，也非完全有效，而是处于一种效力不确定的中间状态。

3）效力待定合同是否已经发生效力尚不能确定，有待于其他行为或事实使之确定。

情境四 合同的履行

学习要点
1. 合同履行的原则、合同履行的具体规则；
2. 双务合同履行中的抗辩权，合同的变更、转让、终止。

司徒律师从他的大公文包中拿出一沓卷宗，请他的学生阅读下面的案例，然后试图解决案例中的问题。

【导读案例】某村民甲与乙签订了一份买卖合同。合同约定，甲卖给乙4头牛，款项为8 000元。先支付3 000元货款，其余款项在半年内付清。在付清剩余款项之前，甲保留对牛的所有权。签订合同的第二天，乙将牛牵走。

分析：

1. 假如在牛款付清之前，牛1被水淹死，损失由谁负责？为什么？

2. 假如在牛款付清之前，牛2生下一头小牛，该小牛的所有权归谁？为什么？

3. 假如在牛款付清之前，牛3踢伤一人，该损害赔偿责任由谁承担？为什么？

4. 假如在牛款付清之前，村民乙将牛4卖给了丙，该合同是否有效？为什么？

5. 当事人在合同中约定，合同成立后，牛款在未付清之前，牛的所有权并不转移，是否具有法律效力？为什么？

在没有学习情境四时，你能回答这些问题吗？请写出你的答案。

1. _____

2. _____

3. _____

4. _____

5. _____

学习情境四以后，你的答案发生变化了吗？请再次写下你的答案。

1. _____

2. _____

3. _____

4. _____

5. _____

一、合同履行的原则

合同履行的原则是当事人在履行合同债务时所应遵循的基本准则。在这些基本准则中，有的是基本原则，如诚实信用原则、公平原则和平等原则等；有的是专属于合同履行的原则，如适当履行原则、协作履行原则和经济合理原则。

（一）适当履行原则

适当履行原则又称正确履行原则或全面履行原则，是指当事人按照合同规定的标的及其质量和数量，由适当的主体在适当的履行期限、履行地点并以适当的履行方式，全面完成合同义务的履行原则。

（二）协作履行原则

协作履行原则是指当事人不仅应当适当履行自己的合同债务，而且应基于诚实信用原则的要求，在必要的限度内，协助对方当事人履行债务的履行原则。《合同法》第 60 条第 2 款关于"当事人应当遵循诚实信用原则，根据合同的性质、目的和交易习惯履行通知、协助和保密等义务"的规定，体现了协作履行原则。

（三）经济合理原则

经济合理原则要求履行合同时，讲求经济效益，即付出最小的成本，取得最佳的合同利益。在履行合同中贯彻经济合理原则，表现在许多方面，如中国法律允许变更到货地点和收货人。

二、合同履行的具体规则

根据《合同法》第 61 条、第 62 条的规定，约定不明合同的履行原则如下。

（一）当事人协议补充原则

所谓当事人协议补充原则，是指当事人对没有约定或约定不明确的合同内容通过协商的办法订立补充协议，使合同具体化和明确化，并与原合同共同构成一份完整的合同。

（二）按照合同有关条款或交易习惯确定原则

约定不明合同在履行中形成纷争时，首先，应当适用当事人协议补充原则。其次，当不能达成补充协议时，应按中国《合同法》第 61 条后段"按照合同有关条款或交易习惯确定"的原则进行。

（三）法定补充原则

当事人就有关合同内容约定不明确，在适用当事人协商补充原则、按照合同有关条款确定原则、按照交易习惯确定原则仍不能确定时，应当适用法定补充原则。

中国《合同法》第 62 条规定，当事人就有关合同内容约定不明确，依照本法第 61 条的规定仍不能确定的，适用下列规定：① 质量要求不明确的，按照国家标准、行业标准履行。没有国家标准、行业标准的，按照通常标准或符合合同目的的特定标准履行。② 价款或报酬不明确的，按照订立合同时履行地的市场价格履行；应当依法执行政府定价或政府指导价的，按照规定履行。③ 履行地点不明确的，给付货币的，在接受货币一方所在地履行；交付不动产的，在不动产所在地履行；其他标的，在履行义务一方所在地履行。④ 履行期限不明确的，债务人可以随时履行，债权人也可以随时请求履行，但应当给对方必要的准备时间。⑤ 履行方式不明确的，按照有利于实现合同目的的方式履行。⑥ 履行费用的负担不明确的，由履行义务一方负担。该条的规定，即为法定补充原则的法律根据。法定补充原则是在长期经济活动中形成的法律原则，也是对商业惯例和经济活动一般准则的确认。

案例 3-7

甲在商场促销期间，抽奖中了一辆摩托车。拿到摩托车后发现无法发动，经技术人员检查，发现摩托车发动机存在质量问题。遂与商场协商要求换一辆合格的摩托车。商场的工作人员解释，有奖销售的文件及宣传册中只说一等奖为该品牌摩托车一辆并没有明确摩托车发动机的质量，所以拒绝更换。

分析：商场应当为甲更换摩托车吗？为什么？

（四）执行政府定价或指导价合同的履行原则

在执行政府定价（指导价）的合同中，双方当事人必须按照政府定价（指导价）确定其价格，不得另外约定价格。对此，中国《合同法》第 63 条对此做出了明确规定，即"执行政府定价或政府指导价的，在合同约定的交付期限内政府价格调整时，按照交付时的价格计价。逾期交货的，遇价格上涨时，按照原价格执行；价格下降时，按照新价格执行。逾期提取标的物或逾期付款的，遇价格上涨时，按照新价格执行；价格下降时，按照原价格执行"。

（五）债务人提前履行债务或部分履行债务的处理原则

1. 债务人提前履行债务的处理原则

债务人提前履行债务是指债务人在合同约定的履行期限到来之前就履行合同。中国《合同法》第 71 条规定，债权人可以拒绝债务人提前履行债务，但提前履行不损害债权人利益的除外。债务人提前履行债务给债权人增加的费用，由债务人负担。

2. 债务人部分履行债务的处理原则

债务人部分履行债务是指债务人没有按照合同约定全部履行合同义务而只是履行了一部分合同义务。中国《合同法》第 72 条规定，债权人可以拒绝债务人部分履行债务，但部分履行不损害债权人利益的除外。债务人部分履行债务给债权人增加的费用，由债务人负担。

三、双务合同履行中的抗辩权

（一）同时履行抗辩权

同时履行抗辩权是指没有先后履行顺序的双务合同的当事人一方在对方未为对待给付之前，可拒绝履行自己债务的权利。《合同法》第66条规定，当事人互负债务，没有先后履行顺序的，应当同时履行。一方在对方履行之前有权拒绝其履行要求。一方在对方履行债务不符合约定时，有权拒绝其相应的履行要求。

同时履行抗辩权制定主要适用于双务合同，如买卖、互易、租赁、承揽、有偿委托、保险、雇用和劳动等合同。

同时履行抗辩权的构成要件必须符合：

1）须因同一双务合同互负债务。

2）须双方互负的债务均已届清偿期。

3）须对方未履行债务或未提出履行债务。

4）须对方的对待给付是可能履行的。

（二）先履行抗辩权

先履行抗辩权是指当事人互负债务，有先后履行顺序的，先履行一方未履行之前，后履行一方有权拒绝其履行请求。先履行一方履行债务不符合债务的本旨的，后履行一方有权拒绝其相应的履行请求。

按照《合同法》第67条的规定，构成先履行抗辩权须符合下列要件：

1）须双方当事人互负债务。

2）两个债务须有先后履行顺序。

3）先履行一方未履行或履行债务不符合约定。

先履行抗辩权成立并行使时，后履行一方可一时中止履行自己债务，以维护自己的期限利益和顺序利益。在先履行一方履行的情况下，先履行抗辩权消失，后履行一方履行相应债务，但不影响其主张违约责任。

（三）不安抗辩权

不安抗辩权是指当事人互负债务，有先后履行顺序的，先履行的一方有确切证据表明另一方丧失履行债务能力时，在对方没有履行或没有提供担保之前，有权中止合同履行的权利。

中国《合同法》第68条规定，应当先履行债务的当事人，有确切证据证明对方有下列情形之一的，可以中止履行：① 经营状况严重恶化。② 转移财产、抽逃资金，以逃避债务。③ 丧失商业信誉。④ 有丧失或可能丧失履行债务能力的其他情形。当事人没有确切证据中止履行的，应当承担违约责任。第69条规定，当事人依照本法第68条的规定中止履行的，应当及时通知对方。对方提供适当担保时，应当恢复履行。中止履行后，对方在合理期限内未恢复履行能力并且未提供适当担保的，中止履行的一方可以解除合同。

四、合同履行中的保全

合同履行中的保全是指法律为防止因债务人的财产不能现实增加或不当减少而给债权人的债权带来损害，允许债权人行使代位权或撤销权，以保护其债权。中国《合同法》规定了代位权和撤销权制定。

（一）代位权

代位权是指因债务人怠于行使其到期债权，对债权人造成损害的，债权人可以向法院请求以自己的名义代位行使债务人债权的权利。

按照法律规定，债权人行使代位权的条件有：① 债权人对债务人的债权合法、确定，且必须已届清偿期。② 债务人怠于行使其到期债权。③ 债务人怠于行使权利的行为已经对债权人造成损害。④ 债务人的债权不是专属于债务人自身的债权。

代位权的行使范围以债权人的债权为限。债权人行使代位权的必要费用，由债务人负担。

 思考 3-4

什么样的债权是专属于债务人自身的债权？

（二）撤销权

债权人的撤销权是指因债务人放弃其到期债权或无偿转让财产，对债权人造成损害的，债权人可以请求人民法院撤销债务人的行为。债务人以明显不合理的低价转让财产，对债权人造成损害，并且受让人知道该情形的，债权人也可以请求人民法院撤销债务人的行为。

债权人行使撤销权必须同时具备以下条件：① 债权人对债务人存在有效的债权。② 债务人实施了放弃债权、无偿或以明显不合理的低价转让财产的行为。③ 债务人的行为有害于债权人。④ 债务人与第三人都具有恶意。⑤ 没有超出必要的范围。⑥ 撤销权应在法定期间内行使。《合同法》第 75 条规定，撤销权自债权人知道或应当知道撤销事由之日起 1 年内行使。自债务人的行为发生之日起 5 年内没有行使撤销权的，该撤销权消失。

五、合同的变更、转让和终止

（一）合同的变更

合同变更是指合同客体和内容的变更。

合同变更具有下列特点：① 均以原合同有效为前提。② 须以双方协议的方式进行，单方无权变更。③ 均不具有溯及力。合同变更仅对未履行部分生效，已履行部分不受影响。

由于合同变更应以合同有效为前提，所以只有合同当事人协商一致，才能变更原合同。如果当事人对合同变更的内容约定不明确，应依法推定为未变更。如法律、行政法规规定变更合同应当办理批准、登记手续的，须依照法律规定办理批准、登记等法定手续。否则，也不能认定为合同变更。

合同变更的实质是以变更后的合同取代原合同。所以，合同变更原则上只向将来发生效力，对已按原合同所做的履行无溯及力。已经履行的债务不因合同的变更而失去其法律根据。而且，合同变更仅对约定变更的部分发生效力，未变更部分的权利和义务继续有效。

（二）合同的转让

合同转让是指在不改变合同内容的前提下，合同当事人一方依法将其合同的权利和义务全部或部分转让给第三人的法律行为。

合同的转让只是合同的主体发生了变更。合同转让可分为债权转让、债务转让和概括转让3种情况。

1. 债权转让

债权转让又称债权让与，是指合同债权人通过协商将其债权全部或部分转让给第三人的行为。原债权人称为让与人，新债权人称为受让人。债权让与一般应具备如下条件：① 让与人须存在有效的合同权利。② 被转让的合同权利须具有可转让性。③ 让与人与受让人须就合同权利的转让达成合意。④ 合同转让不得违背法律的有关规定。

债权人转让债权的，应当通知债务人；未经通知，该转让对债务人不发生效力。债权转让的通知是让与人向债务人做出的关于转让债权的意思表示。以书面形式订立的合同，债权转让时应以书面通知；以口头形式订立的合同，债权转让时可以口头形式通知；法律有特别规定的，还应遵守法律规定，如票据转让以背书形式进行。转让通知到达债务人时发生效力。通知生效后，转让人不得擅自撤销除非受让人同意。法律、行政法规规定转让权利应当办理批准登记手续的，应依法办理有关手续。

债权转让有效成立后，即在让与人、受让人和债务人之间产生一定的法律效果。

2. 债务转让

债务转让又称债务承担，是指在不改变合同内容的前提下，合同债权人、债务人通过与第三人订立协议，将合同债务全部或部分转让给第三人承担的法律行为。债务转让须同时具备如下条件：① 须存在有效的合同义务。② 被转让的合同义务须具有可转让性。③ 第三人须与债权人和债务人就合同义务的转让达成一致协议，由于债务转让与债权人的利益密切相关，所以还必须征得债权人的同意。

债务转让通常应先由债务人与第三人达成协议，然后再经债权人同意。例如，法律、行政法规规定，转让合同义务应当办理批准登记手续的，依照规定办理；例如，中外合资、中外合作合同被批准才能生效，也就意味着其中债务的转让只有经过批准才能有效。

有效的债务转让将发生如下法律效力：① 第三人作为债务人的法律地位产生。② 抗辩权随之转移。③ 从债务也一并转移，债务转移后，新债务人应当承担与主债务有关的从债务。

3. 概括转让

概括转让是指由原合同当事人一方将其债权债务一并转让给第三人，由第三人概括地继受这些债权债务的法律行为。

合同的概括转让须具备如下条件：① 存在有效的债权债务。② 被转移的债权债务应具有可转让性。③ 须转让人与受让人达成协议并经原合同另一方当事人同意。

合同的概括转让一般应先由转让人与第三人达成合同转让的协议，再经另一方当事人同意。若法律、行政法规规定合同转让应当办理批准、登记手续的，应依照规定办理。

合同概括转让生效后，将引起下列法律后果：① 转让人退出合同关系，第三人成为合同当事人，并取得原合同当事人享有的权利和承担的义务。② 转让人的抗辩权也转让给第三人。③ 从属权利也一并转让给第三人，但专属于转让人的权利义务除外。

案例 3-8

李某向某财务公司借款购买了一辆大货车，偿还借款后，又以该车为抵押向该财务公司贷款 15 万元，约定两年还请。两年后，李某未偿还贷款本息，财务公司将其诉至法院。法院判决李某败诉，应偿还贷款本息，财务公司享有货车的抵押权。由于李某在外地搞运输无法实现抵押，财务公司与某运输公司签订了转让该债权和抵押权的合同，运输公司支付给财务公司 16 万元转让费。税后，财务公司通知李某家人转告其债权转让一事。李某得知后，不同意财务公司的转让行为，拒绝向运输公司履行债务。运输公司只好向法院起诉，要求李某偿还债务。

分析：运输公司能胜诉吗？为什么？

（三）合同的终止

合同的性质决定合同是有期限的民事法律关系，不可能永恒存在，有着从设立到终止的过程。合同的终止指依法生效的合同，因具备法定情形和当事人约定的情形，合同债权、债务归于消灭，债权人不再享有合同权利，债务人也不必再履行合同义务。

《合同法》第 91 条规定，有下列情形之一的，合同的权利义务终止：① 债务已经按照约定履行。② 合同解除。③ 债务相互抵消。④ 债务人依法将标的物提存。⑤ 债权人免除债务。⑥ 债权债务同归于一人。⑦ 法律规定或当事人约定终止的其他情形。

合同终止的法律后果是使合同关系归于消灭。但是，合同终止后，当事人应当遵循诚实信用的原则，根据交易习惯履行通知、协助和保密等义务。当事人违反上述义务，也应承担赔偿责任。

六、违约责任

（一）违约责任的概念和特征

违约责任是违反合同的民事责任的简称，是指合同当事人一方不履行合同义务或履行合同义务不符合合同约定所应承担的民事责任。

违约责任具有以下特征：① 违约责任是一种民事责任。② 违约责任是违约的当事人一方对另一方承担的责任。③ 违约责任是当事人不履行或不完全履行合同的责任。④ 违约责任具有补偿性和一定的任意性。

违约责任从本质上讲系对对方可得利益损失赔偿。

可得利益损失的认定既可谓买卖合同违约纠纷中经常出现的问题，也堪称民商审判实务难点问题。《买卖合同司法解释》根据合同法的规定、民法原理及审判实践经验，对可得利益损失的认定做出了具有可操作性的解释和规定。

具体而言，买卖合同违约后可得利益损失计算通常运用四个规则，即合同法第 113 条规定的可预见规则、第 119 条规定的减损规则、与有过失规则及损益相抵规则，《买卖合同司法解释》通过 3 个条文对此进行明确规定。《买卖合同司法解释》第 29 条规定，买卖合同当事人一方违约造成对方损失，对方主张赔偿可得利益损失的，人民法院应当根据当事人的主张，依据《合同法》第 113 条、第 119 条、本解释第 30 条、第 31 条等规定进行认定。《买卖合同司法解释》第 30 条规定， 买卖合同当事人一方违约造成对方损失，对方对损失的发生也有过错，违约方主张扣减相应的损失赔偿额的，人民法院应予支持。

《买卖合同司法解释》第 31 条规定买卖合同当事人一方因对方违约而获有利益，违约方主张从损失赔偿额中扣除该部分利益的，人民法院应予支持。

值得注意的是，可得利益损失的计算和认定，与举证责任分配密切相关。最高法院曾于 2009 年发布《关于当前形势下审理民商事合同纠纷案件若干问题的指导意见》，该指导意见对可得利益损失认定提出举证责任的分配规则，即违约方一般应当承担非违约方没有采取合理减损措施而导致损失扩大、非违约方因违约而获得利益，以及非违约方亦有过失的举证责任；非违约方应当承担其遭受的可得利益损失总额、必要的交易成本的举证责任。为了保障可得利益损失认定规则的实务操作性，人民法院在根据《买卖合同司法解释》认定可得利益损失时，应当结合上述指导意见的规定予以正确适用。

（二）违约的免责事由

免责事由是指当事人对其违约行为免于承担违约责任的事由。《合同法》中的免责事由可分为两大类，即法定免责事由和约定免责事由。法定免责事由是指由法律直接规定、不需要当事人约定即可援用的免责事由，主要指不可抗力；约定免责事由是指当事人约定的免责条款。

1. 不可抗力

根据中国法律的规定，所谓不可抗力，是指不能预见、不能避免并不能克服的客观情况。不可抗力主要包括以下几种情形：① 自然灾害，如台风、洪水、冰雹等。② 政府行为，如征收、征用等。③ 社会异常事件，如罢工、骚乱等。

因不可抗力不能履行合同的，根据不可抗力的影响，违约方可部分或全部免除责任。但有以下例外：① 金钱债务的迟延责任不得因不可抗力而免除。② 迟延履行期间发生的不可抗力不具有免责效力。

2. 免责条款

免责条款是指当事人在合同中约定免除将来可能发生的违约责任的条款，其所规定的免责事由即约定免责事由。《合同法》规定免责条款不能排除当事人的基本义务，也不能排除故意或重大过失的责任。

3. 违约责任的形式

违约责任的形式即承担违约责任的具体方式。违约责任有 3 种基本形式，即继续履行、采取补救措施和赔偿损失。除此之外，违约责任还有其他形式，如违约金和定金责任。

（1）继续履行

继续履行又称强制实际履行，是指违约方根据对方当事人的请求继续履行合同规定的义务的违约责任形式。其特征为：① 继续履行是一种独立的违约责任形式，不同于一般意义上的合同履行。② 继续履行的内容表现为按合同约定的标的履行义务，这一点与一般履行并无不同。③ 继续履行以守约方请求为条件，法院不得径行判决。

继续履行的适用，因债务性质的不同分为两种。

1）金钱债务：无条件适用继续履行。金钱债务只存在迟延履行，不存在不能履行。因此，应无条件适用继续履行的责任形式。

2）非金钱债务：有条件适用继续履行。对非金钱债务，原则上可以请求继续履行，但下列情形除外：① 法律上或事实上不能履行。② 债务的标的不适用强制履行或强制履行费用过高。③ 债权人在合理期限内未请求履行。

（2）采取补救措施

采取补救措施作为一种独立的违约责任形式，是指矫正合同不适当履行、使履行缺陷得以消除的具体措施。这种责任形式，与继续履行和赔偿损失具有互补性。

关于采取补救措施的具体方式，中国相关法律做了如下规定：① 合同法第 111 条规定修理、更换、重做、退货、减少价款或报酬等。② 消费者权益保护法第 44 条规定修理、重做、更换、退货、补足商品数量、退还货款和服务费用、赔偿损失。③ 产品质量法第 40 条规定修理、更换、退货。

（3）赔偿损失

赔偿损失又称违约损害赔偿，是指违约方以支付金钱的方式弥补受害方因违约行为所减少的财产或所丧失的利益的责任形式。

赔偿损失具有如下特点：① 赔偿损失是最重要的违约责任形式。② 赔偿损失是以支付金钱的方式弥补损失。③ 赔偿损失是由违约方赔偿守约方因违约所遭受的损失。④ 赔偿损失责任具有一定的任意性。违约赔偿的范围和数额，可由当事人约定。当事人既可以约定违约金的数额，也可以约定损害赔偿的计算方法。

赔偿损失的确定方式有两种：法定损害赔偿和约定损害赔偿。

法定损害赔偿是指由法律规定的，由违约方对守约方因其违约行为而对守约方遭受的损失承担的赔偿责任。根据《合同法》的规定，法定损害赔偿应遵循以下原则：① 完全赔偿原则。合同法第 113 条规定，损失"包括合同履行后可以获得的利益"，可见其赔偿范围包括现有财产损失和可得利益损失。前者主要表现为标的物灭失、为准备履行合同而支出的费用、停工损失、为减少违约损失而支出的费用、诉讼费用等；后者是指在合同适当履行后可以实现和取得的财产利益。② 合理预见规则。违约损害赔偿的范围以违约方在订立合同时预见到或应当预见到的损失为限。③ 减轻损失规则。一方违约后，另一方应当及时采取合理措施防止损失的扩大，否则，不得就扩大的损失要求赔偿。

约定损害赔偿是指当事人在订立合同时，预先约定一方违约时应当向对方支付一定数额的赔偿金或约定损害赔偿额的计算方法。

（4）违约金

违约金是指当事人一方违反合同时应当向对方支付的一定数量的金钱或财物。一般认为，《合同法》所确立的违约金制定是不具有惩罚性的违约金制定，而属于赔偿性违约金制定。中国《合同法》第 114 条第 2 款规定，约定的违约金低于造成的损失的，当事人可以请求人民法院或仲裁机构予以增加，约定的违约金过分高于造成的损失的，当事人可以请求人民法院或仲裁机构予以适当减少。

（5）定金责任

所谓定金，是指双方约定为了确保合同的履行，由一方按合同标的额的一定比例预先给付对方的金钱或其他替代物。

依据《合同法》的规定，定金合同要求用书面形式。定金合同自实际交付定金时生效。实际交付的定金数额多于或少于约定数额，视为变更定金合同；收受定金一方提出异议并拒绝接受定金的，定金合同不生效。定金数额不得超过主合同标的额的 20%。如果超过的，则超过 20% 的部分无效。债务人履行债务后，定金应当抵作价款或收回。给付定金的一方不履行约定的债务的，无权要求返还定金；收受定金的一方不履行约定的债务的，应当双倍返还定金。据此，在当事人约定了定金担保的情况下，如一方违约，定金罚则即成为一种违约责任形式。

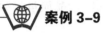 **案例 3-9**

> 开发商与业主签订了一份车位买卖合同，车库款计 6 万元。在签订合同的当日，业主向开发商支付买受车位定金人民币 2 万元。在合同签订之日 7 天内，业主也向开发商全额支付车位买受款人民币 4 万元。现因开发商逾期未能交付车位，违约。根据合同内容：如逾期 30 天未能交付车位，则业主有权提出解除本合同，并要求开发商双倍返还所收定金。
>
> **分析**：业主能向开发商索赔的金额为多少？

 分组讨论

在本次任务教学中，要求学生自己选择时间和地点，至少进行 2~3 次社会调查（包括到人民法院旁听），针对实际案例组建模拟法庭，学生分别扮演法官、律师、原告和被告等开庭审理案件，对案例后的问题进行思考和讨论。

1. 合同成立和生效的程序是什么？

2. 本案例合同的纠纷主要集中在哪些方面？例如，实际案例中房地产公司的商业广告属于要约还是要约邀请？

3. 你认为房地产公司是否应当必须提供班车，为什么？

4. 在合同的订立和履行过程中应注意哪些问题？

学习反馈

1. 根据学生调查报告总结要点

（1）_____

（2）_____

（3）_____

（4）_____

（5）_____

2. 根据庭审结果，分组讨论经验与教训及需要改进的地方

经验：

（1）_____

（2）_____

（3）_____

（4）_____

教训：

（1）_____

（2）_____

（3）_____

（4）_____

需要改进：

（1）_____

（2）_____

（3）_____

（4）_____

3. 分析参考

虽然一般情况下商业广告被视为要约邀请，但《合同法》第 15 条第 2 款明确规定，商业广告的内容符合要约规定的，视为要约。在司法实践中，符合要约规定的一般有以下 3 种类型：① 明确注明为要约。② 包含广告人希望订立合同的愿望，如在广告中写明保证有现货供应。③ 商业广告中写明相对人只要做出特定行为就可以使合同成立。

房地产公司通过广告向社会宣传项目的优势和售房的具体事宜，明显属于商业广告，其性质应当为要约邀请。王某等对此也是明知的，但在双方正式签订合同时，王某等要求将免费提供班车的事宜订入合同，房地产公司未同意订入合同，但声明一定按照广告免费提供班车，王某等住户才与房地产公司签订了购房合同。此时应当认为双方就免费提供班车事宜已达成一致，只是未订入书面合同而已，免费提供班车成为房地产公司的合同义务。随后一年，房地产公司为住户提供了免费班车，而在感到免费提供班车费用太大时，与住

户协商要求中止提供班车运输，作为弥补，房地产公司愿为各住户支付一笔交通补助费。这些行为也印证了房地产公司也是将其作为合同义务来履行的，只是当费用太大时，才产生了停止履行义务的想法。

因此，房地产公司停止提供免费班车的行为属于违约行为，王某等住户有权向房地产公司要求其继续提供服务并赔偿损失。

 实务提示

企业在合同签订、履行过程中会遇到各式各样的问题，要注意以下几点。

一、合同签订过程中的风险防范

（一）签订前对合作对象的审查（调查）

了解合作对象的基本情况，有助于签订合同时，在供货及付款条件上采取相应的对策，避免风险的发生。

1）了解合作方的基本情况，保留其营业执照复印件，如果合作方是个人，应详细记录其身份证号码、家庭住址和电话。了解这些信息有利于企业更好地履行合同，同时，当出现纠纷时，有利于企业的诉讼和法院的执行。

2）审查合作方有无签约资格。中国法律对某些行业的从业资格做了限制性规定，没有从业资格的单位和个人不得从事特定的业务，如果企业与没有资格的主体签订此类合同将给企业带来经济损失。例如，企业与合作方所签的合同是无效的，那么根据《合同法》第58条，合同无效，因该合同取得的财产，应当予以返还；不能返还或没有必要返还的应当折价补偿。有过错的一方应当赔偿对方因此所受的损失，双方都有过错的，应当各自承担相应的责任。

3）调查合作方的商业信誉和履约能力。尽可能对合作方进行实地考察，或者委托专业调查机构对其资信情况进行调查。

（二）合同各主要条款的审查

一切合同都应当采取书面的形式订立。订立合同时，要力争做到用词准确，表达清楚，约定明确，避免产生歧义。对于重要的合同条款，要仔细斟酌。对合同条款的审查，不仅要审查文字的表述，还要审查条款的实质内容。对文字表述的审查能力在短期内是不能提高的，但是对条款实质内容的审查却是每个人都可以做得到的。

1. 规格条款

对于多规格产品尤其要注意规格条款。在与客户协商时，要对各型号产品的具体规格做出说明，同时详细了解客户的需要，避免供需之间出现差错。

2. 质量标准条款

根据企业的产品质量情况明确约定质量标准，并约定因质量异议提出的期限。同时应认真审查合同中约定的标准和客户的需求是否一致。

3. 包装条款

对于购货方提出的特殊包装方法应当引起足够的重视。

4. 交付方式条款

如果货物送往本地，当明确约定送货地点时，这关系到纠纷处理时法院的管辖；如果货物送往外地，则尽量不要写明，而应争取约定由本地法院管辖。此外，合同中应列明收货方经办人的姓名。这样做的目的是防止经办人离开后，对方不承认收货的事实，给诉讼中的举证带来困难。

5. 付款条款

应明确约定付款的时间。模棱两可的约定会给合作方找到拖延付款的理由。

6. 违约责任条款

如果合同由合作方草拟，则应当注意审查有无不平等的违约责任条款和加重企业责任的违约责任条款。

7. 争议处理条款

1）约定诉讼管辖地，争取在己方所在地法院起诉。诉讼管辖地的约定要明确。《中华人民共和国民事诉讼法》第 25 条对此做了明确规定。只有以下 5 个地方的法院可供当事人协议管辖：原告所在地、被告所在地、合同签订地、合同履行地、标的物所在地。但是不得违反专属管辖和级别管辖的规定。约定管辖常见的错误有：① 表述不清楚，容易产生歧义，如 "如果发生争议，可由双方各所在地法院管辖"、② 约定由上述 5 个地方以外的法院管辖、③ 约定违反了级别管辖的规定，如普通案件约定由某地中级人民法院管辖。④ 约定违反了专属管辖的规定。

2）如果采用仲裁的方式，仲裁条款要明确约定某个仲裁机构，而且该仲裁机构必须客观存在，否则将导致条款无效。

（三）合同签订时的注意事项

1）合作方应加盖其单位的公章，或者合作方经办人应提供加盖了其单位公章的签约授权委托书。

2）加盖的公章应清晰可辨。

3）合同文本经过修改的，应由双方在修改过的地方盖章确认。

4）争取取得合作方的营业执照复印件。

（四）可签订担保合同

为了防范风险，在与合作方签订合同时，应尽量取得对方提供的担保。

1）担保合同的当事人：担保人不一定是本合同的一方当事人，在保证担保合同中，担保人只能是本合同以外的第三人。

2）《担保法》第 37 条规定，下列财产不得抵押：① 土地所有权。② 耕地、宅基地、自留地和自留山等集体所有的土地使用权。③ 学校、幼儿园和医院等以公益为目的的事业单位、社会团体的教育设施、医疗卫生设施和其他社会公益设施。④ 所有权、使用权不明或有争议的财产。⑤ 依法被查封、扣押和监管的财产。⑥ 依法不得抵押的其他财产。

> **提醒注意**　中国法律对某些财产的抵押规定必须经过登记合同才能生效，这些财产包括土地使用权，城市房地产，乡（镇）、村企业厂房等建筑物，林木，航空器，船舶，车辆，企业的设备和其他动产。

3）国家机关、学校医院等以公益为目的的事业单位社会团体，以及企业法人分支机构职能部门，不得为保证人。但是，企业法人的分支机构有法人的书面授权的，可以在授权的范围内提供保证。

4）定金条款。定金条款应写明"定金"字样，最高院关于适用《担保法》若干问题的司法解释第 118 条规定，当事人交付留置金、担保金、保证金、订约金、押金或定金等，但没有约定定金性质的，当事人主张定金权利的，人民法院不予支持。《担保法》第 91 条规定，定金不得超过主合同标的额的 20%；第 89 条规定，给付定金的一方不履行约定的债务的，无权要求返还定金；收受定金的一方不履行约定的债务的，应当双倍返还定金。对于超过 20% 的部分，可以作为预付款，可以要求返还，但不具备定金的性质。

（五）合同签订以后

1）将其复印件交由履行部门存查，保证依约履行。

2）及时归档保管，以免丢失。

3）公司应当制定合同管理制定，对合同进行规范管理。

二、合同履行过程中的风险防范

在合同的履行过程中会有许多不能确定的因素，双方可能对合同进行变更；一方可能违约，可能因不可抗力而导致合同不能履行等。

（一）接收支票时应注意的事项

使用支票付款时，购货方有可能用别的单位的支票支付货款，只要支票是真实有效的，一般都可以接受。接收支票时应重点审查以下内容,避免银行退票带来的麻烦和损失：① 收款人名称是否正确。② 书写是否清楚，字迹是否潦草。③ 大小写的金额是否一致。④ 大写数字是否正确。⑤ 印鉴是否清晰。⑥ 如果是经过背书的支票，应审查背书是否连续。⑦ 有无伪造变造的痕迹。

（二）出现纠纷时的处理方法

1）应本着友好协商的态度来处理问题。一旦起了冲突和争执，双方尽量采取合作的态度。

2）签订还款协议注意事项：在协议中应当写明对方承认的欠款数额；还款的具体时间；回避双方还有争议的其他事项；约定如果首次还款期满仍不依约还款，则视为全部到期；约定如果对方不依约付款，则由企业所在地法院管辖；协议还应加盖欠款单位的公章。

（三）履行风险

1．刑事诈骗

近些年来，犯罪分子利用合同进行诈骗的案件逐年增多，公司在经营过程中应当予以重视。刑事诈骗的预防要求业务人员时刻提防，切勿贪小便宜。

2．信誉欺诈防范

对方先以良好的信誉履行前期小额合同，骗取信任。在履行后期大额合同时拒付货款。特别注意长期合作对象的信誉欺诈：一直有着很好的合作关系，但是近期出现了迟延付款现象，并增加了订货量，此时应引起重视。很可能对方出现严重资金困难和面临破产等情况。应尽量到其公司实地考察，不能仅听其一面之词。

3．第三人代为履行和向第三人履行风险防范

在第三人代债务人向企业履行的情况下，一般来说相当于企业多了一个保障，因此应乐于接受。但是有时，债务人会要求将其债务全部转让给第三人，转让后其不再承担任何责任。这时应充分了解该第三人的履约能力，不能草率答应。合作方要求企业向第三人履行时，应取得债权人的书面通知书。

4．遇到法定条件或合作方违约可能损害到企业利益的情况时，可以采取中止履行和解除合同的方法来保护企业的权益

（1）中止履行的条件

《合同法》第 68 条规定，有确切证据证明对方有下列情况之一的，可以中止履行：① 经营状况严重恶化。② 转移财产、抽逃资金，以逃避债务。③ 丧失商业信誉，或者有丧失或可能丧失履行债务能力的其他情形。对于分批送货分批付款方式，如果对方某批货款没有如期支付时应有充分的重视，如果继续送货，则可能受到更大的损失。当然，是否中止合同的履行应视具体情况而定，不能一概而论。

（2）解除合同的条件

《合同法》第 94 条规定，有下列情形之一的，当事人可以解除合同：① 因不可抗力致使不能实现合同目的。② 在履行期限届满之前，当事人一方明确表示或以自己的行为表明不履行主要债务。③ 当事人一方迟延履行主要债务，经催告后在合理期限内仍未履行。④ 当事人一方迟延履行债务或有其他违约行为致使不能实现合同目的。⑤ 法律规定的其他情形。

（四）防范措施

企业应对合同履行中可能出现的问题采取严密的防范措施以将风险降到最低。

1．建立完善的合同履行的监控机制

企业要建立合同履行的监控机制，督促企业内部各相关部门和对方按合同约定全面适当履行，使合同履行中的各种信息和问题得到有效的收集和反馈，进一步预防纠纷的发生。合同签订后，企业应指定专人负责履约管理，包括妥善保管合同及履约过程中所形成的任何文件，针对合同履行过程中出现的问题及时与合同对方协商解决方案并形成补充协议或备忘录，签收对方送达的函件或其他书面文件并做出相应的回应等。严密的监控不仅能及

时处理合同履行过程中出现的问题，保障合同如期、顺利履行，实现合同的目的，而且在处理合同纠纷时能够有理有据，不至于陷入被动。

注意收集保留各种证据，一旦出现问题，做到手中有依据，以保证自身利益。

2．采取积极措施应对违约

例如，交易方不积极履行或有可能出现违约，企业要及时采取补救措施避免损害扩大，同时积极行使法定或约定的权利，固定相关证据。如发现对方可能违约，则应通过行使法定抗辩权及时中止或终止合同，或者应通过行使法定解除权及时解除合同，或者在适当期间内以适当的方式进行催告。如预见己方可能违约，则应及时与对方协商变更合同，取得对方的谅解，避免承担违约责任。

3．注意随时观察交易方的经营状况

经办人员应及时、随时注意观察客户单位的经营状况。例如，经办人员清收欠款时，出现客户单位无理由拒付欠款或改制、破产等重大情况，须及时向企业履行定期报告职责，报告内容包括合同订立、变更、交货收款记录、定期回访及客户的基本经营情况，报告方式以书面形式为宜。

4．及时对账，防范坏账风险

如买方表示因资金困难而无法按合约支付货款时，应要求买方出具还款计划书，在还款计划书中写明买方承认的欠款数额、还款的具体时间，最好约定由己方所在地法院管辖。如果可能，则应找到信誉较好的第三方企业为买方担保，以提高货款回收的可能性，降低坏账风险。

 实务操作

订立合同

1．目的

使学生了解订立合同的程序和要求，培养学生依法订立买卖合同、租赁合同和借款合同的能力；掌握合同的主要条款与履行合同的基本知识和实践技能。

2．步骤

以学生为订立合同的当事人，模拟训练订立大宗商品的买卖合同及租赁合同、大宗商品的运输合同、大宗商品的仓储合同等与市场营销专业密切相关的合同。这些合同的订立都要以要约和承诺的方式进行。要通过商务活动的谈判来达成当事人的合意后，签订合同。

背景资料：华星电冰箱厂于 2014 年 6 月 20 日与海州家电公司在华星电冰箱厂厂内达成交易，签订了一份合同。海州家电公司购买华星电冰箱厂 1 000 台华星牌 456-A 型号的家用电冰箱，每台 2 270 元。华星电冰箱厂分 3 批交货，代办运输至海州火车站，包装纸箱由华星电冰箱厂负责，不计价，不回收。海州家电公司负责运输所需费用，先支付华星电冰箱厂货款总额的 10%。合同编号为 76345。

3．操作内容及要求

假设你是华星电冰箱厂的授权代表，请根据以下表格和条款为此笔交易拟订一份合同。合同要做到：双方权利和义务的界定要清楚明确，不含混不清，不产生歧义。

延伸阅读：销售合同范本

签订销售合同是营销人员在营销活动中最常见的一项法律活动。一份销售合同签订得好坏，不仅关系营销员的个人经济利益同时牵连企业的经济效益。所以，合同的签订一定要慎之又慎。下面的销售合同样本供学生学习参考之用。

甲方：_____

乙方：_____

本合同由甲乙双方共同协商订立，并按如下规定和条款，甲方同意购买，乙方同意出售以下描述的产品。

一、产品名称、型号、规格、数量、单价、金额：

产品名称	型　号	规　格	数　量	单价（元）	金额（元）
合计（合同总金额）：人民币（大写）					

备注：

1．项目地址：

2．上述价格为乙方为甲方提供的特别优惠价格，甲方不得以任何形式向任何第三方透露价格。_____

二、交货日期和地点：乙方于_____年__月__日前交货给甲方。_____

三、乙方质保条件和限制：_____

四、运输费用负担：_____

五、包装标准及费用负担：_____

六、结算方式及期限：_____

_____

_____

_____

七、双方应友好合作，当双方无法达成共识时，应首先考虑协商解决，若协商不成按

《合同法》有关规定执行。

八、本合同必须经甲、乙双方签字盖章后方可生效，合同一式两份，甲、乙双方各执一份。

九、本合同自甲、乙双方签字之日起生效。

签约双方已审阅并读懂上述条款，并同意签字确认。

甲方：　　　　　　　　　　　　　　乙方：

代表签字：　　　　　　　　　　　　代表签字：

盖公章：　　　　　　　　　　　　　盖公章：

日期：_____年____月____日　　　日期：_____年____月____日

学习任务四

营销秩序法律

地点：教室　　人物：司徒律师、学生

 **学习目标**

1. 了解不正当竞争行为的种类、不正当竞争行为的监督检查、不正当竞争行为的法律责任，反垄断法的含义和特征、垄断协议的种类、垄断协议的法律责任。

2. 理解各类不正当竞争行为，经营者集中的法律责任。

3. 熟悉不正当竞争行为的种类，反垄断的设施、发垄断的调查。

 任务描述

司徒律师带领学生去市场调查商品促销的各种活动，分析这些商品的促销活动是否违反《反不正当竞争法》。

CASE
>>>> **实际案例**

2008 年 8 月 1 日，三利集团有限公司（下称三利集团）向陈立新颁发特许零售证书，内容为：特许三利专卖店法定代表人陈立新在北京房山区零售三利毛线系列产品；该零售店已经特许授权，所售商品为原装正品，严格符合三利的品质要求；有效期为 1 年。后陈立新从三利集团北京地区的代理商李利民处购进并销售三利毛线。

陈立新在经营中发现薛金蝉在房山区天风毛线店内出售三利毛线，遂向三利集团反映。三利集团派销售公司京津蒙片区经理燕兵红处理。2008 年 12 月 31 日，燕兵红向陈立新保证 10 天内把天风毛线店三利的新产品撤掉，并保证 2009 年以后该店不会出现三利产品。李利民也在该保证书上签字。2009 年 3 月 15 日，陈立新发现薛金蝉仍在向他人出售三利毛线，便要求再签协议，保证其特许专营权。5 月 12 日，燕兵红、李利民与陈立新签订协议书约定：三利集团在 2009 年停止向天风毛线店薛金蝉供货，如有违反，愿向陈立新赔偿损失 20 万元。5 月 16 日，陈立新向李利民缴纳毛线夏储款 50 万元（三利集团每年 5 月 1 日开始向代理商接受夏储款，并且只按照该款的数额返还毛线，不会返钱），李利民向陈立新出具了收据并注明本息返毛线 562 500 元。但薛金蝉直至 2010 年仍在店内出售三利毛线。为此，陈立新将三利集团诉至法院，要求按约赔偿损失 20 万元。

案例来源：北大法律信息网

? 思考

1. 陈立新与三利集团存在何种合同关系，三利集团是否负有竞业禁止的义务？
2. 哪方承担三利集团向其他商户供货的举证责任？
3. 说说你生活中哪些行为是不正当竞争行为？

学习档案

情境一　反不正当竞争法

学习要点

1. 《反不正当竞争法》的基本内容和意义、不正当竞争行为的种类、不正当竞争行为的监督检查、不正当竞争行为的法律责任；
2. 各类不正当竞争行为；
3. 不正当竞争行为的种类。

司徒律师从他的大公文包中拿出一沓卷宗，请他的学生阅读下面的案例，然后试图解决案例中的问题。

【导读案例】1992 年美国鸿利公司来华投资，经营餐饮业，并将其经营的餐厅一直冠以"美国加州牛肉面大王"名称，至今在北京已先后设有 20 余家"美国加州牛肉面大王"连锁店。美国鸿利公司的"红蓝白"装饰牌匾，于 2005 年 11 月 3 日在中国获得外观设计专利。2005 年 9 月 30 日，美国鸿利公司向中国国家工商行政管理局申请将自用的"美国加州牛肉面大王"注册为服务商标，至 2006 年 5 月仍未获批准。2005 年 4 月 1 日，北京馨燕快餐厅开业。自开业以来，该餐厅的横幅牌匾即打出"美国加州牛肉面大王"名称，牌匾的颜色依次为红白蓝三色，霓虹灯招牌上也标有"美国加州牛肉面大王"字样。2005 年 6 月 7 日，经美国鸿利公司请求，北京市西城区展览路工商所责令北京馨燕快餐厅将其横幅牌匾上的"美国加州牛肉面大王"及霓虹灯上的"国"、"州"两字除去。北京馨燕快餐厅仅将横幅牌及霓虹灯上的"国"、"州"两字除去，将横幅牌匾及霓虹灯上的字样改为"美加牛肉面大王"，但"国"、"州"两字在横幅牌匾及霓虹灯上的空缺处仍在。为此，美国鸿利公司遂于 2005 年 5 月 12 日向北京市第一中级人民法院起诉。

分析：

1．馨燕快餐厅的行为是否违反《反不正当竞争法》？

2．馨燕快餐厅修改牌匾后是否还违反《反不正当竞争法》？

在没有学习情境一时，你能回答这些问题吗？请写出你的答案。

1．＿＿＿＿＿＿＿＿＿＿＿＿＿＿＿＿＿＿＿＿＿＿＿＿＿＿＿＿＿＿＿＿＿＿

＿＿＿＿＿＿＿＿＿＿＿＿＿＿＿＿＿＿＿＿＿＿＿＿＿＿＿＿＿＿＿＿＿＿＿＿

2．＿＿＿＿＿＿＿＿＿＿＿＿＿＿＿＿＿＿＿＿＿＿＿＿＿＿＿＿＿＿＿＿＿＿

＿＿＿＿＿＿＿＿＿＿＿＿＿＿＿＿＿＿＿＿＿＿＿＿＿＿＿＿＿＿＿＿＿＿＿＿

学习情境一以后，你的答案发生变化了吗？请再次写下你的答案。

1．＿＿＿＿＿＿＿＿＿＿＿＿＿＿＿＿＿＿＿＿＿＿＿＿＿＿＿＿＿＿＿＿＿＿

＿＿＿＿＿＿＿＿＿＿＿＿＿＿＿＿＿＿＿＿＿＿＿＿＿＿＿＿＿＿＿＿＿＿＿＿

2．＿＿＿＿＿＿＿＿＿＿＿＿＿＿＿＿＿＿＿＿＿＿＿＿＿＿＿＿＿＿＿＿＿＿

＿＿＿＿＿＿＿＿＿＿＿＿＿＿＿＿＿＿＿＿＿＿＿＿＿＿＿＿＿＿＿＿＿＿＿＿

一、反不正当竞争法概述

（一）不正当竞争行为概述

1．不正当竞争行为的概念

不正当竞争是指经营者违反法律、法规的规定，损害其他经营者和消费者的合法权益，扰乱社会经济秩序的行为。这里所说的经营者，是指从事商品经营或营利性服务的法人、其他经济组织和个人。

2．不正当竞争行为的构成要件

1）行为人应具有经营者的资格，即主体是经营者，经营者是指从事商品经营或营利性服务的法人、其他经济组织和个人。

2）经营者在主观上有过错，并且多为故意和恶意，行为人主观心态上存在排斥其竞争对手，使自己取得竞争优势地位的违法故意，当然也不排除过失。

3）不正当竞争行为侵犯的客体是《反不正当竞争法》所保护的公平竞争的市场关系，以及其他经营者合法权益。

4）在客观方面，实施各种各样的为《反不正当竞争法》所反对的不正当竞争行为。

（二）反不正当竞争法概念

反不正当竞争法是调整在制止不正当竞争行为过程中发生的经济关系的法律规范的总称。

1993 年 9 月 2 日第八届全国人大常委会第三次会议通过了《中华人民共和国反不正当竞争法》（以下简称《反不正当竞争法》）。此外，在合同法、专利法、商标法、著作权法、食品卫生管理法、药品管理法、广告法等法律、法规中都规定了反不正当竞争行为的内容。

二、不正当竞争行为

为了保护公平竞争，维护正常的社会经济秩序，必须坚决制止不正当竞争行为。不正当竞争行为是指经营者违反《反不正当竞争法》的规定，损害其他经营者的合法权益，扰乱社会经济秩序的行为。《反不正当竞争法》明确规定了不正当竞争行为的内容，作为经营者不得采用以下手段从事市场经济活动。

（一）欺骗性假冒行为

欺骗性交易行为又称混同销售行为，它是指经营者采用假冒或仿冒的标志将自己销售的商品同他人的商品相混同，诱使消费者误认、误购，牟取非法利益的行为。具体有以下4种表现形式。

1. 假冒他人的注册商标

未经商标注册人的许可，任何人不得在同一商品、同一种服务或类似商品、类似服务上使用与其注册商标相同或相近似的商标。假冒他人的注册商标是指伪造或仿造他人已经注册的商标，将伪造或仿造的商标用于自己生产或销售的商品。目的在于混淆真伪，引起消费者的误认、误购。假冒他人的注册商标行为是一种典型的违背诚实信用商业道德，扰乱竞争市场，危害社会经济秩序的不正当竞争行为。

根据《反不正当竞争法》的规定，假冒他人的注册商标除依法承担损害赔偿责任外，依照《商标法》的规定处罚。工商行政管理部门可责令侵权人停止侵权行为，封存、收缴商标标志，消除现存商品或包装上的商标，责令并监督销毁侵权物品，根据情节予以通报，并可以处以非法经营额50%以下或侵权所获利润5倍以下的罚款。假冒商标如果情节严重，则构成犯罪，由司法机关依法追究刑事责任。

 思考 4-1

《反不正当竞争法》规定的假冒他人注册商标和《商标法》中的侵犯他人商标有什么异同？

2. 侵犯知名商品特有权

侵犯知名商品特有权是指擅自使用知名商品特有的名称、包装和装潢，或者使用与知名商品近似的名称、包装和装潢，造成和他人的知名商品相混淆，使购买者将此商品误认为该知名商品。所谓知名商品，是指在市场上具有一定知名度，为相关公众所知悉的商品。所谓特有，是指商品名称、包装和装潢不是相关商品所通用的，而是具有显著的区别性特征。

3. 名称混同

名称混同是指仿冒他人的企业名称或姓名即经营者擅自使用他人的企业名称或姓名，使消费者将此商品误认为他人的商品或服务。企业名称、地址或经营者的字号、姓名通常与经营者的声誉相连，因此，这种行为既侵犯了企业的名称权、他人的姓名权，也影响了被盗用企业的正常销售或服务，均属于不正当竞争行为。

4. 虚假标示

虚假标示是指在商品上伪造或冒用认证标志和名优标志等质量标志，伪造产地，对商品质量做引人误解的虚假表示。在商品上伪造或冒用认证标志的不正当竞争行为主要包括两种情况：① 尚未推行产品质量认证制定的商品，经营者在该商品或包装上伪造认证标志。② 经营者未向产品质量认证机构申请认证而擅自使用认证标志，或者经营者虽向产品质量认证机构申请认证，但经认证不合格，经营者擅自使用认证标志。

（二）商业贿赂行为

商业贿赂是指经营者在市场交易活动中，为争取交易机会，特别是为争得相对于竞争对手的市场优势，通过秘密给付财物或其他报偿等不正当手段收买客户的负责人、雇员、合伙人、代理人和政府有关部门工作人员等能够影响市场交易的有关人员的行为。在中国当前的经济生活中，商业贿赂行为的表现形式主要体现为"回扣"。所谓回扣，是指在市场交易过程中，经营者一方从交易所得的价款中提取一定比例的现金或额外以定额的酬金支付给对方单位或个人的金钱或有价证券。回扣是违反财经纪律的行为。

中国《反不正当竞争法》第 8 条明确规定，在账外暗中给予对方单位或个人回扣的，以行贿论处；对方单位或个人在账外暗中收受回扣的，以受贿论处。

商业贿赂的表现形式具有复杂性和多样性，除了金钱和回扣之外，还有提供免费度假、旅游、高档宴席、色情服务，赠送昂贵物品、房屋装修，以及解决子女或亲属入学、就业等形式。因此，商业贿赂往往具有很大的隐蔽性。

🌐 案例 4-1

许多保险公司用商业贿赂的办法作为开展业务的一种有效手段，在长途客运站买汽车票时，售票员不管乘客是否愿意，随车票附送一张乘车人身意外伤害险的保险单，而客运站和售票人员乐意受保险公司驱使的背后，是由于暗中能从保险公司得到种种"好处费"。2009 年某保险公司让南宁南站货运室代其收取保险费，保险公司根据货运站收取担保费实际数额的 10%标准支付对方手续费。保险公司在支付给货运站手续费时没有按照法定财务制定如实入账，而是以公司内部"保险代理人"的名义提取"代办手续费"后，再将手续费用现金交给货运站。双方都没有如实入账。

分析：保险公司和南宁南站货运室之间的关系是否构成商业贿赂？

（三）虚假宣传行为

虚假宣传行为是指经营者为使消费者产生误购，利用广告或其他方法，对商品的质量、制作成分、性能、用途、生产者、有效期限和产地等内容做引人误解的虚假宣传，如将国产商品宣传为进口商品等。这里的广告，是指由商品经营者或服务提供者承担费用，通过一定媒介和形式直接或间接地介绍自己的商品或提供服务的商业广告。例如，利用广播、电视、报纸、期刊和互联网等发布的商品广告。其他方法是指其他能够使社会公众知悉的宣传形式，如展销会、订货会和产品发布会等。此外，广告的经营者也不得在明知或应知的情况下，代理、设计、制作和发布虚假广告。

虚假宣传行为，一般应从以下 3 个方面认定：① 广告所宣传的产品和服务本身是否客观、真实。② 广告所宣传的产品和服务的主要内容是否真实。③ 能否影响一般消费者的判断力而误认、误购。

虚假宣传行为的主体既包括产品、服务的经营者，也包括广告的经营者。

（四）侵犯商业秘密

商业秘密是指不为公众所知悉、能为权利人带来经济利益、具有实用性并经权利人采取保密措施的技术信息和经营信息。侵犯商业秘密行为是指经营者通过不正当手段获取、泄露或使用他人的商业秘密，损害他人利益的行为。

根据《反不正当竞争法》第 10 条的规定，侵犯商业秘密的不正当竞争行为有以下 3 种情形。

1）以盗窃、利诱、胁迫或其他不正当手段获取权利人的商业秘密。

2）披露、使用或允许他人使用以前项手段获取的权利人的商业秘密。

3）违反约定或违反权利人有关保守商业秘密的要求，披露、使用或允许他人使用其所掌握的商业秘密。

此外，第三人明知或应知以上所列违法行为，获取、使用或披露他人的商业秘密，视为侵犯商业秘密。

 案例 4-2

　　1994 年 7 月，原告中国青年旅行社总社（以下简称青旅）欧美部 10 余名员工未办理调动手续，携带着客户档案受聘于中国旅行总社（以下简称中旅），中旅将这些人员组建成中旅欧美二部，沿用青旅的客户档案进行经营，致使青旅蒙受重大损失。青旅遂向法院提起反不正当竞争诉讼，要求法院制止中旅的不正当竞争行为，归还全部客户档案，赔偿经济损失。原告青旅认为：其客户档案是不为公众所知悉的，能为青旅带来巨大经济利益，并经青旅采取保密措施的经营信息，属于青旅的商业秘密；中旅以不正当手段获取了青旅的商业秘密，并以优厚条件聘用了掌握和了解青旅商业秘密的骨干人员，并沿用这些人员接待原青旅旅游团队，直接使用了青旅的商业秘密，给青旅造成了巨大经济损失，构成不正当竞争。被告中旅答辩称：旅游业中，改变旅游团体计划是常见的；外方客户业务资料包括国外旅游机构的地址、电话和传真资料等，国外报纸和广告上随处可见，无秘密可言；原告员工来被告处工作，属于合理的人才流动；否认使用青旅客户档案接待了青旅旅游团队。

　　分析：青旅能胜诉吗？为什么？

（五）不正当的销售行为

1. 低价倾销

低价倾销行为是指经营者在一定市场和一定时期内，以低于成本的价格大量销售商品，以达到排挤竞争对手、占领市场的目的。表面上来看，低价倾销行为可以使消费者买到物美价廉的商品，但是，在不正当竞争者占领大部分市场份额后，没有了其他竞争者，真正受害的还是消费者。

中国《反不正当竞争法》第11条明确规定，经营者以低于成本的价格销售商品，有下列情形之一的，不属于倾销行为：① 销售鲜活商品。② 处理有效期即将到期的商品或其他积压的商品。③ 季节性降价及因清偿债务、转产、歇业而降价销售商品。

2. 搭售商品或附加其他不合理交易条件

搭售商品或附加其他不合理交易条件是指经营者利用其经济优势，违背购买者的意愿，在销售一种商品或提供一种服务时，要求消费者以购买另一种商品或接受另一种服务为条件，或者就商品或服务的价格、销售对象、销售地区等附加不合理的条件。

3. 不正当有奖销售

有奖销售是经营者常用的促销手段，即经营者在销售商品或提供服务时，以提供金钱、物品或其他条件为奖励，刺激消费者购买商品或接受服务的行为。

不正当有奖销售行为是指经营者违反《反不正当竞争法》的规定进行的有奖销售行为，包括以下3种情形。

1）欺骗性有奖销售行为。它包括：① 谎称有奖销售或对所设奖的种类、中奖概率、最高奖金额、总金额、奖品种类、数量、质量和提供方法等做虚假不实的表示。② 采取不正当的手段故意让内定人员中奖。③ 故意将设有中奖标志的商品、奖券不投放市场或不与商品、奖券同时投放市场。④ 故意将带有不同奖金金额或奖品标志的商品、奖券按不同时间投放市场。⑤ 其他欺骗性有奖销售行为。

2）推销质次价高商品的有奖销售行为。

3）最高奖的金额超过5 000元的抽奖式有奖销售行为。

（六）诋毁商誉

诋毁商誉也称商业诽谤，是指经营者通过捏造和散布虚假事实等不正当手段，损害竞争对手的商业信誉和商品声誉，削弱对手竞争能力的行为。商业信誉和商品声誉是从商业角度对经营者的能力品德和其商品品质积极的社会评价，是经营者通过参与市场竞争的连续性活动逐渐形成的。经营者要树立良好的商业信誉和商品声誉，大都需要经过大量的市场研究、技术开发、广告宣传、公关活动和优质服务等一系列活动才能形成，是经营者在市场竞争中赢得优势地位的资本和支柱。损害竞争对手的商业信誉和商品声誉，是侵害公民或法人名誉权和荣誉权行为的一种商业化表现形式，是中国《反不正当竞争法》明确禁止的行为。

（七）串通招标投标

串通招标投标是指在发包工程、购销成套设备和承包租赁等经营活动中，招标、投标的当事人事先对招标投标事项串通，以排挤竞争对手或损害招标者利益的行为。根据《反不正当竞争法》第15条的规定，串通招标投标行为包括以下两种情形。

1. 串通投标，抬高或压低标价的行为

串通投标，抬高或压低标价的行为主体主要是所有参加投标的投标者共同实施的，其

目的是避免相互间的竞争，共同损害招标人的利益。

2. 投标者和招标者之间相互勾结，以排挤竞争对手的行为

投标者和招标者之间相互勾结，以排挤竞争对手的行为主体是招标者和特定的投标者，其目的是排挤竞争对手，获取非法利益。

（八）滥用行政权力限制竞争

政府及其所属部门不得滥用行政权力，限定他人购买其指定经营者的商品，限制其他经营者正当的经营活动。

三、不正当竞争行为的监督检查

中国《反不正当竞争法》规定，各级人民政府都应当采取措施，制止不正当竞争行为，为公平竞争创造良好的条件和环境，具体规定如下。

（一）国家监督检查

工商行政管理部门是监督检查不正当竞争行为的机构，县级以上各级人民政府工商行政管理部门对不正当竞争行为进行监督检查；法律、法规规定是由其他部门监督检查的，依照规定办理。

监督检查部门在监督检查不正当竞争行为时，有权行使下列职权。

1）按照规定程序询问被检查的经营者、利害关系人和证明人，并要求提供证明材料或与不正当竞争行为有关的其他资料。

2）查询、复制与不正当竞争行为有关的协议、账簿、单据、文件、记录、业务函电和其他资料。

3）检查与各种不正当竞争行为有关的财物，必要时可以责令被检查的经营者说明该商品的来源和数量，暂停销售，听候检查，不得转移、隐匿、销毁该财物。监督检查部门在监督检查不正当竞争行为时，被检查的经营者、利害关系人和证明人应当如实提供有关资料或情况。

监督检查部门工作人员监督检查不正当竞争行为时，应当出示检查证件。

（二）社会监督

国家鼓励、支持和保护一切组织和个人对不正当竞争行为进行社会监督。任何国家工作人员都不得支持、包庇不正当竞争行为。

 思考 4-2

你知道的社会监督有哪些？

四、法律责任

根据中国《反不正当竞争法》的规定，不正当竞争行为应承担的法律责任包括民事责任、行政责任和刑事责任。

（一）民事责任

中国《反不正当竞争法》第 20 条规定，经营者违反本法规定，给被侵害的经营者造成损害的，应当承担损害赔偿责任，被侵害的经营者的损失难以计算的，赔偿额为侵权人在侵权期间因侵权所获得的利润，并应当承担被侵害的经营者因调查该经营者侵害其合法权益的不正当竞争行为所支付的合理费用。被侵害的经营者的合法权益受到不正当竞争行为损害的，可以向人民法院提起诉讼。

中国《反不正当竞争法》规定，不正当竞争行为民事责任的意义在于保护合法经营者的合法权益不受侵害，以及受到实际损害时得以补偿。

（二）行政责任

《反不正当竞争法》规定的行政责任，要通过不正当竞争行为的监督检查部门对不正当竞争行为的查处来实现。这样规定的目的在于使被破坏的市场竞争秩序尽快得以恢复。中国《反不正当竞争法》规定的行政责任的形式主要包括罚款、没收违法所得、责令停止违法行为、责令改正、消除影响、停业整顿及吊销营业执照等形式。此外，还规定了与不正当竞争行为有关的国家机关工作人员违法的行政处分。

当事人对监督检查部门的处罚决定不服的，可以自收到处罚决定之日起 15 日内，向上一级主管机关申请复议；对复议决定不服的，可以自收到复议决定之日起 15 日内，向人民法院提起诉讼；也可以直接向法院提起诉讼。

对于低于成本价销售的行为，搭售或附加其他不合理条件的行为及商业诋毁行为等不正当竞争行为，中国《反不正当竞争法》并没有规定与之相对应的行政责任条款。对这些行为如何进行行政处罚，需要法律进一步做出明确的规定。

（三）刑事责任

刑事责任是对违法行为进行的最为严厉的法律制裁，适用于那些对其他经营者、消费者和社会经济秩序损害严重、情节恶劣的不正当竞争行为。《反不正当竞争法》对于不正当竞争行为的刑事责任的规定都是原则性的，确定具体的刑事责任要适用中国《刑法》的相应规定。如《反不正当竞争法》第 21 条第 2 款只规定"销售伪劣商品，构成犯罪的，依法追究刑事责任"，而《中华人民共和国刑法》（以下简称《刑法》）分则第 3 章第 1 节则具体规定了"生产、销售伪劣商品罪"的具体刑罚；《反不正当竞争法》第 22 条只规定"经营者采用财物或其他手段进行贿赂以销售或购买商品，构成犯罪的，依法追究刑事责任"，而《刑法》对于受贿罪和行贿罪都有相应的定罪量刑的规定。

此外，中国现行的《刑法》还对许多不正当竞争行为的刑事责任做出了具体的规定，例如，《刑法》第 221 条规定了损害他人商业信誉、商品声誉罪，第 222 条规定了虚假广告罪，第 223 条规定了串通投标罪，第 219 条规定了侵犯商业秘密罪。这些规定都是对不正当竞争行为追究刑事责任的规定。另外，还对监督检查不正当竞争行为的国家工作人员承担刑事责任的情形做出了规定。

情境二　反垄断法

学习要点

1．反垄断法的含义和特征、垄断协议的种类、垄断协议的法律责任；
2．经营者集中的法律责任；
3．反垄断的设施、反垄断的调查。

司徒律师从他的大公文包中拿出一沓卷宗，请他的学生阅读下面的案例，然后试图解决案例中的问题。

【导读案例】京华时报 2008 年 9 月 20 日报道，用户认为中国网通集团有限公司北京分公司（以下简称北京网通）凭借其垄断地位，不给外地户籍的人优惠，遂将北京网通诉至法院，索赔 1 元。朝阳法院已受理此案。这是 2008 年 8 月 1 日《反垄断法》实施以后，北京法院受理的第一起民事反垄断案件。

网通用户李方平是一名律师。他说，自己从 1998 年开始在北京长期工作和生活，但户籍在外地。他起诉称，按照北京网通的《客户服务合同》第 2 条的规定，客户户籍所在地或注册登记地不在北京市的，客户应按北京网通要求办理相应的担保手续，或者办理预付费的业务（服务）。因此，李方平在报装固定电话时，只能选择"预付费业务"，这和有北京户口的人可选择的"后付费业务"差别很大。

"例如，2007 年 5 月北京网通推广的'亲情 1+'业务，其中有许多优惠套餐，特别是上网业务有很大优惠。但是北京网通在该业务办理条件中明确规定，只限后付费普通固定电话公众用户办理"李方平说，这就使得像自己这样的外地户籍用户无法获得网通所宣称的"月租归零、获增值服务"等优惠。

李方平认为，北京网通凭借其在北京地区绝对的垄断地位，对预付费用户实施差别待遇，其做法违背了公平、等价和诚实信用的民法原则，同时也符合《反垄断法》第 17 条第 6 款规定的垄断行为，即"没有正当理由，对条件相同的交易相对人在交易价格等交易条件上实行差别待遇"。

2008 年 8 月 1 日《反垄断法》实施时，李方平就将诉状写好，递至朝阳法院，要求确认北京网通违法，并请求法院判令北京网通接受其办理"亲情 1+"业务的申请，并赔偿 1 元。此案在朝阳法院立案。

北京网通的咨询工作人员承认，当前的"亲情 1+"等优惠活动只针对"后付费用户"，暂时不对"预付费用户"办理。而外地用户若要办理"后付费业务"，就必须进行担保。之后，记者致电北京网通法律部，其工作人员称目前还未收到法院传票，一切须按照法律程序行事。

分析：

1．你认为北京网通的行为属于反垄断行为吗？为什么？
2．如果你是北京网通的代理人，你将如何应对？

在没有学习情境二时，你能回答这些问题吗？请写出你的答案。

1. _____

_____

2. _____

_____

学习情境二以后，你的答案发生变化了吗？请再次写下你的答案。

1. _____

_____

2. _____

_____

一、反垄断法概述

（一）垄断的含义及法律特征

垄断是指垄断主体违反反垄断法规定，对市场经济运行进行排他性控制或对市场竞争进行实质性的限制，妨碍公平竞争的行为。垄断一般有以下两个特征。

1）违法性。它是指某种垄断行为违反了法律的规定，背离了法律所设定的原则。

2）危害性。它是指某种垄断行为导致某一市场领域的竞争受到实质性的限制和损害，进而破坏市场秩序和市场结构，损害消费者权益和社会公共利益。

 思考 4-3

《反垄断法》和《反不正当竞争法》的异同？

（二）反垄断法的概念和特征

《反垄断法》是国家为促进和保护公平竞争，提高经济运行效率，通过预防和制止垄断行为，调整竞争关系及与竞争有密切联系的其他社会关系的法律规范的总称。

与其他法律相比较，《反垄断法》有以下特征。

1）调整竞争关系的法。

2）以规制垄断与限制竞争行为为基本内容。

3）具有较强的专业性和技术性。

4）是实体法、行政法与程序法规范的总和。

《中华人民共和国反垄断法》（以下简称《反垄断法》）已由第十届全国人大常委会第二十九次会议于 2007 年 8 月 30 日通过，自 2008 年 8 月 1 日起施行，共分为 8 章 57 条，包括总则、垄断协议、滥用市场支配地位、经营者集中、滥用行政权力排除、限制竞争、对涉嫌垄断行为的调查、法律责任和附则。

二、垄断行为的法律规制

中国《反垄断法》规定的具体垄断行为包括以下内容：① 经营者达成垄断协议。② 经营者滥用市场支配地位。③ 具有或可能具有排除、限制竞争效果的经营者集中。

（一）垄断协议的法律规制

1. 垄断协议的含义

垄断协议是指两个或两个以上的行为人以协议、决定或其他协同方式排除、限制竞争的行为。垄断协议也称限制竞争协议或卡特尔。

2. 垄断协议的种类

垄断协议可以分为横向垄断协议和纵向垄断协议。

（1）横向垄断协议

横向垄断协议又称水平垄断协议，是指在生产或销售过程中处于同一环节的，相互具有直接竞争关系的经营者之间达成的垄断协议。横向垄断协议常见的表现形式如下。

1）固定价格协议。它又称价格卡特尔或价格同盟，是指处于同一生产或流通环节的经营者通过明示和默示的协议，将其产品价格固定在或变更到统一的水平上。

2）限制数量的协议。它是指限制商品的生产或销售数量的协议。

3）市场划分协议。它是指以分割销售市场或原材料采购市场为内容的横向垄断协议。市场划分协议的表现形式多种多样，常见的有划分地理市场、划分客户市场和划分产品市场等。

4）限制购买新技术、新设备或限制开发新技术、新产品的协议。对于订立了限制购买新技术、新设备或限制开发新技术、新产品协议的经营者而言，不但省去了创新的投入，而且不用担心其他经营者可能进行创新而使自己处于不利的竞争地位。因此，限制创新的垄断协议保护了落后，限制了有效的市场竞争，使消费者得不到更优质的产品。因此《反垄断法》对限制创新的垄断协议加以禁止。

5）联合抵制交易。联合抵制交易是指一部分经营者联合起来不与其他竞争对手、供应商或客户交易的限制竞争行为。联合抵制交易行为限制了经营者选择交易对象的自由，相关企业通过直接拒绝与竞争对手进行交易，或者迫使供应商或客户中断与这些交易对手进行交易，将竞争对手置于不利的地位。

（2）纵向垄断协议

纵向垄断协议是指处于不同的生产经营阶段，相互不具有直接竞争关系的经营者之间订立的协议。与横向垄断协议不同，纵向垄断协议的特点是当事人处于不同生产、流通环节，相互之间的竞争性较弱，对竞争的影响比横向垄断协议小。纵向垄断协议的主要表现形式如下。

1）固定转售价格。它是指经营者与交易相对人达成协议，固定交易相对人向第三人转售商品的价格。实践中，有能力通过固定转售价格限制竞争的，通常都是具有市场支配地位的企业，如果没有市场支配地位，由于价格竞争的存在，其限制往往是没有效果的，经营者即使达成固定转售价格的协议也很难维持下去。

2）限定最低转售价格。它是指经营者与交易相对人达成协议，限定向第三人转售商品的最低价格。与固定转售价格相比，限定最低转售价格协议没有完全剥夺经销商进行价格调整的权利，但这种调整又是有限的，而且只能在最低价格之上进行调整。由于限定了最低转售价格，很可能导致消费者支付更高的价格，从而损害消费者利益。

除固定转售价格协议和限定最低转售价格协议外，还存在其他形式的纵向垄断协议。根据《反垄断法》的规定，其他形式的纵向垄断协议由国务院反垄断执法机构认定。

3. 垄断协议的法律责任

（1）垄断协议的民事责任

《反垄断法》规定，经营者实施垄断行为，给他人造成损失的，依法承担民事责任。垄断协议作为垄断行为的表现形式之一，当给他人造成损失时理应依法承担相应的民事责任。至于承担民事责任所涉及的具体内容，《反垄断法》未做进一步规定，应依据中国《民法通则》所规定的制定来确定。

（2）垄断协议的行政责任

《反垄断法》规定，经营者违反本法规定，达成并实施垄断协议的，由反垄断执法机构责令停止违法行为，没收违法所得，并处上一年度销售额 1%以上 10%以下的罚款；尚未实施所达成的垄断协议的，可以处 50 万元以下的罚款；经营者主动向反垄断执法机构报告达成垄断协议的有关情况并提供重要证据的，反垄断执法机构可以酌情减轻或免除对该经营者的处罚；行业协会违反规定，组织本行业的经营者达成垄断协议的，反垄断执法机构可以处 50 万元以下的罚款；情节严重的，社会团体登记管理机关可以依法撤销登记。

（3）垄断协议的刑事责任

中国《反垄断法》没有与《刑法》衔接追究垄断协议行为人的刑事责任的条款，但不等于垄断协议行为不会招致刑事责任。例如，串通招投标行为属于垄断协议行为，构成犯罪的，要依法追究刑事责任。

（二）滥用市场支配地位的法律规制

1. 市场支配地位的含义

所谓市场支配地位，是指经营者在相关市场内具有能够控制商品价格、数量或其他交易条件，或者能够阻碍、影响其他经营者进入相关市场能力的市场地位。经营者的市场支配地位可以通过法律授权、成功经营或通过自愿联合和重组等经营者集中方式获得。

2. 市场支配地位的认定依据与推定方法

（1）市场支配地位的认定依据

经营者是否具有市场支配地位的认定，一般从以下两个方面进行。

1）界定相关市场。市场支配地位总是针对特点范围市场而言的，要认定市场支配地位，必须先确定相关市场。同样的主体，在一个较小范围的市场中可能具有支配地位，而在一个较大范围的市场中可能不具有支配地位。

2）考察相关因素。认定经营者具有市场支配地位，应当依据下列因素。

• 经营者在相关市场的市场份额，以及相关市场的竞争状况。

- 经营者自身的条件，如财力、技术条件及控制销售市场或原材料采购市场的能力。
- 其他经营者进入相关市场的难易程度。
- 其他经营者对该经营者在交易上的依赖程度。
- 可能出现的其他相关因素。

（2）市场支配地位的推定方法

根据《反垄断法》，推定经营者具有市场支配地位采用下列标准。

- 一个经营者在相关市场的市场份额达到 1/2 的。
- 两个经营者在相关市场的市场份额合计达到 2/3 的。
- 3 个经营者在相关市场的市场份额合计达到 3/4 的。
- 在推定两个经营者或 3 个经营者的市场支配地位时，其中有的经营者市场份额不足 1/10 的，不应当推定该经营者具有市场支配地位。
- 被推定具有市场支配地位的经营者，有证据证明不具有市场支配地位的，不应当认定其具有市场支配地位。

3. 滥用市场支配地位的概念和表现形式

具有市场支配地位的经营者拥有影响竞争的潜在力量，如果该经营者滥用其市场支配地位，将对市场竞争产生排除、限制影响。

所谓滥用市场支配地位就是在相关市场具有支配地位的经营者利用其市场支配地位实施的垄断行为。

中国《反垄断法》并不禁止经营者具有市场支配地位，而只是禁止经营者实施滥用市场支配地位的行为。

根据《反垄断法》，滥用市场支配地位的表现形式如下。

- 以不公平的高价销售商品或以不公平的低价购买商品。
- 掠夺性定价，即没有正当理由，以低于成本的价格销售商品。
- 拒绝交易，即没有正当理由，拒绝与交易相对人进行交易。
- 独家交易，即没有正当理由，限定交易相对人只能与其进行交易或只能与其指定的经营者进行交易。
- 搭售或附加不合理条件，即没有正当理由搭售商品或在交易时附加其他不合理的交易条件。
- 差别待遇，即没有正当理由，对条件相同的交易相对人在交易价格等交易条件上实行区别待遇。
- 国务院反垄断执法机构认定的其他滥用市场支配地位的行为。

4. 滥用市场支配地位的法律责任

（1）滥用市场支配地位的民事责任

根据《反垄断法》的规定，滥用市场支配地位作为垄断行为的一种，当其给他人造成损失时，行为人应当承担民事责任。

（2）滥用市场支配地位的行政责任

根据《反垄断法》的规定，经营者滥用市场支配地位的，由反垄断执法机构责令停止违法行为，没收违法所得，并处上一年度销售额 1%以上 10%以下的罚款。

（三）经营者集中的法律规制

1. 经营者集中的含义

经营者集中是指经营者合并、经营者通过取得其他经营者的股份或资产及通过合同等方式取得对其他经营者的控制权，或者能够对其他经营者施加决定性影响的情形。

2. 经营者集中的实现形式

（1）经营者合并

经营者合并是指两个以上具有独立实体地位的经营者通过一定的形式合并为一个经营者的法律行为。

（2）取得股份

取得股份是指经营者通过取得其他经营者的股份，进而使一个经营者能够直接或间接控制另一个经营者。如果一个经营者直接或间接地控制另一个经营者，则有可能导致市场势力的集中，破坏公平的市场竞争环境。

（3）取得资产

取得资产是指经营者之间通过取得财产的方式，使一个经营者能够直接或间接控制另一个经营者。如果一个经营者通过购买、承担债务或其他方式取得了另一个经营者的全部或部分财产，这两个经营者就可能实现集中。

（4）经营结合

经营结合是指经营者通过合同等方式取得对其他经营者的控制权或能够对其他经营者施加决定性影响。由于被控制的经营者的经营管理受到约束和控制或被施加决定性影响，所以丧失了自主决策权，在经营行为上就可能与取得控制权的经营者协同一致，从实质上变成单一的经营主体，形成事实上的经营者集中。

3. 经营者集中的事先申报

为了对经营者集中进行监控，《反垄断法》规定了经营者集中事先申报制度。《反垄断法》规定，经营者集中达到国务院规定的申报标准的，经营者应当事先向国务院反垄断执法机构申报，未申报的不得实施集中。

对于提出集中申报的经营者，国务院反垄断执法机构在综合考虑集中可能影响市场竞争的相关因素后，做出可以实施集中或禁止实施经营者集中的决定。《反垄断法》规定，经营者集中具有或可能具有排除、限制竞争效果的，国务院反垄断执法机构应当做出禁止经营者集中的决定。但是，经营者能够证明该集中对竞争产生的有利影响明显大于不利影响，或者符合社会公共利益的，国务院反垄断执法机构可以做出对经营者集中不予禁止的决定。

4. 经营者集中的法律责任

根据《反垄断法》的规定，对违法实施经营者集中的，可以由国务院反垄断执法机构责令停止实施集中，限期处分股份或资产，限期转让营业及采取其他必要措施恢复到集中前的状态，可以处 50 万元的罚款。

（四）对滥用行政权力排除、限制竞争的法律规制

1. 滥用行政权力排除、限制竞争的概念及特征

滥用行政权力排除、限制竞争是指行政机关或其他依法具有管理公共事务职能的组织，滥用行政权力，限制经营者的正当经营活动，限定单位或个人对商品的购买与使用范围或进行商品交易的地区封锁等，从而妨碍、破坏市场竞争的行为。

滥用行政权力排除、限制竞争有以下特征。

- 行为主体是行政机关或其他依法具有管理公共事务职能的组织。
- 垄断力来源于行政权力。
- 行为方式具有强制性与隐蔽性。
- 危害后果严重性。

2. 滥用行政权力排除、限制竞争的表现形式

滥用行政权力排除、限制竞争涉及经济生活的各个方面，表现形式多样，主要如下。

（1）指定交易

指定交易是指行政机关和其他依法具有管理公共事务职能的组织滥用行政权力，限定或变相限定单位或个人经营、购买、使用其指定的经营者提供的商品的行为。

（2）限制商品自由流通

限制商品自由流通是指行为主体采取对外地商品设定歧视性价格，规定与本地商品不同的技术要求，设置关卡及其他行政措施限制商品在地区间自由流通。

（3）排斥或限制招标投标

排斥或限制招标投标是指行为主体滥用行政权力，以设定歧视性资质要求、评审标准或不依法发布信息等方式，排斥或限制外地经营者参加本地的招标投标活动。

（4）排斥或限制投资或设立分支机构

排斥或限制投资或设立分支机构是指行为主体滥用行政权力，采取与本地经营者不平等待遇等方式，排斥或限制外地经营者在本地投资或设立分支机构。

（5）强制经营者从事垄断行为

强制经营者从事垄断行为是指行为主体滥用行政权力，强令经营者达成垄断协议，或者强令具有市场支配地位的经营者滥用市场支配地位，或者滥用行政权力干预经营者集中，从而扭曲市场竞争的行为。

（6）制定含有排除、限制竞争内容的规定

制定含有排除、限制竞争内容的规定，是指行为主体制定以排除、限制竞争为目的或含有排除、限制竞争内容的各种文件、通知、条例和规章等，用抽象行政行为排除、限制竞争。

3. 滥用行政权力排除、限制竞争的法律责任

根据《反垄断法》的规定，行政机关和其他法律、法规授权的具有管理公共事务职能的组织滥用行政权力，实施排除、限制竞争行为的，由上级机关责令改正；对直接负责的主管人员和其他直接责任人员依法给予处分。反垄断执法机构可以向有关上级机关提出依法处理的建议。

三、反垄断法的实施和适用除外

（一）反垄断法的实施

1. 反垄断法的执法机构

中国反垄断执法机构的设置实行"反垄断委员会"和"反垄断执法机构"的双层模式。一方面，为了协调《反垄断法》执行，保证反垄断执法的独立性、权威性和统一性，成立国务院反垄断委员会，作为反垄断主管机关，专司组织、协调、指导反垄断工作，但不具体执法；另一方面，维持现有的执法格局不变，由国务院反垄断执法机构及其授权的省级机构负责具体执法。其中，对经营者集中的审查由商务部负责，查处滥用市场支配地位和滥用行政权力排除、限制竞争主要由工商行政管理部门负责，发改委负责查处价格同盟等价格违法行为。此外，电信、电力、银行和保险等行业主管部门或监管机构，也在各自的职责范围内负责竞争和反垄断执法工作。

2. 反垄断执法机构的职权

（1）调查检查权

根据《反垄断法》的有关规定，反垄断执法机构有权依法对涉嫌垄断行为进行调查。在调查涉嫌垄断行为时，有权采取下列措施。

1）现场检查，即反垄断执法机构有权进入被调查的经营者的营业场所或其他有关场所进行检查。

2）询问，即反垄断执法机构有权询问被调查的经营者及其利害关系人或其他有关单位或个人，要求其说明有关情况。

3）查阅、复制有关资料，即反垄断执法机构有权查阅、复制被调查的经营者、利害关系人或其他有关单位或个人的有关单证、协议、会计账簿、业务函电和电子数据等文件和资料。

4）查封、扣押相关证据。

5）查询经营者的银行账户。

（2）审批权

根据《反垄断法》中有关垄断协议、经营者集中的相关规定，反垄断执法机构有权审查经营者达成的协议是否违法及是否符合法定豁免，有权审查经营者集中是否违法及是否符合法定豁免等，并做出批准或禁止决定。

（3）处理决定权

反垄断执法机构对涉嫌垄断行为调查核实后，认为构成垄断行为的，有权做出禁止垄断行为并给予相应处罚的决定；认为经营者未实施垄断行为，或者虽然实施了垄断行为但依法不应追究法律责任的，有权决定经营者行为不构成违法。

（4）行政处罚权

反垄断执法机构对于违反《反垄断法》的行为人有权做出责令停止违法行为、没收违法所得、罚款、责令限期处分股份或资产等行政处罚。

3．反垄断执法机构的义务

为了保障反垄断执法机构在反垄断调查中正确行使权力，《反垄断法》规定了反垄断执法机构在调查中应履行的业务。

（1）报批义务

反垄断执法机构在行使调查检查权时，应当向反垄断执法机构主要负责人书面报告，并经批准。

（2）告知义务

反垄断执法机构调查涉嫌垄断行为时应履行告知义务。告知义务有两方面：一是身份告知义务，执法人员应当出示执法证件，执法人员不得少于两人；二是内容告知义务，执法人员进行询问和调查时，应当制作笔录，并由被询问人或被调查人签字。

（3）保密义务

反垄断执法机构应当为举报人保密，对其在执法过程中知悉的商业秘密保密。

4．反垄断调查程序

根据《反垄断法》的规定，中国反垄断调查程序分为一般程序和承诺和解程序。

（1）反垄断调查的一般程序

1）立案。根据《反垄断法》规定，反垄断执法机构立案的途径有两种：一是依职权主动立案；二是依举报立案。对于采用书面形式举报并提供相关事实和证据的，反垄断执法机构应当进行必要的调查。

2）调查。立案之后，后垄断执法机构应当对涉嫌垄断行为展开调查，收集有关的证据。调查过程中应当给予被调查的经营者、利害关系人陈述意见的权利，并对被调查的经营者、利害关系人提出的事实、理由和证据进行核实。

3）审查处理。反垄断执法机构对涉嫌垄断行为调查核实后，认为构成垄断行为的，应当依法做出处理决定，并向社会公布。

（2）反垄断调查中的承诺和解程序

根据《反垄断法》第 45 条的规定，对反垄断执法机构调查的涉嫌垄断行为，被调查的经营者承诺在反垄断执法机构认可的期限内采取具体措施消除该行为后果的，可适用承诺和解程序予以处理。该程序主要有以下 3 个环节。

1）中止调查。被调查的经营者承认被调查的涉嫌垄断行为，并承诺在反垄断执法机构认可的期限内采取具体措施消除该行为后果的，反垄断执法机构可以决定中止调查。中止调查的决定应当载明被调查的经营者承诺的具体内容。同时，对经营者履行承诺的情况进行监督。

2）终止调查。在反垄断执法机构做出中止调查决定后，如果经营者履行承诺的，可以决定终止调查。

3）恢复调查。在做出中止调查决定后，如果经营者有下列情形，反垄断执法机构应当恢复调查：

- 经营者未履行承诺的。
- 做出中止调查决定所依据的事实发生重大变化的。

- 中止调查的决定是基于经营者提供的不完整或不真实的信息做出的。

5. 对反垄断执法机构决定的救济途径

为了保障反垄断法的正确实施，规范反垄断执法机构依法行使职权，保护相对人的合法权益，《反垄断法》规定了对反垄断执法机构决定的救济途径。主要包括：

对反垄断执法机构依据《反垄断法》第28条和第29条做出的有关经营者集中的决定不服的，利害关系人可以先依法申请行政复议；对行政复议决定不服的，可以依法提起行政诉讼。

对反垄断执法机构做出的其他决定不服的，利害关系人可以依法申请行政复议或提起行政诉讼。

（二）反垄断法的适用除外

《反垄断法》的适用除外制定又称《反垄断法》的豁免，是指在某些特定行业或领域中，法律允许一定的垄断状态及垄断行为存在，《反垄断法》对此排除适用。《反垄断法》的适用除外制定是对垄断这种具有正负双重效应的经济现象进行规制时所做的一种利益权衡，有利于保护国家经济利益和社会公共利益，增强了《反垄断法》的适应性、灵活性和合理性。

中国《反垄断法》关于适用除外的规定主要涉及以下5个方面。

1. 关于特定行业垄断经营的适用除外

《反垄断法》规定，国有经济占控制地位的关系国民经济命脉和国家安全的行业及依法实行专营专卖的行业，国家对其经营者的合法经营活动予以保护，并对经营者的经营行为及其商品和服务的价格依法实施监管和调控，维护消费者利益，促进技术进步。

2. 关于垄断协议的适用除外

市场竞争具有直接而严重的危害，各国反垄断法原则上都对垄断协议予以禁止。在有些情况下，垄断协议虽然限制了竞争，但总体上有利于提高经济效益，推动技术进步，符合公共利益。因此，根据《反垄断法》，经营者达成的协议如果符合一定的条件，可以不适用禁止垄断协议的规定。

经营者达成的下列协议不适用禁止垄断协议的规定：

- 为改进技术、研究开发新产品的。
- 为提高产品质量、降低成本、提高效率，统一产品规格、标准或实行专业化分工的。
- 为提高中小经营者经营效率，增强中小经营者竞争力的。
- 为实现节约能源、保护环境、救灾救助等社会公共利益的。
- 因经济不景气，为缓解销售量严重下降或生产明显过剩的。
- 为保障对外贸易和对外经济合作中的正常利益的。
- 法律和国务院规定的其他情形。

3. 关于禁止集中的适用除外

根据《反垄断法》的规定，经营者能够证明经营者集中对竞争产生的有利影响明显大于不利影响，或者符合社会公共利益的，国务院反垄断执法机构可以做出对经营者集中不予禁止的决定。

4. 关于知识产权的适用除外

《反垄断法》规定，经营者依照有关知识产权的法律、行政法规规定行使知识产权的行为，不适用本法；但是，经营者滥用知识产权，排除、限制竞争的行为，适用本法。

5. 关于农业生产者及农村经济组织的适用除外

《反垄断法》规定，农业生产者及农村经济组织在农产品生产、加工、销售、运输和储存等经营活动中实施的联合或协同行为，不适用本法。

 分组讨论

根据实际案例进行分组，讨论案例后的问题。

1. 陈立新与三利集团存在何种合同关系，三利集团是否负有竞业禁止的义务？
2. 哪方承担三利集团向其他商户供货的举证责任？
3. 说说你生活中哪些行为是不正当竞争行为？

 学习反馈

各组发言后，司徒律师根据学生讨论的结果，进行评价及补充。

1. 观点

（1）_____

（2）_____

（3）_____

2. 分析参考

法院判决如下。

北京市门头沟区人民法院审理该案后，判决三利集团给付陈立新赔偿金20万元。三利集团不服一审判决，向北京市第一中级人民法院提起上诉，二审法院维持原判。

争议焦点及法律分析如下。

（1）本案合同的性质

本案争议焦点之一是如何认定陈立新与三利集团之间的合同性质。陈立新主张其与三利集团之间属于特许经营合同关系，双方存在口头协议，由其作为三利集团产品在房山区的专卖代理商，享有专卖经营权，并且三利集团向其颁发了特许零售证书。三利集团否认其与陈立新订立过口头协议，主张根据内部规定，三利集团只向代理商供应产品，代理商再各自发展自己的零售商，集团从来不直接对零售商发货。陈立新是三利集团北京地区的代理商李利民销售网络中的一名零售商，其与李利民存在买卖合同关系，与三利集团没有关系，陈立新取得的特许零售证书只是应代理商的邀请颁发的，并且已过期。

特许经营是 21 世纪主流的商业经营模式，作为一种经营方法，它可以向任何行业领域扩张。根据商务部 2005 年 2 月生效的《商业特许经营管理办法》，特许经营被定义为通过签订合同，特许人将有权授予他人使用的商标、商号和经营模式等经营资源，授予被特许人使用；被特许人按照合同约定在统一经营体系下从事经营活动，并向特许人支付特许经营费。一般来说，被特许人以一定代价取得特许权，其目的是在一定的商标或经营模式下经销特定的产品；特许人通常负有商品供应义务。基于特许经营的特殊之处，其与一般的买卖合同、经销合同存在不同之处：① 特许人不仅向被特许人提供产品，而更重要的是同时提供与该产品有关的、不可分离的无形财产所有权。② 特许人可在合同中约定被特许人的最低销售额，一旦未达到销售目标，不管被特许人是否具有过错，特许人都有权解除合同。③ 在与特许权有关的经营业务上，被特许人则要接受特许人对特许权经营的安排。④ 被特许人只能制造、销售特许人的产品，不得同时兼营其他同类产品。⑤ 有的特许人要求被特许人支付加盟费。

因而，陈立新与三利集团之间并非买卖合同关系而是特许经营合同关系：① 作为三利产品专卖店，陈立新只能销售三利一个品牌的毛线，不能同时兼营其他品牌，同时其经营范围也限定在房山区之内。② 从陈立新的陈述和李利民出具的"本息返毛线 562 500 元"的收据看，陈立新需要一次性缴纳全年预付款并且只能要求返还毛线，如所购毛线没有售出，需要自行承担商业风险，这实际上规定了陈立新的最低销售量，如果双方是买卖合同关系，则陈立新可根据毛线的销售情况来自由订货。③ 虽然三利集团未向陈立新发放新年度的证书，但是基于双方继续交款收款的行为，双方的权利义务关系已自然顺延至 2004年度。

（2）三利集团是否承担竞业禁止义务

陈立新主张，三利集团已授权其在房山区独家零售三利毛线产品，就不应再在房山区向其他商户供货，其负有竞业禁止的义务。三利集团主张，卖与不卖是卖方的自由，任何一方不能将自己的意志强加于另一方，在市场竞争中，不能靠非法手段和背后操作搞市场垄断，其不负有竞业禁止的义务。

而特许经营一个独特之处在于受许人是独立于特许人和其他受许人的独立核算、自负盈亏的主体。出于经济利益的考虑，特许人常无视特许网点的消费水平和消费习惯，大量"克隆"加盟者，造成受许人过多的恶性竞争。为维护自身利益，受许人在签订特许经营合同时通常会要求特许人保证在特定范围内，不再授予第三方实施特许权，或者以特许权的同样方式营销产品或提供服务。本案中，燕兵红、李利民与陈立新签订协议书，约定"三利集团在 2009 年停止向天凤毛线店薛金蝉供货"，据此，三利集团进一步明确了自己竞业禁止的义务，在房山区不能再授权其他商户销售三利毛线系列产品。协议书的内容虽具有限制竞争、在一定范围内垄断市场的含义，但特许经营就是特许双方在特定范围内不得相互竞争，法律法规对此也并未予以禁止。因此，不能以违背《反不正当竞争法》的基本原则为由否定三利集团应承担的竞业禁止义务。

（3）哪方承担三利集团向其他商户供货的举证责任

三利集团是否违反 2009 年 5 月 12 日的协议书的约定向薛金蝉供货，陈立新主张三利集团向薛金蝉供货，但是其提供的证据仅能证实薛金蝉销售三利毛线，不能证实是三利集团提供。三利集团主张薛金蝉销售三利毛线与其无关，其没有向薛金蝉提供三利产品，不应承担违约责任。本案中，天风毛线店薛金蝉2007—2010年一直出售三利毛线，至于其店内毛线是否为三利集团供应，双方当事人均未能提供有效证据。依据举证规则并结合本案具体情况，三利集团应就天风毛线店出售的三利毛线不是其供应的事实提出反证，否则可推定天风毛线店出售的三利毛线为三利集团或其代理商所供。

理由是：① 燕兵红曾向陈立新保证撤掉天风毛线店三利新产品、三利集团在2009年期间停止向天风毛线店供货，说明三利集团在2009年之前曾经向天风毛线店供应三利毛线。② 作为三利毛线的生产厂商，三利集团应对天风毛线店三利毛线的进货渠道较陈立新更易于进行调查。③ 在陈立新就天风毛线店出售三利毛线一事向三利集团反映后，三利集团应当采取措施保证自己直接或其代理商不向天风毛线店供应三利毛线，以保障陈立新的特许专营权。

因三利毛线一般通过三利集团的代理商向其零售商提供，在三利集团不能举证的情况下，应推定天风毛线店出售的三利毛线为三利集团或其代理商供应。

陈立新的专属经营权受到侵害后必然使毛线销量受到影响，难以获得预期收益。因此，在三利集团违反协议约定的情况下，应当按照约定的数额赔偿陈立新的损失。

 实务提示

企业在销售的过程中会涉及很多相关的法律知识，了解营销秩序的法律对企业扩大产品销售，树立品牌和企业形象等方面都起到了十分重要的作用，必须注意相关法律、法规对企业营销活动的规范。

1. 不能以降价促销为由拒绝实行"三包"

降价促销是经营者的价格促销手段。对于商家经销的季节性产品，一旦过了季节，为避免产品积压，占用资金，提高经济效益，往往会采用打折降价促销的方法。降价的原因与产品应具备的质量、功能无关，所以经营者不能因此免除应承担的"三包"义务，即打折产品的"三包"责任与正常价格的商品一样，不得故意拖延或无理拒绝。《消费者权益保护法》第24条规定，经营者不得做出对消费者不公平、不合理的规定。因此，打折产品不实行"三包"的规定是无效的、是不公平、不合理的。

2. 不能以"降价促销"名义实行"低价倾销"

根据中国《价格法》和《反不正当竞争法》的规定，所谓低价倾销是指"从事生产、经营商品或提供有偿服务的法人、其他组织和个人，在依法降价处理鲜活商品、季节性商品、积压商品或因清偿债务、转产和歇业降价销售商品之外，出于排挤竞争对手或独占市场的目的，而采取的以低于成本的价格销售商品的不正当价格竞争行为"。由此可见，构成低价倾销有两个基本条件，即主观上是以排挤竞争对手或独占市场为目的；客观上实施了低于成本价格销售商品的行为。低价倾销的实质乃是经济实力相对雄厚的经营者，为了独占市场，排挤竞争对手，故意在短时期内将其某种商品或服务以低于其个别成本的价格倾销，以达到挤垮特定地区、特定商品的经营者，当竞争对手被迫退出市场或无法与其抗衡后，再提高销售价格，获得垄断利润，以弥补低价倾销时所导致的损失。其危害后果是扰乱了市场上正常的价格秩序和生产经营秩序，损害了国家利益，影响了国家税收，流失了国有资产；降价的损失也必将转嫁给消费者。因此，低价倾销行为被明令禁止。但有些企业在促销时，通过长期实行"优惠价"、"促销价"和"折扣价"等方式直接或变相降价，使销售价格低于成本，以排挤竞争对手。中国家电制造行业重复建设问题十分突出，造成生产能力过剩，加上市场需求增长缓慢，家电产品严重供过于求，市场竞争激烈，生产厂家采取价格优惠、折扣和送礼等变相降价形式，已间接构成低价倾销。

　　3. 注意有奖销售的误区

　　针对消费者的博彩心理，有奖销售也已成为商家促销常用的一种手段，但《反不正当竞争法》明确规定，抽奖式的有奖销售，最高奖的金额不能超过 5 000 元，不能利用有奖销售的手段推销质次价高的产品，否则都是不正当竞争行为。然而，仍有不少企业因为法律观念淡薄，在有奖销售中不但违规操作，欺骗消费者，当奖品对消费者造成人身、财产损害时就会以奖品为由，推卸责任，同时也因不懂相关法律规定而惹上官司，影响了企业的信誉和形象。

 实务操作

　　去市场调查商品促销的各种活动，分析这些商品的促销活动是否违反《反不正当竞争法》，如果违反，则属于哪种不正当竞争行为，并解释原因。

　　1. 促销活动描述＿＿＿＿＿＿＿＿＿＿＿＿＿＿＿＿＿＿＿＿＿＿＿＿＿＿＿＿＿＿＿

　　不正当竞争行为＿＿＿＿＿＿＿＿＿＿＿＿＿＿＿＿＿＿＿＿＿＿＿＿＿＿＿＿＿＿＿

　　原因＿＿＿＿＿＿＿＿＿＿＿＿＿＿＿＿＿＿＿＿＿＿＿＿＿＿＿＿＿＿＿＿＿＿＿＿＿

　　2. 促销活动描述＿＿＿＿＿＿＿＿＿＿＿＿＿＿＿＿＿＿＿＿＿＿＿＿＿＿＿＿＿＿＿

　　不正当竞争行为＿＿＿＿＿＿＿＿＿＿＿＿＿＿＿＿＿＿＿＿＿＿＿＿＿＿＿＿＿＿＿

　　原因＿＿＿＿＿＿＿＿＿＿＿＿＿＿＿＿＿＿＿＿＿＿＿＿＿＿＿＿＿＿＿＿＿＿＿＿＿

　　3. 促销活动描述＿＿＿＿＿＿＿＿＿＿＿＿＿＿＿＿＿＿＿＿＿＿＿＿＿＿＿＿＿＿＿

　　不正当竞争行为＿＿＿＿＿＿＿＿＿＿＿＿＿＿＿＿＿＿＿＿＿＿＿＿＿＿＿＿＿＿＿

　　原因＿＿＿＿＿＿＿＿＿＿＿＿＿＿＿＿＿＿＿＿＿＿＿＿＿＿＿＿＿＿＿＿＿＿＿＿＿

 延伸阅读：可口可乐收购汇源案

　　中新网 2009 年 3 月 18 日电（记者　翁阳）中国商务部 18 日正式宣布，根据中国反垄断法禁止可口可乐收购汇源。据悉，这是反垄断法自 2008 年 8 月 1 日实施以来首个未获通过的案例。

商务部的有关原文如下。

商务部就可口可乐收购汇源案反垄断审查做出以下裁决。

2008年9月18日，商务部收到可口可乐公司收购中国汇源公司的经营者集中反垄断申报材料。经申报方补充，申报材料达到了《反垄断法》第23条规定的要求，11月20日商务部对此项集中予以立案审查，12月20日决定在初步审查基础上实施进一步审查。

商务部依据《反垄断法》的相关规定，从市场份额及市场控制力、市场集中度、集中对市场进入和技术进步的影响、集中对消费者和其他有关经营者的影响及品牌对果汁饮料市场竞争产生的影响等方面对此项集中进行了审查。审查工作严格遵循相关法律法规的规定。审查过程中，充分听取了有关方面的意见。

经审查，商务部认定：此项集中将对竞争产生不利影响。集中完成后可口可乐公司可能利用其在碳酸软饮料市场的支配地位，搭售、捆绑销售果汁饮料，或者设定其他排他性的交易条件，集中限制果汁饮料市场竞争，导致消费者被迫接受更高价格、更少种类的产品；同时，由于既有品牌对市场进入的限制作用，潜在竞争难以消除该等限制竞争效果；此外，集中还挤压了国内中小型果汁企业的生存空间，给中国果汁饮料市场竞争格局造成不良影响。

为了减少集中对竞争产生的不利影响，商务部与可口可乐公司就附加限制性条件进行了商谈，要求申报方提出可行的解决方案。可口可乐公司对商务部提出的问题表述了自己的意见，提出初步解决方案及修改方案。经过评估，商务部认为修改方案仍不能有效减少此项集中对竞争产生的不利影响。据此，根据《反垄断法》第28条，商务部做出禁止此项集中的决定。

反垄断审查的目的是保护市场公平竞争，维护消费者利益和社会公共利益。自2008年8月1日《反垄断法》实施以来，商务部收到40起经营者集中申报，依照法律规定立案审查了29起，已审结24起，其中无条件批准23起，对于1起具有排除、限制竞争效果的集中，商务部与申报方进行商谈，申报方提出了减少排除限制竞争的解决方案并做出承诺，商务部附加了减少集中对竞争不利影响的限制性条件批准了该集中。

思考：商务部对此案做出的裁决合理吗？为什么？

学习任务五

营销促销法律

地点：教室 人物：司徒律师、学生

学习目标

1. 了解广告的管理和广告管理法、消费者的含义、消费者的权利、经营者的义务、消费者权益如何保护、经营者的法律责任。

2. 理解广告主体的资格、广告活动的法律要求、消费者保护法的立法价值、消费者的权利及消费争议解决的途径。

3. 掌握广告法对广告内容的要求，对特殊广告的理解。

任务描述

司徒律师带领学生到商场了解并记录各种商品的广告促销手段，从中分析判断哪些广告促销行为违反了《消费者权益保护法》，侵犯了消费者的哪些权利？

CASE 实际案例

2010 年 2 月 5 日，H 市工商行政管理局某分局接到李某的投诉，反映某化工机械有限公司利用互联网及宣传画册发布虚假广告欺骗消费者，并给消费者造成一定的经济损失。经查，该公司于 2009 年 5 月 10 日成立，成立后利用《强力环保白乳胶生产可行性分析报告——废旧塑料资源化新技术》、《废旧塑料变废为宝创业指南——废旧塑料资源再生技术》宣传画册及互联网将公司夸大宣传为"当事人现有厂房面积 20 000 平方米、总投资 3 000 万元、工程师及技术人员 20 人、行业专家 5 人、公司获得多项相关专利"。以此种企业形象加上"诚征废旧塑料生产强力环保白乳胶合作商"的广告，宣称废旧塑料生产强力环保白乳胶有巨大商机，并承诺"设备实行三包，无协商退款"。看到这样充满诱惑力的广告，某消费者李某当即与刊登该广告的当事人取得联系，花费 36 000 元购买了当事人的一整套设备。工商部门经实地调查核实后发现，当事人现有厂房均为租赁的，公司投资额仅为 90 万元，拥有技术人员仅 4 人，并且根本没有工程师及行业专家，无专利记录，与其广告宣传严重不符。

思考

1. 如果查证属实，工商行政部门应适用何种法律予以处罚才能更好地保护公共利益，适用《广告法》，还是适用《消费者权益保护法》或《产品质量法》？
2. 如果查证属实，工商行政部门应如何进行处罚？
3. 在日常生活中如何辨别类似欺诈事件？

学习档案

情境一　广告法

学习要点
1. 广告的概念和种类，理解广告的管理和广告管理法；
2. 广告主体的资格，掌握广告活动的法律要求；
3. 广告法对广告内容的要求，了解对特殊广告的理解；
4. 广告法律责任。

司徒律师从他的大公文包中拿出一沓卷宗，请他的学生阅读下面的案例，然后试图解决案例中的问题。

【导读案例】鄂尔多斯市 12315 消费者申诉举报中心接到某市民的投诉：她购买了侯耀华代言的一种类风湿药品，使用 3 个疗程后病情未见好转。此后不久，"侯耀华代言门事件"在网上热炒，侯耀华被央视三度批评。据了解，侯耀华代言的产品包括澳鲨宝、伯爵养生胶囊、杜仲降压片、黄金九号、康大夫茶愈胶囊、胃肠益生元、亚克口服液、加拿大 V6 胶囊、角燕 G 蛋白和方舟降压仪 10 种产品。这些产品的广告均未经行政许可部门批准，均使用演员做主持，使用专家、患者、消费者名义和形象做证明，且均含有其他违法内容。这 10 则广告几乎涵盖了名人代言广告的所有违法形式。以上产品广告多次被投诉，消费者通过网络等形式，对代言人不负责任、见利忘义、违反国家法律和规定、造成消费者物质、精神和身体损害的行为进行了鞭笞。现在这 10 则产品广告已经被中国许多省区的工商或药监部门通报查处。

分析：
1. 侯耀华代言虚假广告要承担法律责任吗？
2. 侯耀华在接受《经济半小时》记者采访时说："可以说全世界的广告，全都有夸张的成分在里面；因为要不夸张就不叫广告。"如何理解侯耀华"不夸张就不叫广告"这句话？

在没有学习情境一时，你能回答这些问题吗？请写出你的答案。

1. _____

_____

2. _____

学习情境一以后，你的答案发生变化了吗？请再次写下你的答案。

1. _____

2. _____

一、广告法概述

（一）广告的概念

广告，从汉语字义解释来看，就是广而告之，即向广大公众告知某件事，有广泛劝告的意思。一般来说，广告有广义和狭义之分。广义的广告泛指一切要引起他人注意的宣传品和宣传手段，如政府、政党、宗教团体、学校和个人等向社会发布的宣言、公告、说明、告示、声明、公报和启事等，都可称广告。狭义的广告则专指商业广告或经济广告，是指商品经营者或服务提供者承担费用，通过一定媒介和形式直接或间接地介绍自己所推销的商品或所提供的服务的宣传活动。《中华人民共和国广告法》（以下简称《广告法》）所称广告是指狭义的广告。

（二）广告的种类

广告可以按照不同的标准进行不同的划分，如广告的内容、广告的性质、广告的范围和广告的媒介等均可作为划分标准。

目前，比较通用的方法就是按广告媒介来分类。所谓广告媒介，就是在广告者与广告宣传对象之间起传递广告信息作用的物体。它是广告宣传得以实现的物质手段和工具。科学技术越发达，可做广告媒介的物质就会越多。目前，按广告媒介区分的广告大致有以下几种：报纸广告、杂志广告、电视广告、广播广告、路牌广告、交通广告、霓虹灯广告、招贴广告、橱窗广告、邮寄广告和实物馈赠广告等。另外，除了以上所介绍的一些媒介外，还有展览广告和包装广告等。目前，在国外还出现了一些先进的广告媒介，如广告模型和空中广告等。

以上所介绍的多种广告媒介，又可区分为印刷媒介、电波媒介和户外媒介三大基本类型。

（三）广告管理与广告管理法

商品经济越发达，广告就显得越重要。但广告任意自由的发展，不可避免地要产生一些消极的东西，如虚假广告、粗制滥造甚至低级庸俗、有损国格的广告等，因此，对广告进行必要的管理，理所当然应成为国家行政管理中不可缺少的一部分。

中国广告管理是工商行政管理的组成部分，是指广告管理机关，依照国家的法律、法规，对广告主、广告经营者、广告发布者及广告内容等进行监督、检查、控制和指导的过程。

中国的广告管理机关是国家工商行政管理局下设的广告司及地方各级工商行政管理局下设的广告处、科等。

为了加强广告管理，使广告管理纳入法制轨道，国务院于 1982 年 2 月发布了《广告管理暂行条例》；1987 年 10 月发布了《广告管理条例》，国家工商行政管理局 1988 年 1 月发布了《广告管理条例实施细则》；1994 年 10 月 27 日第八届全国人大常委会第十次会议通过《广告法》，该法自 1995 年 2 月 1 日起施行。

二、广告主体及法律要求

（一）广告主体的概念

广告主体即广告活动的参与者，包括广告主、广告经营者和广告发布者。广告主是指为推销商品或提供服务，自行或委托他人设计、制作、发布广告的法人、其他经济组织或个人。广告经营者是指受委托提供广告设计、制作、代理服务的法人、其他经济组织或个人。广告发布者是指为广告主或广告主委托的广告经营者发布广告的法人或其他经济组织。

（二）广告主体的资格

1. 广告主的资格

广告主自行或委托他人设计、制作和发布广告，所推销的商品或所提供的服务应当符合广告主的经营范围，且广告主应当具有或提供真实、合法和有效的下列证明文件：① 营业执照及其他生产、经营资格的证明文件。② 质量检验机构对广告中有关商品质量内容出具的证明文件。③ 确认广告内容真实性的其他证明文件。④ 发布广告（如药品、医疗器械和农药的广告）需要经有关行政主管部门审查的，还应当提供有关批准文件。

2. 广告经营者和广告发布者的资格

从事广告经营的，应当具有必要的专业技术人员、制作设备，并依法办理广告经营登记，方可从事广告活动；广播电台、电视台和报刊出版单位的广告业务，应当由其专门从事广告业务的机构办理，并依法办理兼营广告的登记。

广告经营者、广告发布者按照国家有关规定，建立、健全广告业务的承接登记、审核、档案管理制定；依据法律、行政法规查验有关证明文件，核实广告内容。对内容不实或证明文件不全的广告，广告经营者不得提供设计、制作和代理服务，广告发布者不得发布。

思考 5-1

发布虚假广告的媒体应该承担什么样的责任?

（三）广告活动的法律要求

1）广告主委托设计制作、发布广告,应当委托具有合法经营资格的广告经营者和广告发布者。

2）广告主、广告经营者和广告发布者之间在广告活动中应当依法订立书面合同,明确各方权利和义务,彼此不得在广告活动中进行任何形式的不正当竞争。

3）广告发布者向广告主、广告经营者提供的媒介覆盖率、收视率和发行量等资料应当真实;广告收费应当合理、公开,收费标准和收费办法应当向物价和工商行政管理部门备案,广告经营者、广告发布者应当公布其收费标准和收费办法。

4）广告主或广告经营者在广告中使用他人名义、形象的,应当事先取得他人的书面同意;使用无民事行为能力人、限制民事行为能力人的名义、形象的,应当事先取得其监护人的书面同意。

案例 5-1

据中国法院报报道,因自己的形象被制作成动画用于电视广告,喜剧明星赵本山将北京新浪互联信息服务有限公司、北京星潮在线文化发展有限公司告上法院,认为肖像权受到侵害,要求对方立即停止侵权、赔礼道歉,并赔偿经济损失及合理开支共计 205 万元。赵本山向法院起诉称,北京新浪互联信息服务有限公司、北京星潮在线文化发展有限公司通过四川卫视、安徽卫视、黑龙江卫视、山东卫视、星空卫视、重庆卫视和广西卫视等全国多家卫星电视台发布斗地主、麻将等手机游戏下载的宣传广告,宣传其手机游戏产品,并告知广大消费者可以通过发送手机短信的方式下载手机游戏,收费为每条短信 2 元。赵本山称,在该广告中,被告未经许可擅自将他在小品中的表演形象篡改为动画,贯穿广告的始终,并配之与他相类似的方言口音,对手机游戏下载和使用方法进行介绍说明。此行为是采用动画的形式使用原告肖像的行为。由于该款手机游戏广告中存在不实宣传,众多消费者出于对赵本山公众形象的认可和信任下载游戏后,因未享受到相应的服务,纷纷在网络中对赵本山进行谴责;且被众多网站转载,称原告与被告涉嫌欺诈消费者,损害了原告良好的公众形象。原告请求法院判令被告立即停止侵权、赔礼道歉;赔偿经济损失及合理开支共计人民币 205 万元。

分析:使用明星卡通形象是否违法,为什么?

5）法律、行政法规规定禁止生产、销售的商品或提供的服务,以及禁止发布广告的商品或服务,不得设计、制作和发布广告。

6）有下列情形之一的,不得设置户外广告:① 利用交通安全设施、交通标志的。② 影响市政公共设施、交通安全设施和交通标志使用的。③ 妨碍生产或人民生活,损害市容市貌的。④ 国家机关、文物保护单位和名胜风景点的建筑控制地带。⑤ 当地县级以上地方人民政府禁止设置户外广告的区域。

三、广告内容和对特殊广告的管理

（一）对广告内容的要求

广告内容是广告管理的核心，《广告法》对广告内容的要求既是广告经营者和广告发布者审查、制作和发布广告的依据，也是广告主申请刊播、设置和张贴广告时应遵循的原则。《广告法》第7条规定，广告内容应当有利于人民的身心健康，促进商品和服务质量的提高，保护消费者的合法权益，遵守社会公德和职业道德，维护国家的尊严和利益。其具体原则如下。

1. 广告必须真实、客观

广告必须真实、客观，不得以任何形式欺骗用户和消费者，这是广告最重要的原则。因此必须做到：① 语言、文字和图像要与广告的内容一致，广告中宣传的产品与销售的产品应当完全一致，不能用特别挑选出来的或特别制造出来的产品做广告。② 广告使用的数据、统计资料、调查结果、文摘和引用语等，应当真实、准确，并标明出处。③ 广告中涉及专利产品或专利方法的，应当标明专利号和专利种类，未取得专利权的，不得在广告中谎称取得专利权；不得使用已经终止、撤销和无效的专利做广告。

2. 广告必须清晰、明白，能够使人们正确理解

1）广告应当具有可识别性，能够使消费者辨明其为广告。

2）广告中对商品的性能、产地、用途、质量、价格、生产者、有效期限、允诺，或者对服务的内容、形式、质量、价格和允诺有表示的，应当清楚、明白。

3）广告中表明推销商品、提供服务附带赠送礼品的，应当表明赠送的品种和数量。

3. 广告必须维护消费者的利益

维护消费者利益是广告必须信守的一条宗旨。广告应该告诉消费者在按广告做出行动之前必须知道的事情，提供更多关于产品或服务的说明。广告不能损害消费者的利益，不能使消费者受到直接的或间接的损失。

4. 广告要维护国家利益和社会公共利益

这一原则要求广告必须坚持四项基本原则，维护社会秩序，维护整个国家民族的威信和形象，维护善良风俗和社会道德，尊重科学，给社会各方面以良好的影响，为社会主义物质文明和精神文明建设服务。

5. 广告内容必须体现公平竞争的原则

广告是宣传、推销商品的重要手段，广告只能用于正当的、公开的竞争，防止利用发布广告贬低同类产品，抬高自己，诱惑顾客等不正当的竞争。在现实生活中，有些同类产品为了争夺市场，分别在广播、电视和报刊上做广告，极力宣扬自己产品的优点，并用一些或明显或暗示性的词语诋毁别人的产品，互相打"广告战"，其结果不仅仅是违反了广告法，在经济利益上也往往是两败俱伤，损失惨重。

6. 广告必须合法

这一原则要求广告内容及表现形式都应当遵守法律、法规的规定。由于广告涉及各个领域，所以广告不仅要遵守有关广告的法律法规，同时也要遵守其他法律、法规。

为了使广告内容的管理具体化，《广告法》第7条第2款规定，广告内容有以下情形之一的，不得刊播、设置和张贴：① 使用中华人民共和国国旗、国徽、国歌。② 使用国家机关和国家机关工作人员的名义。③ 使用国家级、最高级、最佳等用语。④ 妨碍社会安定和危害人身、财产安全，损害社会公共利益。⑤ 妨碍社会公共秩序和违背社会良好风尚。⑥ 含有淫秽、迷信、恐怖、暴力、丑恶的内容。⑦ 含有民族、种族、宗教、性别歧视的内容。⑧ 妨碍环境和自然资源保护。⑨ 在广告中贬低其他生产经营者的商品或服务。⑩ 法律、行政法规规定禁止的其他情形。

（二）对特殊商品广告的管理

发布一般的商品广告，只要遵循对广告的基本要求即可。但发布药品、医疗器械、农药、兽药和烟草等特殊商品的广告，广告法有以下明确的规定。

1）利用广播、电影、电视、报纸、期刊及其他媒介发布药品、医疗器械、农药和兽药等特殊商品的广告，必须在发布前依照有关法律、行政法规由有关行政主管部门（广告审查机关）对广告内容进行审查；未经审查，不得发布。

2）药品广告的内容必须以国务院卫生行政部门或省、自治区和直辖市卫生行政部门批准的说明书为准；国家规定的应当在医生指导下使用的治疗性药品广告中，必须注明"按医生处方购买和使用"。

3）食品、酒类和化妆品广告的内容必须符合卫生许可的事项，并不得使用医疗用语或容易与药品混淆的用语。

4）麻醉药品、精神药品、毒性药品和放射性药品等特殊药品，不得做广告。

5）药品、医疗器械广告不得有下列内容：① 含有不科学的表示功效的断言或保证的。② 说明治愈率或有效率的。③ 与其他药品、医疗器械的功效和安全性比较的。④ 利用医药科研单位、学术机构、医疗机构或专家、医生、患者的名义和形象做证明的。⑤ 法律、行政法规规定禁止的其他内容。

🌐 **案例 5-2**

据中国消费者协会统计，曾经有近20家广告客户在全国15家报纸、杂志上刊登过"获国家专利的人体电子增高器"广告，使全国许多省、市的矮个青少年受骗，蒙受经济上和精神上的损失。广告称："经临床试验证明，半年内可增高3~7厘米，效果显著，无副作用，产品已通过中国科学院、有关单位医师、高级工程师及专家鉴定，符合科学及医学原理，效果良好，适合16~25岁男女青年使用，是青春期矮小青少年的最佳健美增高器。"有的厂家在说明书上说："经河北省医学院附属医院对石家庄市第十五中学48名同学的临床试验，均增高5~7厘米。"实际上这则广告上的产品使许多上当的青少年不仅没有增高身高，反而灼伤了身体，危害了身心健康。

分析：此则广告违法吗？为什么？

6）农药广告不得有下列内容：① 使用无毒、无害等表明安全性的绝对化断言的。② 含有不科学的表示功效的断言或保证的。③ 含有违反农药安全使用规程的文字、语言或画面的。④ 法律、行政法规规定禁止的其他内容。

7）禁止利用广播、电影、电视、报纸和期刊发布烟草广告；禁止在各类等候室、影剧院、会议厅堂和体育比赛场馆等公共场所设置烟草广告；烟草广告中必须标明"吸烟有害健康"。

四、法律责任

（一）广告违法行为

广告违法行为是指广告主、广告经营者和广告发布者在广告活动中违反中国广告管理法规并应受到法律制裁的行为。

常见的广告违法行为包括：① 非法经营广告。② 发布违禁广告，如虚假广告、新闻广告、超越经营范围和国家许可范围的广告等。③ 代理、发布无合法证明或证明不全的广告。④ 伪造、涂改、盗用或擅自复制广告证明。⑤ 为广告主出具非法或虚假证明。⑥ 非法发布卷烟和药品等特殊商品广告。⑦ 广告活动中的垄断和不正当竞争行为。

（二）法律责任

违反广告管理法规的广告主、广告经营者和广告发布者所应承担的法律责任，概括起来有以下 3 个方面。

1．行政责任

行政责任即工商行政管理机关对违反广告法规的当事人给予的行政处罚，主要形式包括停止发布广告、责令公开更正、通报批评、没收非法所得、罚款、停业整顿、吊销营业执照或广告经营许可证。

广告主、广告经营者和广告发布者对工商行政管理机关处罚决定不服的，可在收到处罚通知之日起 15 日内向做出处罚决定的机关的上一级机关申请复议；当事人也可以在接到处罚通知之日起 15 日内直接向人民法院起诉。

复议机关应当在接到复议申请之日起 60 日内做出复议决定。当事人对复议决定不服的，可以在接到复议决定之日起 15 日内向人民法院起诉。复议机关逾期不做出复议决定的，当事人可以在复议期满之日起 15 日内向人民法院起诉。

当事人逾期不申请复议也不向人民法院起诉，又不履行处罚决定的，做出处罚决定的机关可以申请人民法院强制执行。

2．民事责任

广告主、广告经营者和广告发布者违反广告法规，给用户和消费者造成损失的，应当承担赔偿责任。

3．刑事责任

广告主和广告经营者、广告发布者违反广告法规，情节严重，构成犯罪的，由司法机关追究刑事责任。

情境二　消费者权益保护法

> 学习要点
> 1. 消费者的含义、消费者的权利、经营者的义务、消费者权益如何保护、经营者的法律责任；
> 2. 消费者保护法的立法价值、消费者的权利、经营者的法律责任；
> 3. 消费者的权利、消费争议解决的途径；
> 4. 广告法律责任。

司徒律师从他的大公文包中拿出一沓卷宗，请他的学生阅读下面的案例，然后试图解决案例中的问题。

【**导读案例**】李某与女友元旦在某花园大酒店举行婚礼，宴请各方宾朋。肖某乘兴与同桌划拳斗酒，因拳技不佳，频频输酒，肖某只好将瓶中酒一饮而尽，他顿时觉得喉咙似有一硬物卡住，并不时有阵阵的刺痛。肖某马上到附近医院就诊，经过医生的仔细诊断，证明其喉咙被一细铁丝卡住。肖某于当天动了手术，并在医院躺了一个星期，前后共花去费用 3 200 元。原本尽兴而去却是心痛而回，肖某认为都是酒中铁丝惹的祸，于是就到酒店讨说法，要求赔偿损失。酒店以酒水免费为由拒绝赔偿。无奈，肖某只好诉至法院，请求法院判决酒店赔偿其损失 3 200 元。

分析：

1. 酒店应当承担赔偿责任吗？
2. 李某应该承担赔偿责任吗？

在没有学习情境二时，你能回答这些问题吗？请写出你的答案。

1. _____

2. _____

学习情境二以后，你的答案发生变化了吗？请再次写下你的答案。

1. _____

2. _____

一、消费者权益保护法概述

（一）消费者的概念和特征

消费作为社会再生产的一个重要环节，是生产、交换、分配的目的与归宿，它包括生产资料消费和生活资料消费两个方面，一般认为消费者主要是生活资料消费的主体。《中华人民共和国消费者权益保护法》（以下简称《消费者权益保护法》）第2条规定，消费者为生活需要购买、使用商品或接受服务，其权益受本法保护；本法未做规定的，受其他有关法律法规的保护。因此，消费者是指为满足个人生活消费需要而购买、使用商品或接受服务的自然人。

从上述定义可以归纳出消费者具有以下法律特征。

1）消费者是以生活消费为目的的个体社会成员。

2）消费者是购买、使用商品或接受服务的个体。

3）消费者是个体社会成员。

案例 5-3

2014年5月，沈某等5位农民从县化肥厂销售部购买尿素5袋，并趁下雨天将化肥撒入庄稼地，以利于肥料的吸收，谁知几日后，庄稼叶片萎黄，年底收成比往年大幅度减产。沈某把剩余的尿素带到县技术监督局检验，结果发现所买化肥中含有大量生石灰，生石灰遇水产生热量烧坏了庄稼。沈某等人以化肥厂为被告向人民法院起诉，要求化肥厂返还货款并赔偿损失。化肥厂称沈某等人买的化肥是生产资料，所以原告不是消费者，化肥厂无义务返还货款及加以赔偿。

分析： 化肥厂是否应该承担相应的责任？

（二）消费者权益保护法的概念

《消费者权益保护法》是调整生产者、销售者与消费者之间，以及国家在保护消费者权益过程中所发生的社会关系的法律规范的总称。《消费者权益保护法》有广义和狭义之分。广义的《消费者权益保护法》是广泛意义上的具有保护消费者权益功能的各种法律规范，它不仅包括消费者权益保护的专门法，还包括《民法通则》《产品质量法》《食品卫生法》、《药品管理法》、《标准化法》、《广告法》、《价格法》和《反不正当竞争法》等法律中的相关规定。狭义的消费者权益保护法是指专项立法意义上的法律，中国于1993年10月31日第八届全国人大常委会第四次会议通过，并于1994年1月1日施行的《消费者权益保护法》。2013年10月25日在十二届全国人大常委会第5次会议上进行《关于修改的决定》第2次修正，2014年3月15日，由全国人大修订的新版《消费者权益保护法》（简称《新消法》）正式实施。这是中国第一部保护消费者权益方面的法律。它的颁布施行，将为保护消费者的合法权益、维护社会经济秩序、促进社会主义市场经济的健康发展发挥积极的作用。

（三）消费者权益保护法的基本原则

1. 自愿、平等、公平、诚实信用原则

自愿、平等、公平、诚实信用即消费者与经营者进行交易应当是完全出于自己的真实意愿，双方的权利均受到尊重，且经营者在交易过程中，信守承诺，不做虚假或隐瞒陈述。

2. 对消费者进行特殊保护原则

按照法律规定，消费者与经营者、生产者应该是一种平等的民事法律关系。但在实际生活中，两者的关系通常表现为不平等。消费者较之生产者、经营者，经常处于弱势的地位。因此，国家制定专门保护消费者权益的法律、法规，就是要给消费者特别的保护，保障消费者依法行使权利，维护消费者的人身、财产和其他合法权益。

3. 国家保护与社会监督相结合的原则

国家鼓励、支持一切组织和个人对损害消费者合法权益的行为进行社会监督；大众传播媒介应当做好维护消费者合法权益的宣传，对损害消费者合法权益的行为进行舆论监督。

二、消费者的权利

消费者权利作为一种基本人权，是生存权的重要组成部分。这是指消费者在消费过程中，即在购买、使用商品和接受服务过程中依法享有的各项权利。对此，法律必须予以保障，以使消费者的基本人权从应然的权利转化为法定的权利。同时，国际消费者组织联盟于1983年做出决定，将每年的3月15日定为"国际消费者权益日"。

中国的《消费者权益保护法》明确规定了消费者所享有的9项基本权利。

（一）保障安全权

保障安全权是指消费者在购买、使用商品或接受服务时所享有的保障其人身、财产安全不受损害的权利。这是消费者的一项最基本的权利，它包括人身安全和财产安全两方面的权利。人身安全权是指消费者在进行生活消费的过程中，享有保护身体和器官机能的完整性及生命不受危害的权利；财产安全权不仅是指消费者购买、使用商品的安全和接受服务本身的安全，而且包括除购买、使用的商品或接受的服务之外的其他财产的安全。

案例 5-4

北京某服装公司从浙江某服装交易市场批发来了"洋洋"、"亚细亚"、"优旎"和"京美"4种品牌的羽绒服，每件售价均为398元。经北京技术监督局检查大队检查，发现标着含绒量60%的羽绒服内只有一些碎毛片、毛屑和纸屑，并散发出刺鼻的气味。按照国家相关规定，羽绒服内含绒量应达到45%以上。该公司出售的羽绒服中几乎没有绒质，且清洁度极差，耗氧指数超过规定，极易滋生细菌，对人体产生多种危害。

分析：消费者在购买、使用商品和接受服务时享有什么权利？对某服装公司应如何处罚？

（二）知悉真情权

知悉真情权或称获取信息权、了解权、知情权，即消费者享有知悉其购买、使用的商品或接受的服务的真实情况的权利。在商品经济高度发达的现代社会，商品和服务的种类日渐增多，层次日渐提高，普通消费者已很难仅凭自己的知识和经验对所购买的商品及服务的质量和价格等做出客观准确的判断和评价，消费者对商品和服务的了解，很大程度上依赖于经营者提供的信息。不真实的信息传递，会直接影响消费者的消费选择。

为了保障消费者获取真实、准确的消费信息，依据中国《消费者权益保护法》的规定，消费者有权根据商品或服务的不同情况，要求经营者提供商品的价格、产地、生产者、用途、性能、规格、等级、主要成分、生产日期、有效期限、检验合格证明、使用方法说明书和售后服务，或者服务的内容、规格和费用等有关情况。但是，消费者不可滥用这一权利，如要求经营者提供商业秘密或技术秘密，经营者有权拒绝回答这类问题。

（三）自主选择权

自主选择权是指消费者在面临众多的商品和服务提供者时，享有自主选择商品或服务的权利。该权利具体表现在以下几个方面：① 消费者有自主选择商品或服务经营者的权利。② 有自主选择商品品种或服务方式的权利。③ 消费者在自主选择商品或服务时，有权进行比较、鉴别和挑选，消费者有权自主决定购买或不购买任何一种商品，接受或不接受任何一项服务。④ 消费者有权决定是否对所购买的商品予以退换。

（四）公平交易权

公平交易权是指消费者在购买商品或接受服务时，有权获得质量保障、价格合理、计量正确等公平交易条件，有权拒绝经营者的强制交易行为。消费者的公平交易权是民法的平等、自愿、公平、等价有偿、诚实信用原则的具体体现。通过相关法律法规对劣质销售、价格歧视、计量尺度和强制交易等限制竞争和不正当竞争行为加以规制，消费者公平交易权得以保障和实现。

（五）依法求偿权

依法求偿权是指消费者在因购买、使用商品或接受服务受到人身、财产损害时，依法享有的要求并获得赔偿的权利。依法求偿权是弥补消费者所受损害的必不可少的救济性权利。享有求偿权的主体包括商品的购买者、使用者、接受服务者及第三人。第三人是指在他人购买、使用商品或接受服务时，因偶然原因在事故现场受到人身、财产损害的人。公民的人身权、财产权是公民两项基本的民事权利，在消费领域法律对消费者的人身、财产损害赔偿权的规定，是对消费者的人身权和财产权的进一步肯定，明确消费者可以通过一定的方式求得相应的损害赔偿，而且消费者的民事求偿权由于倾斜保护的原则要比一般的民事赔偿更为全面。

消费者在依法求偿时不负证明经营者主观上是否存在过错的举证责任，只要存在消费者在购买、使用商品或接受服务而招致的人身、财产损害事实，即可依法求偿。如果损害是由于消费者自身过错造成的，如使用不当等，则消费者将无权请求赔偿。

消费者或其他受害人因商品缺陷造成人身、财产损害的，可以向销售者要求赔偿，也可以向生产者要求赔偿。据此，受害人有请求赔偿的选择权，既可以向商场索赔，也可以向生产厂家索赔。

（六）依法结社权

依法结社权是指消费者享有的依法成立维护自身合法权益的社会组织的权利，如"消费者协会"、"消费者委员会"等社团组织。消费者依法成立维护自身合法权益的社会团体，可以使消费者有组织地参加消费者保护工作，使消费者能够从分散、弱小走向集中和强大，并通过法律的力量来改变自己的弱势地位，与实力强大的经营者相对抗，以此来保护消费者自身的合法权益。自从世界上第一个消费者组织——纽约市消费者协会成立以来的百余年间，各国都通过立法赋予消费者组织的合法地位，以此来抗衡日益强大的经营者，帮助消费者实现自身的正当权利要求。

中国的消费者组织——中国消费者协会自1984年成立以来，它的各级组织在保护消费者权益方面做了大量卓有成效的工作。为了便于消费者协会更好地开展工作，中国《消费者权益保护法》第一次以立法的形式对其地位和职权进行了确认，不仅赋予消费者依法结社的权利，而且明确规定了消费者协会应履行的职能。

（七）获得知识权

获得知识权（接受教育权）是从知悉真情权引申出来的一项消费者权利，是指消费者享有获得有关消费和消费者权益保护方面的知识的权利，以便能更好地维护自身的合法权益，使自己处于同经营者平等的地位。获得知识权是公民受教育权的具体体现，国家有义务通过各个职能部门创造各种机会，通过大众传媒提供商品服务和法律方面的知识。只有保障消费者的接受教育权，才能使消费者更好地掌握所需商品或服务的知识和使用技能，以使其正确使用商品，提高自我保护意识。

🌐 案例 5–5

　　某超市采用开架售货方式，允许顾客自带包、袋，并在超市门口公告："收银员受公司指示，对顾客带入的包、袋进行必要查看，请将包、袋打开让收银员过目。"某日顾客王某在超市购物。王某交款后，走出超市，被从超市内追出的售货人员叫住并被再三追问，要求检查王某的提包，王某非常气愤，拒绝检查。销售人员即将王某带进市场办公室内，王某迫不得已按要求打开提包、解开外衣扣子并摘下帽子接受检查。销售人员未查到任何属于市场的未交费的物品。于是，销售人员向王某表示了歉意并予以放行。随后王某向人民法院提起诉讼，请求判令被告该超市赔礼道歉、消除影响，并对侵害其名誉权造成的精神损害予以赔偿。

　　分析：王某最终能胜诉吗？

（八）维护尊严权

维护尊严权是指消费者在购买、使用商品和接受服务时所享有的人格尊严、民族风俗习惯得到尊重的权利。它主要表现为消费者在购买商品或接受服务时，经营者不得对消费者进行侮辱、诽谤，不得搜查消费者的身体及携带的物品，不得侵犯消费者的人身自由。这是宪法规定的尊重和保障人权的基本内容，也是社会文明进步的一种表现。

（九）批评监督权

批评监督权是指消费者享有对商品和服务及保护消费者权益工作进行监督的权利。消费者有权检举、控告侵害消费者权益的行为和国家机关及其工作人员在保护消费者权益工作中的违法失职行为，有权对保护消费者权益工作提出批评、建议。消费者的批评监督权是社会监督的重要组成部分，消费者对商品、服务及保护消费者权益工作的批评监督是消费者权益得到真正保护的重要途径。

三、经营者的义务

经营者是为消费者提供生产、销售商品或提供服务的市场主体，是与消费者直接进行交易的另一方，明确经营者的义务对于保护消费者权益至关重要。经营者的基本义务与消费者的基本权利相对应，消费者权利能否得以实现在很大程度上取决于经营者是否依法履行其应尽的义务。《消费者权益保护法》根据中国经济生活的需要和可能性，针对消费者权利的有关规定，明确规定了经营者的9项义务。

（一）依法定或约定履行义务

经营者向消费者提供商品或服务，必须依法律规定履行义务，即应当依照《消费者权益保护法》和其他有关法律、法规的规定履行义务。此外，经营者和消费者有约定的，在不与国家法律中的强制性规定发生抵触的情况下，经营者应当按照约定履行义务。

经营者向消费者提供商品或服务，应当恪守社会公德，诚信经营，保障消费者的合法权益；不得设定不公平、不合理的交易条件，不得强制交易。

（二）听取意见和接受监督的义务

这是与消费者的批评监督权相对应的经营者的义务。它要求经营者应当听取消费者对其提供的商品或服务的意见，接受消费者的监督。生产者应采取访问用户或召开座谈会等方式，对所提供的产品进行使用效果与使用要求的调查，了解本产品存在的问题，及时反馈，进一步改进设计，提高产品质量。销售者应通过设置意见簿、投诉电话、公平秤和挂牌上岗、明码标价等措施给消费者提供监督的机会和条件。服务者也应因地制宜地为消费者监督提供便利条件，接受消费者监督，提高服务质量。

（三）保障人身和财产安全的义务

这是与消费者的保障安全权相对应的经营者的义务。要求经营者应当保证其提供的商品或服务符合保障人身、财产安全的要求，具体来说，经营者提供的商品必须不存在危及人身、财产安全的不合理因素，有保障人体健康、人身、财产安全的国家标准、行业标准的，应当符合该标准。经营者为消费者提供服务时，其服务环境、服务设施和服务内容等也必须不存在危及人身、财产安全的不合理因素。对可能危及人身、财产安全的商品和服务，应当向消费者做出真实的说明和明确的警示，并说明和标明正确使用商品或接受服务的方法及防止危害发生的方法。

经营者发现其提供的商品或服务存在缺陷，有危及人身、财产安全危险的，应当立即向有关行政部门报告和告知消费者，并采取停止销售、警示、召回、无害化处理、销毁、停止生产或服务等措施。采取召回措施的，经营者应当承担消费者因商品被召回支出的必要费用。

（四）提供真实信息的义务

这是与消费者的知悉真情权相对应的经营者的义务。消费者了解、掌握有关商品、服务的信息主要来自经营者通过标注、表示和宣传等方式提供的信息。因此，《消费者权益保护法》要求经营者应当向消费者提供有关商品或服务的真实信息，不得做引人误解的虚假宣传，否则即构成侵犯消费者权益的行为和不正当竞争行为。经营者的这一义务包括以下内容。

1）经营者不得利用广告和其他方式对商品或服务的质量、制作成分、性能、用途、生产者、有效期限和产地等做引人误解的虚假宣传。

2）经营者对向消费者提供的商品或服务的质量和使用方法等问题提出的询问，应当做出真实、明确的答复。

3）经营者提供商品时应当明码标价，以利于消费者对不同经营者提供的商品的价格进行比较，从而选择对自己更有利的商品。

4）经营者应当标明其真实名称和标记。租赁他人柜台或场地的经营者，应当标明其真实名称和标记。

5）采用网络、电视、电话、邮购等方式提供商品或服务的经营者，以及提供证券、保险、银行等金融服务的经营者，应当向消费者提供经营地址、联系方式、商品或服务的数量和质量、价款或费用、履行期限和方式、安全注意事项和风险警示、售后服务、民事责任等信息。

（五）出具购货凭证和服务单据的义务

购货凭证和服务单据的形式多种多样，如发票、收据、购货单和信誉卡等，是经营者向消费者提供商品或服务及相关具体事项的书面凭证。这是记载商品买卖和服务提供的主要内容的重要凭据，也是处理日后可能发生的消费争议的最基本依据，对于确定消费者、经营者权利义务是必不可少的书面证据。根据《消费者权益保护法》的规定，经营者提供商品或服务，应当按照国家有关规定或商业惯例向消费者出具购货凭证或服务单据；消费者索要购货凭证或服务单据的，经营者必须出具。为了便于消费争议能及时、合理地解决，切实保护消费者的合法权益，经营者必须履行出具相应凭证和单据的义务。

（六）保证商品和服务质量的义务

经营者应当保证在正常使用商品或提供服务的情况下其提供的商品或服务应当具有的质量、性能、用途和有效期限；但消费者在购买该商品或接受服务前已经知道其存在瑕疵，且存在该瑕疵不违反法律强制性规定的除外。经营者以广告、产品说明、实物样品或其他方式表明商品或服务的质量状况的，应当保证其提供的商品或服务的实际质量与表明的质量状况相符。这一规定意味着如果商家向消费者提供的商品或服务与广告、说明、实物样品不一致，将被视为欺诈。消费者可以要求退货并索赔。

经营者提供的机动车、计算机、电视机、电冰箱、空调器、洗衣机等耐用商品或装饰装修等服务，消费者自接受商品或服务之日起 6 个月内发现瑕疵，发生争议的，由经营者承担有关瑕疵的举证责任。

经营者提供的商品或服务不符合质量要求的，消费者可以依照国家规定、当事人约定退货，或者要求经营者履行更换、修理等义务。没有国家规定和当事人约定的，消费者可以自收到商品之日起 7 日内退货；7 日后符合法定解除合同条件的，消费者可以及时退货，不符合法定解除合同条件的，可以要求经营者履行更换、修理等义务。

依照前款规定进行退货、更换、修理的，经营者应当承担运输等必要费用。

经营者采用网络、电视、电话、邮购等方式销售商品，消费者有权自收到商品之日起 7 日内退货，且无须说明理由，但下列商品除外：消费者定做的；鲜活易腐的；在线下载或消费者拆封的音像制品、计算机软件等数字化商品；交付的报纸、期刊。除所列商品外，其他根据商品性质并经消费者在购买时确认不宜退货的商品，不适用无理由退货。

消费者退货的商品应当完好。经营者应当自收到退回商品之日起 7 日内返还消费者支付的商品价款。退回商品的运费由消费者承担；经营者和消费者另有约定的，按照约定。

（七）禁止从事不公平、不合理交易的义务

尽管消费者和经营者的法律地位平等，但由于消费者在信息占有和经济实力等方面均不如经营者而处于弱势的地位，经营者往往利用其优势地位从事不公平、不合理的交易。为了保护消费者的合法权益，《消费者权益保护法》明确规定经营者不得从事不公平、不合理的交易，即经营者不得以格式合同、通知、声明和店堂告示等方式做出排除或限制消费者权利、减轻或免除经营者责任、加重消费者责任等对消费者不公平、不合理的规定，不得利用格式条款并借助技术手段强制交易。格式合同、通知、声明和店堂告示等含有对消费者不公平、不合理的规定或减轻、免除其承担损害赔偿责任等内容的，其内容无效。

（八）尊重消费者人格尊严和人身自由的义务

人身自由和人格尊严是宪法赋予每个公民的基本权利，消费者在购买商品或接受服务的过程中，其人身自由和人格尊严理应受到经营者的尊重，经营者不得以任何理由对消费者进行侮辱、诽谤，不得搜查消费者的身体及其携带的物品，不得侵犯消费者的人身自由。

（九）对消费者信息保密的义务

经营者收集、使用消费者个人信息，应当遵循合法、正当、必要的原则，明示收集、使用信息的目的、方式和范围，并经消费者同意。经营者收集、使用消费者个人信息，应当公开其收集、使用规则，不得违反法律、法规的规定和双方的约定收集、使用信息。

经营者及其工作人员对收集的消费者个人信息必须严格保密，不得泄露、出售或非法向他人提供。经营者应当采取技术措施和其他必要措施，确保信息安全，防止消费者个人信息泄露、丢失。在发生或可能发生信息泄露、丢失的情况时，应当立即采取补救措施。

经营者未经消费者同意或请求，或者消费者明确表示拒绝的，不得向其发送商业性信息。

四、消费者合法权益的保护

对于消费者权益的保护，仅靠一种方式、通过一种途径进行法律保护是不够的，只有依靠国家和社会各方面的力量形成一个多途径、多方式的保护机制，互相配合、相互协调、发挥各自优势，才能使消费者的权益得到真正有力有效的保护。目前，中国消费者权益保护的方式主要包括国家保护和社会保护两种方式。

（一）国家对消费者合法权益的保护

国家在保护消费者合法权益方面担负着主要的职责，国家对消费者合法权益的保护是通过各有关国家机关履行职责的活动得以实现的。根据中国《消费者权益保护法》的规定，国家对消费者合法权益的保护主要体现在以下几个方面。

1. 立法保护

保护消费者合法权益是国家应尽的职责，而立法保护则是国家充分有效地保护消费者权益的基础和依据，因此，国家应当加强和完善消费者权益保护的立法工作。国家制定有关消费者权益的法律、法规和政策时，应当充分听取和反映消费者的意见和要求，明确规定消费者的权利和经营者的义务，使消费者权益的保护真正做到有法可依、有章可循。

2. 行政保护

各级人民政府应当加强领导，组织、管理、协调和督促有关行政部门做好保护消费者合法权益的工作。各级人民政府应当加强监督、预防危害消费者人身、财产安全行为的发生，及时制止危害消费者人身、财产安全的行为。

各级人民政府工商行政管理部门和其他有关行政部门应当依照法律、法规的规定在各自的职责范围内，采取措施，保护消费者的合法权益。其他相关行政部门的监督包括技术监督部门对产品质量的监督，计量部门对计量工作的监督，卫生监督部门对食品卫生、药品的生产经营实施监督，物价管理部门对物价的监督，进出口商品检验部门对商品的质量、规格、重量和包装的监督。此外，有关行政部门应当听取消费者及其社会团体对经营者交易行为、商品和服务质量问题的意见，及时调查处理。

3. 司法保护

司法机关应当各司其职，在各自的职权范围内，利用司法手段保护消费者权益。人民法院应当采取措施，方便消费者起诉。对符合《民事诉讼法》起诉条件的消费者权益争议，必须受理并及时审理。对违法犯罪行为有惩处权力的有关国家机关，应当依照法律、法规的规定，惩处经营者在提供商品和服务中侵害消费者权益的违法犯罪行为，以切实有效地保护消费者权益。

（二）社会对消费者合法权益的保护

保护消费者的合法权益是全社会的共同责任，国家鼓励、支持一切组织和个人对损害消费者合法权益的行为进行社会监督。在消费者权益保护方面，国家干预是必要的但不是万能的，国家对消费者权益的保护在手段、方式和程度等方面都存在一定的局限性，仅仅依靠国家对消费者权益进行保护是不够的，而社会监督可以有效地弥补国家干预的不足。保护消费者的合法权益是全社会的共同责任，一切组织和个人都可以对损害消费者权益的行为进行社会监督。

1）大众传媒应当做好消费者权益的宣传工作，对损害消费者权益的行为进行有效的舆论监督。充分发挥广播、电视和报刊等大众传媒的作用，积极宣传消费者权益保护法，对侵犯消费者权益的行为予以揭露、批评，营造出良好的保护消费者权益的社会氛围。

2）消费者协会和其他消费者组织应当充分发挥对商品和服务进行社会监督的职能，以切实保护消费者的自身权益。消费者协会和其他消费者组织是依法成立的对商品和服务进行社会监督的保护消费者权益的社会团体，如 1984 年成立的中国消费者协会、1989 年成立的中国保护消费者基金会等。特别是消费者协会，在保护消费者权益方面发挥着至关重要的作用。消费者协会的职能包括：

- 向消费者提供消费信息和咨询信息。
- 参与有关行政部门对商品和服务的监督、检查。
- 就有关消费者权益的问题，向有关行政部门反映、查询，提出建议。
- 受理消费者的投诉，并对投诉事项进行调查、调解。
- 投诉事项涉及商品和服务质量问题的，可以提请鉴定部门鉴定，鉴定部门应当告知其鉴定结论。
- 就损害消费者权益的行为，支持受损害的消费者提起诉讼。
- 对损害消费者权益的行为，通过大众传播媒介予以揭露、批评。

另外，消费者组织的根本任务是维护消费者利益，因此，消费者组织不得从事商品经营和营利性服务，不得以牟利为目的向社会推荐商品和服务。同时，各级人民政府对消费者协会履行职能应当予以大力支持和帮助。

五、消费争议的解决

由于消费者和经营者利益上存在冲突，消费者在购买、使用商品或接受服务的过程中，不可避免地会与经营者就彼此之间的权利义务发生争执而引起民事权益纠纷。及时、有效、合理地解决消费者争议，直接关系到消费者的切身利益，是保护消费者合法权益的关键所在，对于维护和发展正常的经济秩序具有十分重要的意义。为此，中国消费者权益保护法对争议的解决做了专门的规定。

消费者和经营者发生消费者权益争议的，可以通过下列途径解决。

（一）与经营者协商解决

协商解决是指争议发生后，经营者和消费者双方在没有第三人实质参与的情况下，本着平等、自愿和互利的原则，就争议问题相互交换意见、达成和解协议，使纠纷得以解决。这是发生消费者争议时应当首先采用的一种方式，也是一种最快速、最方便的解决方法。

（二）请求消费者协会调解

这是指在协商不成的情况下，消费者可向消费者协会反映情况，由消费者协会作为第三方出面主持消费争议的调解。消费者协会应在查明事实、分清是非、明确责任的基础上，引导双方协商，促成争议尽快解决。但是，消费者协会不得强制争议各方进行调解，调解必须在各方自愿的基础上依法进行。值得注意的是，由于消费者协会调解达成的协议不具有强制执行的效力，任何一方反悔的，应当通过其他途径解决。

（三）行政申诉

当经营者和消费者就消费者权益争议不能通过和解方式解决时，也可以根据商品和服务的性质直接向有关行政部门提出申诉。有关行政部门主要指工商、物价、技术监督、卫生和商检等机关，应当依法在各自的职责范围内保护消费者权益。具体来说，有关行政机关对受理的消费争论，应及时审查，获取证据，分清责任，可在自愿、合法的前提下，组织双方调解，达成协议。如发现经营者违反法律、行政法规，应承担行政责任时，可依法对其予以行政处罚；发现有犯罪嫌疑的，应移交司法机关处理。

（四）申请仲裁

仲裁是指双方当事人在争议发生之前或争议发生之后达成协议，自愿将争议交由第三方做出裁决，以解决争议的法律制定。消费者与经营者产生消费争议后，如果双方协商和解不成，消费者可以根据事前或事后与经营者达成的仲裁协议向仲裁机关申请仲裁。

（五）向法院提起诉讼

这一方式是解决消费者争议最具权威性的方式。消费争议发生后当事人在没有仲裁协议的情况下，可以向有管辖权的人民法院提起诉讼，人民法院根据民事诉讼法的规定，应及时立案审理，从尽量方便消费者的原则出发，使纠纷得以及时解决。

六、法律责任

（一）经营者承担法律责任的原则

经营者侵害消费者权益承担法律责任，一般以过错责任为原则，但法律、法规另有规定的除外。消费者对侵权的发生也有过错的，可以减轻经营者的法律责任。经营者因不可抗力而导致侵害消费者权益的，不承担法律责任。此外，《消费者权益保护法》还规定了经营者和其他赔偿主体之间的连带责任。

1）消费者在购买、使用商品时，其合法权益受到损害的，可以向销售者要求赔偿。销售者赔偿后，属于生产者的责任或属于向销售者提供商品的其他销售者的责任的，销售者有权向生产者或其他销售者追偿。消费者或其他受害人因商品缺陷造成人身、财产损害的，可以向销售者要求赔偿，也可以向生产者要求赔偿。属于生产者责任的，销售者赔偿后，有权向生产者追偿；属于销售者责任的，生产者赔偿后，有权向销售者追偿。消费者在接受服务时，其合法权益受到损害的，消费者可以向服务者要求赔偿。

2）消费者在购买、使用商品或接受服务时，其合法权益受到损害，因原企业分立、合并的，消费者可以向变更后承受其权利义务的企业要求赔偿。

3）使用他人营业执照的违法经营者，若其提供的商品或服务损害了消费者合法权益的，消费者可以直接向其要求赔偿，也可以向营业执照的持有人要求赔偿。

4）消费者在展销会、租赁柜台购买商品或接受服务时，其合法权益受到损害的，可以向销售者或服务者要求赔偿。展销会结束或柜台租赁期满后，也可以向展销会的举办者、柜台的出租者要求赔偿。展销会的举办者、柜台的出租者赔偿后，有权向销售者或服务者追偿。

5）消费者通过网络交易平台购买商品或接受服务，其合法权益受到损害的，可以向销售者或服务者要求赔偿。网络交易平台提供者不能提供销售者或服务者的真实名称、地址和有效联系方式的，消费者也可以向网络交易平台提供者要求赔偿；网络交易平台提供者做出更有利于消费者的承诺的，应当履行承诺。网络交易平台提供者赔偿后，有权向销售者或服务者追偿。

网络交易平台提供者明知或应知销售者或服务者利用其平台侵害消费者合法权益，未采取必要措施的，依法与该销售者或服务者承担连带责任。

6）消费者因经营者利用虚假广告提供商品或服务，其合法权益受到损害的，可以向经营者要求赔偿。广告的经营者发布虚假广告的，消费者可以请求行政主管部门予以惩处。广告的经营者不能提供经营者的真实名称、地址的，应当承担赔偿责任。

（二）经营者承担法律责任的形式

根据《消费者权益保护法》的规定，经营者由于违法的情节、性质不同，分别或同时承担民事责任、行政责任和刑事责任。

1. 经营者提供商品或服务侵害消费者权益的民事责任

经营者提供商品或服务有下列情形之一的，应当依照有关法律规定，承担民事责任：

- 商品存在缺陷的。
- 不具备商品应当具备的使用性能而出售时未做说明的。
- 不符合在商品或其包装上注明采用的商品标准的。
- 不符合商品说明、实物样品等方式表明的质量状况的。
- 生产国家明令淘汰的商品或销售失效、变质的商品的。
- 销售的商品数量不足的。
- 服务的内容和费用违反约定的。
- 对消费者提出的修理、重做、更换、退货、补足商品数量、退还货款和服务费用或赔偿损失的要求，故意拖延或无理拒绝的。
- 法律、法规规定的其他损害消费者权益的情形。

2. 经营者提供商品或服务，造成消费者或其他受害人人身伤残或死亡的民事责任和刑事责任

经营者提供商品或服务，造成消费者或其他受害人人身伤害的，应当赔偿医疗费、护理费、交通费等为治疗和康复支出的合理费用，以及因误工减少的收入。造成残疾的，还

应当赔偿残疾生活辅助具费和残疾赔偿金。造成死亡的，还应当赔偿丧葬费和死亡赔偿金。

3. 经营者侵害消费者的人格尊严、人身自由的民事责任

经营者违反《消费者权益保护法》的规定，侵害消费者的人格尊严或侵犯消费者人身自由或侵害消费者个人信息依法得到保护的权利的，应当停止侵害、恢复名誉、消除影响、赔礼道歉，并赔偿损失。经营者有侮辱诽谤、搜查身体、侵犯人身自由等侵害消费者或其他受害人人身权益的行为，造成严重精神损害的，受害人可以要求精神损害赔偿。

4. 经营者提供商品或服务，造成消费者财产损害的民事责任

经营者提供商品或服务，造成消费者财产损害的，应当按照消费者的要求，以修理、重做、更换、退货、补足商品数量、退还货款和服务费用或赔偿损失等方式承担民事责任。消费者与经营者另有约定的，按照约定履行。

经营者以预收款方式提供商品或服务的，应当按照约定提供。未按照约定提供的，应当按照消费者的要求履行约定或退回预付款；并应当承担预付款的利息、消费者必须支付的合理费用。

依法经有关行政部门认定为不合格的商品，消费者要求退货的，经营者应当负责退货。

5. 经营者欺诈行为的惩罚性民事赔偿责任

经营者提供商品或服务有欺诈行为的，应当按照消费者的要求增加赔偿其受到的损失，增加赔偿的金额为消费者购买商品的价款或接受服务的费用的 3 倍；增加赔偿的金额不足 500 元的，为 500 元。法律另有规定的，依照其规定。

6. 经营者提供商品或服务侵害消费者权益的行政责任

经营者有下列情形之一，除承担相应的民事责任外，其他有关法律、法规对处罚机关和处罚方式有规定的，依照法律、法规的规定执行；法律、法规未作规定的，由工商行政管理部门或其他有关行政部门责令改正，可以根据情节单处或并处警告、没收违法所得、处以违法所得 1 倍以上 10 倍以下的罚款，没有违法所得的，处以 500 万元以下的罚款；情节严重的，责令停业整顿、吊销营业执照：

- 生产、销售的商品不符合保障人身、财产安全要求的。
- 在商品中掺假、掺杂，以假充真、以次充好，或者以不合格商品冒充合格商品的。
- 生产国家明令淘汰的商品或销售失效、变质的商品的。
- 伪造商品的产地，伪造或冒用他人的厂名、厂址，伪造或冒用认证标志、名优标志等质量标志的。
- 销售的商品应当检验、检疫而未检验、检疫或伪造检验、检疫结果的。
- 对商品或服务做引人误解的虚假宣传的。
- 拒绝或拖延有关行政部门责令对缺陷商品或服务采取停止销售、警示、召回、无害化处理、销毁、停止生产或服务等措施的。
- 对消费者提出的修理、重做、更换、退货、补足商品数量、退还货款和服务费用或赔偿损失的要求，故意拖延或无理拒绝的。
- 侵害消费者人格尊严或人身自由的，或者侵害消费者个人信息依法得到保护的权

利的。

- 法律法规规定的其他损害消费者权益的情形。

另外，《消费者权益保护法》第58条规定，经营者违反本法规定，应当承担民事赔偿责任和缴纳罚款、罚金，其财产不足以同时支付的，先承担民事赔偿责任。而第59条规定经营者对行政处罚决定不服的，可以依法申请行政复议或提起行政诉讼。

7. 经营者在提供商品或服务的过程中，如果有触犯刑律的严重违法行为，应当承担刑事责任

依照中国《消费者权益保护法》的有关规定，追究刑事责任的情况主要包括以下几种：

- 经营者违反本法规定提供商品或服务，侵害消费者合法权益，构成犯罪的，依法追究刑事责任。
- 以暴力、威胁等方法阻碍有关行政部门工作人员依法执行职务的，依法追究刑事责任；拒绝、阻碍有关行政部门工作人员依法执行职务，未使用暴力、威胁方法的，由公安机关依照《中华人民共和国治安管理处罚条例》的规定处罚。
- 国家机关工作人员有玩忽职守或包庇经营者侵害消费者合法权益的行为的，由其所在单位或上级机关给予行政处分；情节严重，构成犯罪的，依法追究刑事责任。

 分组讨论

分组讨论实际案例后的问题。

1. 如果查证属实，工商行政部门应适用何种法律予以处罚才能更好地保护公共利益，适用《广告法》，还是适用《消费者权益保护法》或《产品质量法》？

2. 如果查证属实，工商行政部门应如何进行处罚？

3. 在日常生活中如何辨别类似欺诈事件？

 学习反馈

各组发言后，司徒律师根据学生讨论的结果，进行评价及补充。

1. 观点及依据

（1）_____

（2）_____

（3）_____

2. 分析参考

工商行政部门通过质量监督部门对当事人经销的设备进行检测，鉴定结果是：该设备产品标志不符合《产品质量法》第27条规定，无标牌、厂名、厂址、出厂编号和出厂时间且无产品质量检验合格证明，且该设备所检项目与厂家提供的质检报告中的技术要求不符。

（1）本案不适用《消费者权益保护法》

虽然，该设备所检项目与厂家提供的质检报告中的技术要求不符，而且李某投诉时自称消费者，但实际上李某购买整套设备的目的是生产环保白乳胶，再予以销售，因而从李某行为目的来看，使用《消费者权益保护法》对这种行为做出处罚是不适合的。

（2）本案不适用《产品质量法》

《产品质量法》第54条规定，产品标志不符合本法第27条规定的，责令改正。但仅责令该公司规范产品标志，该处罚不足以规范当事人利用广告推销不合格商品的行为，并且只能就单一的一次销售商品的行为做出处罚，很难起到惩戒作用。而且工商行政管理机关只负责对流通领域的商品质量进行管理，不可以直接针对厂家，考虑到网络广告的危害性，也不适宜用《产品质量法》来调整。

（3）本案不适用《反不正当竞争法》

本案件虽然来源于消费者投诉，内容为当事人利用广告进行夸大的"虚假宣传"行为而导致消费者的购买。其宣称"现有厂房面积20 000平方米、总投资3 000万元、工程师及技术人员20人、行业专家5人、公司获相关专利多项"，并称废旧塑料生产强力环保白乳胶有巨大商机。其宣传内容的确有一定的诱惑力，但主要是对设备的大致应用和企业的形象进行夸大宣传。根据《反不正当竞争法》第9条规定，经营者不得利用广告或其他方法，对商品的质量、制作成分、性能、用途、生产者、有效期限和产地等做引人误解的虚假宣传，当事人并没有直接对公司的产品质量、制作成分、性能、用途、生产者、有效期限和产地等进行虚假宣传，所以也不适宜用《反不正当竞争法》来调整。

（4）本案应当适用《广告法》和《广告管理条例》调整

根据《广告法》第2条第2款规定，本法所称广告，是指商品经营者或服务提供者承担费用，通过一定媒介和形式直接或间接地介绍自己所推销的商品或所提供的服务的商业广告；第4条规定，广告不得含有虚假的内容，不得欺骗和误导消费者；《广告管理条例》第3条规定，广告内容必须真实、健康、清晰、明白，不得以任何形式欺骗用户和消费者。这些条款规制的是广告内容是否虚假，并不以用户和消费者的实际损害为前提条件定性。利用宣传画册及网络媒体对企业和其产品作宣传应当适用《广告法》。《广告法》第38条规定，发布虚假广告，欺骗和误导消费者，使购买商品或接受服务的消费者的合法权益受到损害的，由广告主依法承担民事责任。可见此条没有明确承担民事责任的明细，作为配套法规《广告管理条例施行细则》第19条规定，广告客户利用广告弄虚作假欺骗用户和消费者的，责令其在相应的范围内发布更正广告，并视其情节予以通报批评、处以违法所得额3倍以下的罚款，但最高不超过3万元，没有违法所得的，处以1万元以下的罚款；给用户和消费者造成损害的，承担赔偿责任。

因而为了取得更好的社会效应，彻底杜绝此类行为的发生，只有从源头切断、从广告宣传上予以控制，避免再有其他人受骗，适用《广告法》调整更为适当。

因而工商行政部门对该公司处罚如下：① 责令其在互联网上发布更正广告。② 处以罚款8 000元。

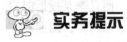 **实务提示**

当前，企业普遍采用广告形式对自己的产品进行宣传和推广。广告促销的最大法律风险为虚假广告。

1. 发布虚假广告需要承担刑事法律风险

中国《刑法》规定，发布虚假广告造成严重后果的构成虚假广告罪。同时，还具有民事赔偿的风险，中国《消费者权益保护法》第49条中关于欺诈宣传双倍赔偿的规定，已经家喻户晓。根据《广告法》第38条规定，广告主发布虚假广告，欺骗和误导消费者，使购买商品或接受服务的消费者的合法权益受到损害的，由广告主依法承担民事责任。但广告经营者、广告发布者存在明显过错，即使明知或应知广告虚假仍设计、制作、发布的，应当承担连带责任。广告经营者、广告发布者如不能提供广告主的真实名称、地址的，应当承担全部民事责任。社会团体或其他组织，在虚假广告中向消费者推销商品或服务，使消费者的合法权益受到损害的，应承担连带赔偿责任。

2. 企业对产品的宣传要适度，过度宣传将具有一定风险

中国《合同法》第15条明文规定，商业广告、寄送的价目表、拍卖公告和招股说明书等为要约邀请。所谓要约邀请，是指希望别人向自己"发出要约"的行为。由于要约邀请仅为一种询问意向，所以这种情况下商业广告不能构成公告发布企业的承诺。

3. 虚假广告也违反中国行政法律法规的强制性规定，应承担相应的行政法律责任

《广告法》第37条规定，利用广告对商品或服务做虚假宣传的，由广告监督管理机关责令广告主停止发布，并以等额广告费用在相应的范围内公开更正消除影响，并处广告费用1倍以上5倍以下的罚款；情节严重的，依法停止其广告业务。构成犯罪的，依法追究刑事责任。

此外，虚假广告将对企业形象造成破坏。

因此，企业要摆正心态，诚信经营，对产品广告不虚夸，依靠企业的质量占领市场，在客户和顾客心中树立良好的企业形象和产品形象。

中国《消费者权益保护法》中规定：① 不许强行推销。我国《消费者权益保护法》第9条规定，消费者享有自主选择商品或服务的权利。这虽然是关于消费者权利的规定，但反推之，促销者就不得强行推销，不能采取暴力威胁等强迫手段，要尊重消费者的选择权。② 促销不得侮辱人格、不得违背民族风俗习惯。《消费者权益保护法》第14条规定，消费者在购买、使用商品和接受服务时，享有其人格尊严、民族风俗习惯得到尊重的权利。因此，促销就不得反其道而行之，不仅要尊重消费者的人格，也要尊重不同民族的风俗习惯。③ 禁止虚假宣传。《消费者权益保护法》第19条规定，经营者应当向消费者提供有关商品或服务的真实信息，不得做引人误解的虚假宣传。④ 信守承诺。《消费者权益保护法》第22条第2款规定，经营者以广告、产品说明、实物样品或其他方式表明商品或服务的质量状况的，应当保证其提供的商品或服务的实际质量与表明的质量状况相符。

 **实务操作**

分小组选择某种产品，为其做一个促销计划。

第一步：了解该产品目前的市场状况。

第二步：根据企业的要求做市场调查。

第三步：写出具有可行性的促销计划书。

注意：在做促销计划书时要注意不能违反相关的法律法规。

 延伸阅读：促销计划书

以下为促销计划书范文。

××家电公司现场促销活动策划书

一、期限

自××××年××月××日起至××××年××月××日止，为期3个月。

二、目标

把握购物高潮，举办"超级市场接力大搬家"（以下简称"接力大搬家"），促销××公司产品，协助经销商出清存货，提高公司营业目标。

三、目的

（1）把握圣诞、元旦及结婚蜜月期的购物潮，吸引消费者对"接力大搬家"活动的兴趣，引导选购××产品，以达到促销效果。

（2）"接力大搬家"活动在 A、B、C 3 地举行，借此活动将××进口家电，重点引向××国市场。

四、对象

（1）以预备购买家电的消费者为对象，以 F14 产品的优异性能为主要诱因，引导购买××公司家电，并利用"接力大搬家"活动，鼓舞刺激消费者把握时机，即时购买。

（2）诉求重点：

1）性能诉求：真正世界第一！××家电！

2）S.P.诉求：买××产品，现在买！赶上年货"接力大搬家"！

五、广告表现

（1）为配合公司年度的"××家电"国际市场开发，宣传媒体的运用，逐渐重视跨文化色彩，对于地方性报纸、电台媒体、电视节目的选择，也依据收视阶层分析加以考虑。

（2）以××公司产品的优异性能为主要诱因，以"接力大搬家"活动为助销手段，遵循此项原则，对报纸广告表现的主客地位要予以重视。

（3）TV 广告，为赢得国际消费者，促销欣赏角度并重，拟针对"接力大搬家"活动，提供一次 30 分钟实搬、试搬家现场节目，同时撷取拍摄 15″广告用 CF 一支，作为电视插播，争取雅俗共赏，引起消费者的强烈需求。

（4）POP：布旗、海报、宣传单和抽奖券。

六、举办"经销商说明会"

为配合国际市场开发策略，并增加此次活动的促销效果，拟订公司及分公司营业单位，共同协办"经销商说明会"，将本活动的意义、内容及对经销商之实际助益做现场讲解，以获求充分协助。

七、广告活动内容

（一）活动预定进度表

注："接力大搬家"活动日期定于圣诞前后，理由如下。

1）圣诞前后正是购货高潮期，应予把握。

2）圣诞前后，是目标市场顾客非常忙碌的时刻；交通必然拥挤，交通问题不易妥善处理。

（二）活动地区

在××国A、B、C 3地，各选择具备超级市场的大百货公司举行。

（三）活动奖额

1．"接力大搬家"活动幸运奖额

（1）A地200名，B地150名，C地150名，如表5-1所示。

表5-1 "接力大搬家"活动幸运奖额分布

区 别＼次 别	首次抽奖	二次抽奖	合 计
A地	100名	100名	200名
B地	70名	80名	150名
C地	70名	80名	150名

（2）以户为单位，每户限时相同，均为10分钟。

（3）每户10分钟，以接力方式进行。

2．"猜猜看"活动奖额

（1）完全猜对者一名，与搬最高额者同额奖品；同时猜中者，均分。

（2）附奖5位，最接近搬最高额者，每名赠××品牌家庭影院一套；超出部分抽签决定。

（四）活动内容说明

1．收件期间

自××××年××月××日至××××年××月××日，在A、B、C 3地举行试搬，除在选定的百货公司广为宣传外，并加以录像拍制现场，节目于××月××日8点档播放，借以宣传使观众了解活动内涵，同时剪录15″CF"试搬"情况，做电视插播，广为宣传，刺激销售。

2．分两次抽奖原因

1）早买中奖机会高，第一次未中，还可参加第二次抽奖。

2）活动期间较长，可借抽奖分次活动，刺激消费者恢复销售高潮。

3．参加资格及办法

（1）"接力大搬家"活动

凡自活动日起购买××公司产品价值1 000美元以上者，以1 000美元为单位，可向各地总经销商索取幸运券一张，参加抽奖，多买多送。

1）例如，购买电视花费5 120美元即送5张。

2）幸运券填妥寄××总公司。

3）3地各分北、中、南3区，幸运券也分3色区别。

4）以1 000美元为单位即赠幸运券一张的理由如下。

● 不限买××家电方可参加，对所有××公司产品均有相互促销作用。

● 让消费者依购买额的多寡，持有较多幸运券，吸引力较强。

● 对预算奖额并无差异。

● 经销商依各产品的在库金额申领幸运券，可以其为P.R.用。

● ××公司、经销店及参与企划、活动单位的员工及其亲属，不得参加此抽奖活动，抽中者如被察觉，视为无效。

（2）"猜猜看"活动

任何人都可以参加，猜在3地各区"接力大搬家"中搬得最多的金额，猜中者可得同等额的奖品，若两人以上同时猜中，则均分其奖额。另选数字相近的5人，各赠××名牌家庭影院一套。截止日期为××月××日。

（3）幸运的新婚蜜月环岛旅游

凡被抽中为参加"接力大搬家"的幸运者，同时又是在此活动期间的新婚者，另赠蜜月旅游券两张，以刺激结婚期××公司产品的销售。

（4）奖额预算

300万美元以内。

（五）本次"接力大搬家"的改进点

1）××公司、××公司经销商，以及参与企划单位之员工及其家属不得参加抽奖，抽中无效。

2）活动期间酌情拉长为两个月。

3）重点在促销，且此次拟举办"经销商说明会"；幸运券的分配，较为均匀。

4）用TV做现场节目介绍，并播放15″CF，可使消费大众对百货公司的超级市场有所了解。

5）积上次经验，针对百货公司的签约，应当设立利于我公司的条件，不致超出预算。

6）搬家时间全部均定为10分钟。

7）搬家日，另致邀函，请经销商到场参观，加强地方经销商的协调色彩。

8）报纸及此活动的广告表现，均重视优异性能并以"接力大搬家"来销售，且媒体选择趋于大众格调。

9）媒体运用趋向于广告面广的，并对超级市场的说明予以加强。

10）整个活动分两个高潮，促销效果大，并将试搬提前，对购买欲望的提高，将较有益处。

11）经销商政策已做全面改进，尤以 P.P.物大量补充，指名率高。

12）售后服务，也将在广告内提出，在整体配合上，改进颇多。

八、预算分配

（一）活动部分

1）奖额 150 000 美元，包括"接力大搬家"奖额及"猜猜看"奖额。

2）杂项 11 000 美元，包括 P.R.费、主持人费、车马费和误餐费等。

3）S.P.费用 10 000 美元，包括幸运券、帆布袋、传单、布旗和海报。

（二）广告媒体费用

1）报纸 180 000 美元。

2）电视节目 170 000 美元。

3）SPOT 170 000 美元。

4）杂志 12 500 美元。

5）电台 50 000 美元。

总合计：735 500 美元

注：① 整理费用拟利用工厂临时作业员两人协助，不另编列预算。② 电台部分提高为 8 万美元。③ 应增列现场拍摄纪录片多出制作费的费用约 1 万美元。④ 待呈准后，应详列预算表，并附正式估价单报准。

（三）广告媒体的选择分析

（1）报纸部分

为配合"××公司家电"市场开拓，此次报纸媒体和地方性报纸显见增加，并就此次活动，多发消息，以助其宣传。

（2）电视部分

改变过去××公司重视高格调的表现与节目选择，在广告表现上，采用平易近人的说明方式以 Slide 及 CF 播放；在节目选择上，参考××公司提出的 10 月收视率调查结果，使其中层更为明显，普遍对大众做"大众化"的诉求，如影片、连续剧和综艺节目的综合运用。

（3）电台部分

突破历年来的保守方式，大量在地方台播放，并拟采用英语和中文配合播出。

学习任务六

营销人员管理的法律

地点：教室　　人物：司徒律师、学生

 **学习目标**

1. 了解营销人员管理的相关概念。
2. 掌握在营销人员管理过程中可能出现的法律风险。
3. 理解对营销人员管理过程中可能出现的法律风险的防范策略。

 任务描述

　　司徒律师组织学生针对以下实际案例模拟劳动仲裁庭，通过庭审，使学生对有关劳动仲裁内容和程序有一个准确的认识和理解，使学生熟悉劳动法和劳动合同法的内容及劳动仲裁材料的制作及庭审的基本程序。

CASE
>>>> **实际案例**

　　董某是一家保险公司的业务员，与公司签有为期 1 年的劳动合同，合同中约定董某每个季度必须完成一定数额的销售任务，个人收入则主要是销售提成。尽管董某对保险推销工作满怀热情、不辞辛苦，但第一个季度下来，所签保险单寥寥无几，远远没有完成公司的销售定额。公司销售主管提醒董某，若第二季度仍完不成任务，他就将面临被解聘的可能。为了保住工作，董某更加努力，甚至发动了所有的亲戚朋友，虽然第二季度的销售业绩比第一季度有所提高，但比公司的定额还是差了不少，于是他担心的事情出现了。公司销售主管口头通知他说，鉴于他连续半年都不能完成公司的任务，公司认为他不能胜任保险销售工作，因此决定解除与他的劳动合同，请他在 3 天内办好离职手续。董某万般请求，希望公司能再给他一次机会，被拒绝后，董某又提出自己的劳动合同期限是 1 年，公司提前解除劳动合同，应该支付经济补偿金。但公司销售主管以解除合同是因为董某自己不能胜任工作，且事先又提醒过他为由，拒绝了董某支付经济补偿金的要求，双方遂发生争议。

思考

1. 保险公司能否解除与董某之间的劳动合同？
2. 保险公司解除与董某之间的劳动合同的程序是否正当？
3. 保险公司是否应当支付董某经济补偿金？

 **学习档案**

情境一　劳动与社会保障法

学习要点
1. 《劳动法》的概念、劳动合同和劳动保护制度；
2. 工作时间、工资制度和社会保障制度；
3. 劳动合同制度和劳动争议制度的处理途径。

司徒律师从他的大公文包中拿出一沓卷宗，请他的学生们阅读下面的案例，然后试图解决案例中的问题。

【导读案例】章某和某公司签订了一年的劳动合同，由于家境困难，章某工作很努力，公司执行国家的8小时工作制，章某根据工作的需要，每天除了1小时的吃饭时间外，常常要在公司工作11小时，公司支付给他每天3小时的加班费。后来，公司认为章某实际的加班时间应该是2小时，但是上报了3小时给公司，这样是隐瞒和虚构事实，违反管理规定，对公司构成了欺骗，因此决定解除和章某的劳动合同。章某认为他在工作上废寝忘食，连吃饭时间都用在了工作上，应该把这个时间算做加班时间，也应该给他发加班费，于是就向劳动争议仲裁委员会申请仲裁。仲裁委员会做出裁定，裁决驳回章某的请求，章某不服，向法院提起诉讼，要求撤销仲裁裁决，补发加班费。

分析：
1. 法院能够支持章某的诉讼请求吗？
2. 中午吃饭休息时间算法定上班时间吗？

在没有学习情境一时，你能回答这些问题吗？请写出你的答案。
1. _____
2. _____

学习情境一以后，你的答案发生变化了吗？请再次写下你的答案。
1. _____
2. _____

一、劳动法概述

（一）概述

《劳动法》是调整劳动关系及与劳动关系有密切联系的其他社会关系的法律规范的总称。

《劳动法》有狭义和广义之分。狭义的《劳动法》仅指《中华人民共和国劳动法》（以下简称《劳动法》）。广义的劳动法包括劳动法律、劳动行政法规、劳动行政规章、地方性劳动法规和规章，以及具有法律效力的其他规范性文件、关于劳动法的司法解释等。

自新中国成立以来，宪法中就有关于劳动制度和劳动关系的内容，此外，还颁行了大批单项的劳动法律、法规和规章。1994年第八届全国人大常委会第八次会议通过了《劳动法》，并于1995年1月1日起施行（2009年8月27日全国人大常委会对该法作部分修订）。该法是新中国成立以来第一部全面规范劳动关系的劳动法律，它的颁行打破了所有制界限，建立了公平的市场竞争规则。《劳动法》规定，只要是通过劳动合同与用人单位建立劳动关系的，都由劳动法统一调整，劳动关系的主体一律平等适用劳动法。这就消除了歧视，保证劳动者竞争机会均等。总之，《劳动法》在保护劳动者的合法权益、协调稳定劳动关系等方面都起着重要的作用。

（二）适用范围

根据《劳动法》第2条的规定：在中华人民共和国境内的企业、个体经济组织和与之形成劳动关系的劳动者适用本法。

二、劳动合同

《中华人民共和国劳动合同法》（以下简称《劳动合同法》）于2007年6月29日在第十届全国人大常委会第二十八次会议上通过，自2008年1月1日起施行。后经全国人大常委会修订，最新《劳动合同法》于2013年7月1日起施行。《劳动合同法》更加重视劳动者的利益。劳动合同是劳动者与用人单位确立劳动关系、明确双方权利和义务的协议。建立劳动关系应当订立劳动合同。订立和变更劳动合同，应当遵循平等自愿和协商一致的原则，不得违反法律、行政法规的规定。劳动合同依法订立即具有法律约束力，当事人必须履行劳动合同规定的义务。

《劳动合同法》可以说是《劳动法》的完善版本，但不是说《劳动法》已经废除，两部法律均具有法律效力，但如有冲突之处以《劳动合同法》为准。

《劳动法》是劳动领域基本法，《劳动合同法》是特别法；《劳动法》是上位法，《劳动合同法》是下位法；应优先适用《劳动合同法》。两者现行有效，并行实施，非旧法与新法的关系。

（一）劳动合同的效力

依法订立的劳动合同，其生效时间始于合同签订之日，如果该劳动合同需要鉴证或公证的，其生效时间始于鉴证或公证之日。

《劳动合同法》第 26 条规定，下列劳动合同无效或部分无效：① 以欺诈、胁迫的手段或乘人之危，使对方在违背真实意思的情况下订立或变更劳动合同的。② 用人单位免除自己的法定责任、排除劳动者权利的。③ 违反法律、行政法规强制性规定的。对劳动合同的无效或部分无效有争议的，由劳动争议仲裁机构或人民法院确认。

如果劳动合同部分无效，并不影响其他部分效力的，其他部分仍然有效。

此外，如果劳动合同被确认无效，而劳动者已付出劳动的，用人单位应当向劳动者支付劳动报酬。劳动报酬的数额参照本单位相同或相近岗位劳动者的劳动报酬确定。

（二）劳动合同的解除

劳动合同的解除是指劳动合同当事人在劳动合同期限届满之前终止劳动合同关系的法律行为。解除劳动合同是维护劳动合同当事人正当权益的重要保证。用人单位与劳动者协商一致，可以解除劳动合同。

根据实际情况的不同，劳动合同双方解决合同可以分为下列几种情况。

（1）用人单位有下列情形之一的，劳动者可以解除劳动合同

1）劳动者提前 30 日以书面形式通知用人单位，则可以解除劳动合同。

2）劳动者在试用期内提前 3 日通知用人单位，就可以解除劳动合同：① 未按照劳动合同约定提供劳动保护或劳动条件的。② 未及时足额支付劳动报酬的。③ 未依法为劳动者缴纳社会保险费的。④ 用人单位的规章制度违反法律、法规的规定，损害劳动者权益的。⑤ 因本法第 26 条第 1 款规定的情形致使劳动合同无效的。⑥ 法律、行政法规规定劳动者可以解除劳动合同的其他情形。

3）用人单位以暴力、威胁或非法限制人身自由的手段强迫劳动者劳动的，或者用人单位违章指挥、强令冒险作业危及劳动者人身安全的，劳动者可以立即解除劳动合同，不需事先告知用人单位。

（2）劳动者有下列情形之一的，用人单位可以解除劳动合同

1）在试用期间被证明不符合录用条件的。

2）严重违反用人单位的规章制度的。

3）严重失职，营私舞弊，给用人单位造成重大损害的。

4）劳动者同时与其他用人单位建立劳动关系，对完成本单位的工作任务造成严重影响，或者经用人单位提出，拒不改正的。

5）因本法第 26 条第 1 款第 1 项规定的情形致使劳动合同无效的。

6）被依法追究刑事责任的。

（3）有下列情形之一的，用人单位提前 30 日以书面形式通知劳动者本人或额外支付劳动者一个月工资后，可以解除劳动合同

1）劳动者患病或非因工负伤，在规定的医疗期满后不能从事原工作，也不能从事由用人单位另行安排的工作的。

2）劳动者不能胜任工作，经过培训或调整工作岗位，仍不能胜任工作的。

3）劳动合同订立时所依据的客观情况发生重大变化，致使劳动合同无法履行，经用人

单位与劳动者协商，未能就变更劳动合同内容达成协议的。

（4）有下列情形之一，需要裁减人员 20 人以上或裁减不足 20 人但占企业职工总数 10%以上的，用人单位提前 30 日向工会或全体职工说明情况，听取工会或职工的意见后，裁减人员方案经向劳动行政部门报告，可以裁减人员

1）依照企业破产法规定进行重整的。

2）生产经营发生严重困难的。

3）企业转产、重大技术革新或经营方式调整，经变更劳动合同后，仍需裁减人员的。

4）其他因劳动合同订立时所依据的客观经济情况发生重大变化，致使劳动合同无法履行的。

裁减人员时，应当优先留用下列人员：① 与本单位订立较长期限的固定期限劳动合同的。② 与本单位订立无固定期限劳动合同的。③ 家庭无其他就业人员，有需要扶养的老人或未成年人的。

用人单位依照规定裁减人员，在 6 个月内重新招用人员的，应当通知被裁减的人员，并在同等条件下优先招用被裁减的人员。

（5）劳动者有下列情形之一的，用人单位不得依照《劳动合同法》第 40 条、第 41 条的规定，即上述第（3）种、第（4）种情况解除劳动合同

1）从事接触职业病危害作业的劳动者未进行离岗前职业健康检查，或者疑似职业病病人在诊断或医学观察期间的。

2）在本单位患职业病或因工负伤并被确认丧失或部分丧失劳动能力的。

3）患病或非因工负伤，在规定的医疗期内的。

4）女职工在孕期、产期、哺乳期的。

5）在本单位连续工作满 15 年，且距法定退休年龄不足 5 年的。

6）法律、行政法规规定的其他情形。

案例 6-1

张某是一个工程师，2005 年 7 月，他与某工厂签订了为期 3 年的劳动合同。在合同期间，张某曾想辞职，但由于工厂的极力挽留而撤回了辞职申请。2008 年 7 月 1 日，张某的劳动合同期满，但双方并未续签合同。2009 年 5 月，工厂方面突然以张某劳动合同已经过期且曾主动提出辞职为由，将其解聘，并从 6 月起停发张某的工资，同时停止为张某缴纳各种社会保险费用。张某力争无果，遂申请仲裁。

分析： 仲裁结果应该是什么？

三、工作时间和休息、休假法律制度

为了保护劳动者的身心健康，劳动者有休息的权利。

《劳动法》规定的标准工作时间是劳动者每日工作不超过 8 小时，平均每周工作不超过 44 小时。1995 年 3 月，国务院修改发布的《国务院关于职工工作时间的规定》则规定，职工每日工作 8 小时，每周工作 40 小时。要求在 1997 年 5 月 1 日前所有企业都必须执行，

在 1996 年 5 月 1 日前所有事业单位都必须执行。对实行计件工作的劳动者，用人单位应当根据《劳动法》规定的工时制度合理确定其劳动定额和计件报酬标准。

《劳动法》第 39 条规定，企业因生产特点不能实行标准工时制的，经劳动行政部门批准，可以实行其他工作和休息办法。其中，中央直属企业、企业化管理的事业单位实行不定时工作制和综合计算工作时间制等其他工作和休息办法的，须经国务院行业主管部门审核，报国务院劳动行政部门批准。地方企业实行不定时工作制和综合计算工时工作制等其他工作和休息办法的审批办法，由省、自治区和直辖市人民政府劳动行政部门制定，报国务院劳动行政部门备案。

综合计算工时工作制是针对因工作性质特殊，须连续作业或受季节及自然条件限制的企业的部分职工，采用以周、月、季和年等为综合计算工作时间的一种工时制度，但其平均日工作时间和平均周工作时间应与法定标准工作时间基本相同。

根据劳动部 1994 年 12 月 14 日发布的《关于企业实行不定时工作制和综合计算工时工作制审批办法》的规定，可以实行综合计算工时工作制的企业职工主要包括：交通、铁路、邮电、水运和渔业等行业中因工作性质特殊，须连续作业的职工；地质及资源勘探、建筑、制盐、制糖和旅游等受季节和自然条件限制的行业的部分职工。

根据劳动部《关于企业实行不定时工作制和综合计算工时工作制审批办法》的规定，企业对符合下列条件之一的职工，可以实行不定时工作制。

1）企业中的高级管理人员、外勤人员、推销人员、部分值班人员和其他因工作无法按标准工作时间衡量的职工。

2）企业中的长途运输人员、出租汽车司机和铁路、港口、仓库的部分装卸人员，以及因工作性质特殊，须机动作业的职工。

3）其他因生产特点、工作特殊需要或职责范围的关系，适合实行不定时工作制的职工。经批准实行不定时工作制的职工，不受劳动法规定的延长工作时间的标准的限制，但用人单位应采用弹性工作时间等适当的工作和休息方式，确保职工的休息、休假权利和生产工作任务的完成。

用人单位由于生产经营需要，经与工会和劳动者协商后可以延长工作时间，一般每日不得超过 1 小时；因特殊原因需要延长工作时间的在保障劳动者身体健康的条件下延长工作时间每日不得超过 3 小时，但是每月不得超过 36 小时。

同时，《劳动法》第 42 条也规定，在下列情形下，工作时间的延长是不受限制的。

1）发生自然灾害、事故或因其他原因，威胁劳动者生命健康和财产安全，需要紧急处理的。

2）生产设备、交通运输线路、公共设施发生故障，影响生产和公众利益，必须及时抢修的。

3）法律、法规规定的其他情形。

《劳动法》第 44 条规定，有下列情形之一的，用人单位应当按照下列标准支付高于劳动者正常工作时间工资的工资报酬：

1）安排劳动者延长时间的，支付不低于工资的 150% 的工资报酬。

2）休息日安排劳动者工作又不能安排补休的，支付不低于工资的200%的工资报酬。

3）法定休假日安排劳动者工作的，支付不低于工资的300%的工资报酬。

第45条规定，国家实行带薪年休假制度。劳动者连续工作1年以上的，享受带薪年休假。

四、工资法律制度

劳动者付出劳动，用工单位给予一定的报酬，即工资。劳动报酬权是劳动权利的核心，是对其劳动的承认和评价。《劳动法》规定，工资分配应当遵循按劳分配原则，实行同工同酬。

《劳动法》第48条规定，国家实行最低工资保障制度，用人单位支付劳动者的工资不得低于当地最低工资标准。最低工资的具体标准由省、自治区和直辖市人民政府规定，报国务院备案。

《劳动法》第50条规定，工资应当以货币形式按月支付给劳动者本人，不得克扣或无故拖欠劳动者的工资。

同时，劳动部的《工资支付暂行规定》对单位可以代扣劳动者工资的情形做了规定：

1）用人单位代扣代缴的个人所得税。

2）用人单位代扣缴的应由劳动者个人负担的各项社会保险费用。

3）法院判决、裁定中要求代扣的抚养费和赡养费。

4）法律、法规规定的可以从劳动者工资中扣除的其他费用。

5）对于由劳动者本人原因造成用人单位经济损失的，用人单位可以按照劳动合同的约定要求其赔偿经济损失。可以从劳动者本人的工资中扣除。但每月扣除的部分不得超过劳动者当月工资的20%。若扣除后剩余工资部分低于当地月最低工资标准，则按最低工资标准支付。

案例6-2

郑某是某食品厂肉制品冷库的管理员。他在与食品厂签订的劳动合同中约定，若因职工工作失误给单位造成损失，应按实际损失额赔偿，如果无力赔偿，则扣发工资以抵偿。因食品厂所在地经常停电，工厂专门在冷库中配了一台发电机，以备断电时用。2008年8月7日，郑某值夜班时，因家里有事回家了，走时也没找人代班。在他刚走不久后就停电了，待郑某次日凌晨回到冷库，库存的肉制品已全部变质，损失3万多元。食品厂依合同约定决定由郑某赔偿。因郑某无力赔偿，公司不仅扣发其全部工资，还经常安排他加班，说是为了加快还款进程。3个月后，郑某在家庭生活出现严重困难后，请求厂里少扣一点工资，但被拒绝。无奈之下，郑某向仲裁委员会申诉。

分析：郑某会得到什么样的申诉结果？

五、社会保险和福利法律制度

社会保险是指国家依法建立的，劳动者在年老、患病、伤残、生育和失业时，能够从社会获得物质帮助的制度。中国的社会保险项目包括养老保险、医疗保险、工伤保险、失业保险和生育保险。

（一）养老保险

养老保险是社会保障制度的重要组成部分。养老保险是国家和社会根据一定的法律和法规，为解决劳动者在达到国家规定的解除劳动义务的劳动年龄界限，或者因年老丧失劳动能力退出劳动岗位后的基本生活而建立的一种社会保险制度。

保险费由劳动者个人、用人单位按工资比例缴纳，政府财政给予补贴；养老保险建立保险基金，由专门机构管理；养老保险基金实行社会统筹。

（二）医疗保险

医疗保险是指劳动者非因工患病、负伤而暂时或永久丧失劳动能力时，获得物质帮助的社会保险项目。在国家对公费医疗制度进行改革以后，基本医疗保险的费用由用人单位和职工双方共同负担。基本医疗保险基金由社会统筹基金和个人账户构成，个人账户主要用于支付门诊费用；统筹基金则用于支付起点标准以上，最高支付限额以下，职工按规定个人负担一定比例以后的住院费用。

（三）工伤保险

在工作中，有时会对劳动者造成某些伤害，为了保障因工作遭受事故伤害或患职业病的职工获得医疗救治和经济补偿，促进工伤预防和职业康复，分散用人单位的工伤风险，国家制定了《工伤保险条例》。目前，采用的是自2004年1月1日起施行的《工伤保险条例》（2010年12月20日国务院对该条例作部分修订）。

1. 工伤的认定

根据《工伤保险条例》第14条的规定，职工有下列情形之一的，应当认定为工伤：① 在工作时间和工作场所内，因工作原因受到事故伤害的。② 工作时间前后在工作场所内，从事与工作有关的预备性或收尾性工作受到事故伤害的。③ 在工作时间和工作场所内，因履行工作职责受到暴力等意外伤害的。④ 患职业病的。⑤ 因工外出期间，由于工作原因受到伤害或发生事故下落不明的。⑥ 在上下班途中，受到非本人主要责任的交通事故或城市轨道交通、客运轮渡、火车事故伤害的。⑦ 法律、行政法规规定应当认定为工伤的其他情形。

根据第15条的规定，职工有下列情形之一的，视同工伤：① 在工作时间和工作岗位，突发疾病死亡或在48小时之内经抢救无效死亡的。② 在抢险救灾等维护国家利益、公共利益活动中受到伤害的。③ 职工原在军队服役，因战、因公负伤致残，已取得革命伤残军人证，到用人单位后旧伤复发的。

根据第16条的规定，职工有下列情形之一的，不得认定为工伤或视同工伤：① 故意犯罪的。② 醉酒或吸毒的。③ 自残或自杀的。

2. 工伤保险待遇

职工因工作遭受事故伤害或患职业病进行治疗，享受工伤医疗待遇。

（1）工伤医疗期间待遇

职工治疗工伤应当在签订服务协议的医疗机构就医，情况紧急时可以先到就近的医疗机构急救。

需要注意的是，工伤职工治疗非工伤引发的疾病，不能享受工伤医疗待遇。

职工因工作遭受事故伤害或患职业病需要暂停工作接受工伤医疗的，在停工留薪期内，原工资福利待遇不变，由所在单位按月支付。

（2）工伤伤残等级评定与待遇

职工因工致残的，需要评定伤残等级，不同的伤残等级享受不同的待遇。

对于工伤职工已经评定伤残等级并经劳动能力鉴定委员会确认需要生活护理的，从工伤保险基金按月支付生活护理费。

（3）职工因公死亡的待遇

职工因工死亡，其近亲属按照下列规定从工伤保险基金领取丧葬补助金、供养亲属抚恤金和一次性工亡补助金。

（4）停止享受工伤待遇的情况

《工伤保险条例》第40条规定，工伤职工有下列情形之一的，停止享受工伤保险待遇：① 丧失享受待遇条件的。② 拒不接受劳动能力鉴定的。③ 拒绝治疗的。

🌐 案例 6-3

乔某是某钢铁公司职工，2008 年 12 月 16 日上午，在他骑自行车上班的途中，一辆卡车突然拐入自行车道并将其撞伤。事故发生后肇事车辆逃逸。乔某的医药费无人支付，出院后，乔某被鉴定为六级伤残。钢铁公司以乔某已不能胜任工作为由，解除了公司与他的劳动合同。乔某认为自己应得工伤待遇，单位应支付医疗费且不能解除合同。双方协商不成，乔某向仲裁委员会申诉。

分析：乔某会得到什么样的申诉结果？

（四）失业保险

1998 年 12 月 16 日国务院第 11 次常务会议通过《失业保险条例》，自 1999 年 1 月 22 日起施行。

具备下列条件的失业人员，可以领取失业保险金：① 规定参加失业保险，所在单位和本人已按照规定履行缴费义务满 1 年的。② 非因本人意愿中断就业的。③ 已办理失业登记，并有求职要求的。

失业人员在领取失业保险金期间，按照规定同时享受其他失业保险待遇。

失业保险金的标准，按照低于当地最低工资标准、高于城市居民最低生活保障标准的水平，由省、自治区和直辖市人民政府确定。

（五）生育保险

中国生育保险的享受者必须是符合法定结婚条件和计划生育条件的女性劳动者。根据《劳动法》，女职工的产假不少于 90 天。

女职工在产假期间的生育津贴由用人单位按照本企业上年度职工平均工资计发，从生育保险基金支付。

六、劳动争议的处理

劳动争议是劳动关系当事人之间因执行劳动法规、履行劳动合同及其他劳动问题发生的劳动权利义务方面的纠纷。

产生劳动争议实际上是劳动关系当事人都不愿意看到的事情，劳动争议产生后会给劳动关系当事人带来一定的损失，尽量采取积极的措施，把劳动争议扼杀在萌芽状态，从而防止争议的发生。

一方面，国家要加强立法，做到有法可依，有规可循，还要加强劳动法律法规的宣传，提高劳动关系当事人的法律意识、守法观念和自觉依法办事；另一方面，要加强工会组织的力量，工会应完善职工民主管理和民主监督，使职工与企业之间的矛盾及时解决，不致酿成劳动争议。

如果劳动争议产生了，要及时有效地妥善处理劳动争议。《劳动法》规定，劳动争议发生后，当事人可以向本单位劳动争议调解委员会申请调解；调解不成，当事人一方要求仲裁的，可以向劳动争议仲裁委员会申请仲裁。当事人一方也可以直接向劳动争议仲裁委员会申请仲裁。对仲裁裁决不服的，可以向人民法院提起诉讼。

 分组讨论

根据实际案例分为保险公司和董某两种角色，对案例后的问题进行分组辩论。

1. 保险公司能否解除与董某之间的劳动合同？
2. 保险公司解除与董某之间的劳动合同的程序是否正当？
3. 保险公司是否应当支付董某经济补偿金？

辩论的结果如表 6-1 所示。

表 6-1　辩论的结果

	保险公司	董　某
观点及依据	1.	1.
	2.	2.
	3.	3.
结论		

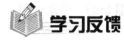

学习反馈

根据辩论的情况，司徒律师进行了总结，并进行了评价，对各方的论点及依据进行剖析。

1. 辩论结果

_____

2. 理由

（1）_____

（2）_____

（3）_____

3. 分析参考

根据《劳动法》第 25 条的规定，劳动者在试用期内被证明不符合录用条件的，严重违反企业规章制度的，给单位造成重大损害的，以及被追究刑事责任的，用人单位可以行使单方辞退员工的权利；劳动者不胜任工作的，医疗期满的，客观情况发生重大变化的，用人单位在履行一定的程序后，可以提前 30 日书面通知劳动者解除劳动合同。案例中，单位解除董某的劳动合同存在以下几个问题：① 没有对董某进行调岗或培训。② 解除合同没有提前 30 日以书面形式进行通知。③ 没有依法支付经济补偿金。

用人单位根据《劳动法》第 24 条、第 26 条、第 27 条的规定，与劳动者解除劳动合同，应当支付经济补偿金，根据第 25 条的规定解除劳动合同，无须支付经济补偿金。案例中，用人单位是以劳动者不胜任工作为由而解除劳动合同的，应当依法向劳动者支付经济补偿金。如果是劳动者主动提出辞职的，一般没有经济补偿金，但是，如果劳动者是因为用人单位存在《劳动法》第 32 条第 2 款、第 3 款的情形而被迫辞职的，用人单位应当向其支付经济补偿金。经济补偿金是根据劳动者在本单位的工作年限来确定的，不胜任工作被解除合同的，最多不超过本人的 12 个月工资。

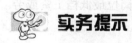

实务提示

在实际操作中，可能遇到一些比较特殊的问题，需要劳动关系当事人予以注意。

一、重视劳动合同的订立

劳动合同对劳动关系成立与否及劳资双方的具体权利义务的确定有着决定性的意义。只有双方确立合法的劳动关系，劳动者和用人单位的合法权益才能充分得到法律保障。

然而，在企业的实际运行中，企业营销人员的管理普遍存在人员数量大、流动性强和控制力弱的问题。因此，有些企业就不与营销人员签订劳动合同，希望通过这种方式节省企业成本，但这种不合法的行为反过来会给企业带来更大的损失。

中国的法律对劳动者与用人单位之间的事实劳动关系予以认可，并且新的《劳动合同法》对用工单位不签订劳动合同的惩罚方面更为严厉。

事实劳动关系是指用人单位招用劳动者后不按规定订立劳动合同，或者用人单位与劳动者以前签订过劳动合同，但是劳动合同到期后用人单位同意劳动者继续在本单位工作却没有与其及时续订劳动合同而形成的事实关系。

为了保证劳动关系当事人的利益，形成劳动关系的当事人应当签订劳动合同，然而事实上，由于法律意识的淡漠，或者用人单位的故意拖延等原因，劳动关系事实形成了，但是没有签订劳动合同的情况经常发生。

《劳动合同法》第11条规定，用人单位未在用工的同时订立书面劳动合同，与劳动者约定的劳动报酬不明确的，新招用的劳动者的劳动报酬按照集体合同规定的标准执行；没有集体合同或集体合同未规定的，实行同工同酬。

《劳动合同法》第82条规定，用人单位自用工之日起超过1个月不满1年未与劳动者订立书面劳动合同的，应当向劳动者每月支付两倍的工资。用人单位违反本法规定不与劳动者订立无固定期限劳动合同的，自应当订立无固定期限劳动合同之日起向劳动者每月支付两倍的工资。

二、关于试用期

劳动合同试用期是指用人单位和劳动者为相互了解、相互选择而约定的不超过6个月的考察期，一般初次就业或再就业时，改变工作岗位或工种的职工可以约定。它是劳动合同的约定条款之一。

《劳动合同法》第19条规定，劳动合同期限3个月以上不满1年的，试用期不得超过1个月；劳动合同期限1年以上不满3年的，试用期不得超过两个月；3年以上固定期限和无固定期限的劳动合同，试用期不得超过6个月。

同时还规定了，同一用人单位与同一劳动者只能约定一次试用期。以完成一定工作任务为期限的劳动合同或劳动合同期限不满3个月的，不得约定试用期。试用期包含在劳动合同期限内。劳动合同仅约定试用期的，试用期不成立，该期限为劳动合同期限。

对于试用期的报酬，劳动者在试用期的工资不得低于本单位相同岗位最低档工资或劳动合同约定工资的80%，并不得低于用人单位所在地的最低工资标准。

用人单位在试用期解除劳动合同的，应当向劳动者说明理由。

三、劳务派遣

劳务派遣是指由依照国家相关法律、法规及地方法规成立的，具有经营资质的人才派遣服务机构与劳动者个人建立劳动关系，从而拥有人才的劳动力使用权并承担雇主责任，将签约人员外派至使用单位提供的工作场所从事相关工作，向被外派单位收取相关费用的营利性经营行为。

从法律角度来说，派遣服务机构与劳动者之间构成了劳动关系，派遣服务机构与用人单位之间形成了民事上的一个合作关系，而用人单位与劳动者之间则形成了一个特殊的关系。

　　劳务派遣是"招人的不用人，用人的不招人"，因此很容易产生两个方面的问题。一方面是人才结构与企业的人才需求不同，不能保证用工质量，加大企业的人力成本；另一方面，有的用工单位为确保招工质量，往往是招到合适人员后再由派遣服务机构与该员工签订劳动合同，建立劳动关系。这样操作程序往往使劳动者误认为是和企业签订的劳动合同，一旦发生纠纷，很难解决。

　　《劳动合同法》对于劳务派遣专门进行了规定，从而有利于避免相关问题的产生和问题产生后的解决。

实务操作

　　组织学生进行市场调查，采访企业工作人员的劳动保障状况，提交一份市场调查报告。重点调查包括：
- 是否办理社会保险
- 劳动合同的签署
- 试用期的时间
- 劳动者的报酬
- 月工作时间等

延伸阅读：劳动合同范本

　　形成劳动关系的当事人要签订劳动合同，不同的省市、不同的行业有不同的合同样式，下面是北京市劳动合同范本，供学生们参考。

北京市劳动合同范本

甲　方_____　乙 方_____
　　　　　　　　　　文化程度_____
　　　　　　　　　　性　别_____
法定代表人_____　出生日期____年____月____日
或委托代理人_____　居民身份证号码_____　邮政编码_____
甲方地址_____　家庭住址_____
　　　　　　　　　　所属街道办事处_____

　　根据《中华人民共和国劳动法》，甲乙双方经平等协商同意，自愿签订本合同，共同遵守本合同所列条款。

一、劳动合同期限

第一条 本合同期限类型为＿＿＿＿期限合同。

本合同生效日期＿＿＿年＿＿＿月＿＿＿日，其中试用期＿＿＿个月。

本合同＿＿＿＿＿终止。

二、工作内容

第二条 乙方同意根据甲方工作需要，担任＿＿＿＿＿岗位（工种）工作。

第三条 乙方应按照甲方的合法要求，按时完成规定的工作数量，达到规定的质量标准。

三、劳动保护和劳动条件

第四条 甲方安排乙方执行＿＿＿＿工作制。

执行定时工作制的，甲方安排乙方每日工作时间不超过8小时，平均每周不超过44小时。甲方保证乙方每周至少休息1日，甲方由于工作需要，经与工会和乙方协商后可以延长工作时间，一般每日不得超过1小时，因特殊原因需要延长工作时间的，在保障乙方身体健康的条件下延长工作时间每日不得超过3小时，每月不得超过36小时。

执行综合计算工时工作制的，平均日和平均周工作时间不超过法定标准工作时间。

执行不定时工作制的，在保证完成甲方工作任务的情况下，工作和休息、休假乙方自行安排。

第五条 甲方安排乙方加班的，应安排乙方同等时间补休或依法支付加班工资；加点的，甲方应支付加点工资。

第六条 甲方为乙方提供必要的劳动条件和劳动工具，建立健全生产工艺流程，制定操作规程、工作规范和劳动安全卫生制度及其标准。

甲方应按照国家或北京市有关规定组织安排乙方进行健康检查。

第七条 甲方负责对乙方进行政治思想、职业道德、业务技术、劳动安全卫生及有关规章制度的教育和培训。

四、劳动报酬

第八条 甲方的工资应遵循按劳分配原则。

第九条 执行定时工作制或综合计算工时工作的乙方为甲方工作，甲方每月＿＿＿＿日以货币形式支付乙方工资，工资不低于＿＿＿＿元，其中试用期间工资为＿＿＿＿元。

执行不定时工作制的工资支付按＿＿＿＿＿＿执行。

第十条 由于甲方生产任务不足，使乙方下岗待工的，甲方保证乙方的月生活费不低于＿＿＿＿元。

五、保险福利待遇

第十一条 甲乙双方应按国家和北京市社会保险的有关规定缴纳职工养老、失业和大病医疗统筹及其他社会保险费用。

甲方应为乙方填写《职工养老保险手册》。双方解除、终止劳动合同后，《职工养老保险手册》按有关规定转移。

第十二条 乙方患病或非因工负伤，其病假工资、疾病救济费和医疗待遇按照执行。

第十三条 乙方患职业病或因工负伤的工资和医疗保险待遇按国家和北京市有关规定执行。

第十四条 甲方为乙方提供以下福利待遇_____。

六、劳动纪律

第十五条 乙方应遵守甲方依法制定的规章制度：严格遵守劳动安全卫生、生产工艺、操作规程和工作规范；爱护甲方的财产，遵守职业道德；积极参加甲方组织的培训，提高思想觉悟和职业技能。

第十六条 乙方违反劳动纪律，甲方可依据本单位规章制度，给予纪律处分，直至解除本合同。

七、劳动合同的变更、解除、终止、续订

第十七条 订立本合同所依据的法律、行政法规、规章发生变化，本合同应变更相关内容。

第十八条 订立本合同所依据的客观情况发生重大变化，致使本合同无法履行的，经甲乙双方协商同意，可以变更本合同相关内容。

第十九条 经甲乙双方协商一致，本合同可以解除。

第二十条 乙方有下列情形之一，甲方可以解除本合同：

1. 在试用期间，被证明不符合录用条件的；

2. 严重违反劳动纪律或甲方规章制度的；

3. 严重失职、营私舞弊，对甲方利益造成重大损害的；

4. 被依法追究刑事责任的。

第二十一条 有下列情形之一的，甲方可以解除本合同，但应提前 30 日以书面形式通知乙方：

1. 乙方患病或非因工负伤，医疗期满后，不能从事原工作也不能从事由甲方另行安排的工作的；

2. 乙方不能胜任工作，经过培训或调整工作岗位，仍不能胜任工作的；

3. 双方不能依据本合同第十八条规定就变更合同达成协议的。

第二十二条 甲方濒临破产进行法定整顿期间或生产经营发生严重困难，经向工会或全体职工说明情况，听取工会或职工的意见，并向劳动行政部门报告后，可以解除本合同。

第二十三条 乙方有下列情形之一的，甲方不得依据本合同第二十一条、第二十二条终止、解除本合同：

1. 患病或非因工负伤、在规定的医疗期内的；

2. 女职工在孕期、产期、哺乳期内的；

3. 义务兵复员退伍和建设征地农转工人员初次参加工作未满 3 年的；

4. 义务服兵役期间的。

第二十四条 乙方患职业病或因工负伤，医疗终结，经市、区、县劳动鉴定委员会确认完全或部分丧失劳动能力的，按_____办理，不得依据本合同第二十一条、第二十二条解除劳动合同。

第二十五条 乙方解除本合同，应当提前30日以书面形式通知甲方。

第二十六条 有下列情形之一，乙方可以随时通知甲方解除本合同：

1. 在试用期内的；

2. 甲方以暴力、威胁或非法限制人身自由的手段强迫劳动的；

3. 甲方不能按照本合同规定支付劳动报酬或提供劳动条件的。

第二十七条 本合同期限届满，甲乙双方经协商同意，可以续订劳动合同。

第二十八条 订立无固定期限劳动合同的，乙方离休、退休、退职及死亡或本合同约定的解除条件出现，本合同终止。

八、经济补偿与赔偿

第二十九条 有下列情形之一的，甲方违反和解除乙方劳动合同的，应按下列标准支付乙方经济补偿金：

1. 甲方克扣或无故拖欠乙方工资的，以及拒不支付乙方延长工作时间工资报酬的，除在规定的时间内全额支付乙方工资报酬外，还需加发相当于工资报酬25%的经济补偿金；

2. 甲方支付乙方的工资报酬低于本市最低工资标准的，要在补足低于标准部分的同时，另外支付相当于低于部分25%的经济补偿金。

第三十条 有下列情形之一的，甲方应根据乙方在甲方工作年限，每满1年发给相当于乙方解除本合同前12个月平均工资1个月的经济补偿金，最多不超过12个月：

1. 经与乙方协商一致，甲方解除本合同的；

2. 乙方不能胜任工作，经过培训或调整工作岗位，仍不能胜任工作，由甲方解除本合同的。

第三十一条 有下列情形之一的，甲方应根据乙方在甲方工作年限，每满1年发给相当于本单位上年月平均工资1个月的经济补偿金：

1. 乙方患病或非因工负伤，经劳动鉴定委员会确认不能从事原工作，也不能从事由甲方另行安排的工作而解除本合同的；

2. 劳动合同订立时所依据的客观情况发生重大变化，致使本合同无法履行，经当事人协商不能就变更劳动合同达成协议，由甲方解除劳动合同的；

3. 甲方濒临破产进行法定整顿期间或生产经营状况发生严重困难，必须裁减人员的。

以上3种情况，如果乙方被解除本合同前12个月的月平均工资高于本单位上年月平均工资的，按本人月平均工资计发。

第三十二条 甲方解除本合同后，未按规定给予乙方经济补偿的，除全额发给经济补偿金外，还须按该经济补偿金数额的50%支付额外经济补偿金。

第三十三条 支付乙方经济补偿时，乙方在甲方工作时间不满1年的按1年的标准发给经济补偿金。

第三十四条 乙方患病或非因工负伤，经劳动鉴定委员会确认不能从事原工作，也不能从事由甲方另行安排的工作而解除本合同的，甲方还应发给乙方不低于企业上年月人均工资6个月的医疗补助费，患重病和绝症的还应增加医疗补助费，患重病的增加部分不低于医疗补助费的50%，患绝症的增加部分不低于医疗补助费的100%。

第三十五条 甲方违反本合同约定的条件解除劳动合同或由于甲方原因订立的无效劳动合同，给乙方造成损害的，应按损失程度承担赔偿责任。

第三十六条 乙方违反本合同约定的条件解除劳动合同或违反本合同约定的保守商业秘密事项，对甲方造成经济损失的，应按损失的程度依法承担赔偿责任。

第三十七条 乙方解除本合同的，凡由甲方出资培训和招接收的人员，应向甲方偿付培训费和招接收费。其标准为＿＿＿＿＿＿＿＿＿＿＿＿＿＿＿＿＿＿。

九、劳动争议处理

第三十八条 因履行本合同发生的劳动争议，当事人可以向本单位劳动争议调解委员会申请调解；调解不成，当事人一方要求仲裁的，应当自劳动争议发生之日起60日内向＿＿＿＿劳动争议仲裁委员会申请仲裁。当事人一方也可以直接向劳动争议仲裁委员会申请仲裁。对裁决不服的，可以向人民法院提起诉讼。

十、其他

第三十九条 甲方以下规章制度＿＿＿＿＿＿＿＿＿＿＿＿＿＿＿＿＿＿作为本合同的附件。

第四十条 本合同未尽事宜或与今后国家、北京市有关规定相悖的，按有关规定执行。

第四十一条 本合同一式两份，甲乙双方各执一份。

甲方（盖章） 乙方（签章）

法定代表人或委托代理人（签章）

签订日期： 年 月 日

鉴证机关（盖章） 鉴证员（签章）

鉴证日期： 年 月 日

营销争议的解决

地点：教室　人物：司徒律师、学生

 学习目标

1. 了解仲裁的概念及特征、仲裁的基本制度、仲裁组织、制裁的基本程序。

2. 理解仲裁在实践中的作用、仲裁协议的内容和意义，熟悉仲裁的申请程序。

3. 了解什么是民事诉讼，以及民事诉讼的基本制度、主管和管辖，当事人、诉讼的一般程序等。

4. 理解民事诉讼的基本制度、管辖和主管，熟悉起诉的条件和程序、第一审开庭审理的程序。

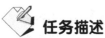 **任务描述**

司徒律师拿出一份有关买卖合同纠纷的卷宗，要求学生根据给定的买卖合同起草一份起诉书；组织学生扮演法官、原告、被告、证人和代理人等角色，就此合同纠纷案进行审理。

 实际案例

2009 年 5 月，华非针织内衣厂和林海服装贸易有限公司订立了一份服装买卖合同。华非针织内衣厂向林海服装贸易有限公司出售针织内衣一批。后双方在履行合同的过程中发生争议。林海服装贸易有限公司认为华非针织内衣厂出售的内衣有部分出现掉色、开线等质量问题。争议发生后双方用传真的方式进行交涉，同意将争议提交北京仲裁委员会仲裁。后林海服装贸易有限公司公司向人民法院提起诉讼，华非针织内衣厂应诉答辩。在审理过程中林海服装贸易有限公司又撤诉。后双方进行了磋商，订立了新的仲裁条款。双方约定对货物质量发生的争议，应交由天津市贸易仲裁委员会仲裁。据此申请仲裁，林海服装贸易有限公司请求赔偿由于货物不合格给公司造成的损失，并要求解除合同中尚未履行的部分。仲裁委员会受理了该案件，经过审理做出裁决，认定货物不合格，华非针织内衣厂应当赔偿林海服装贸易有限公司的损失，同时裁决解除合同，双方都不再履行。裁决后，林海服装贸易有限公司申请人民法院执行仲裁裁决，而华非针织内衣厂则申请人民法院撤销仲裁裁决。

❓ 思考

1. 林海服装贸易有限公司向人民法院起诉后又撤诉，华非针织内衣厂能否依据双方在传真中达成的仲裁协议申请仲裁？

2. 华非针织内衣厂可以以何种理由申请人民法院撤销仲裁裁决？

3. 在林海服装贸易有限公司申请人民法院执行仲裁裁决，而华非针织内衣厂申请人民法院撤销仲裁裁决情况下，人民法院应当如何处理？

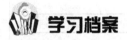 **学习档案**

情境一　经济仲裁

> 学习要点
> 1. 经济仲裁、仲裁法的概念和原则、仲裁的机构；
> 2. 仲裁协议的类型、效力。

司徒律师从他的大公文包中拿出一沓卷宗，请他的学生们阅读下面的案例，然后试图解决案例中的问题。

【导读案例】2014 年 10 月 4 日，某外贸加工厂与某纺织厂签订毛呢买卖合同。合同规定：外贸加工厂向纺织厂购买 17023 人字呢一等品 1 000 米，每米 14.5 元，合计价款 1.45 万元；14067 海军呢一等品 3 000 米，每米 24 元，合计价款 7.2 万元；15047 麦尔登呢一等品 2.6 万米，每米 21.5 元，合计价款 55.9 万元。以上 3 个品种共计 3 万米，货款总额 64.55 万元。提货日期：第一批 10 月 22 日交货 5 000 米，其余 2.5 万米分 5 批按国家标准交货。交货地点及验收：第一、第二批在卖方工厂交货验收，其余在买方交货验收。运输方式及运费负担：汽车运输，运费由纺织厂负担 1/3，外贸加工厂负担 2/3。结算办法：第一批货物由纺织厂派一人押车，外贸加工厂通过银行办理托收。纺织厂按照合同约定于 10 月 22 日通知外贸加工厂验收货物。货物验收后，外贸加工厂未提出异议。10 月 30 日由纺织厂派车辆，双方各派一人押车，向外贸加工厂送货。车行至 100 千米时，货车起火，烧坏 7 件海军呢。11 月 2 日，送货车到达外贸加工厂后，外贸加工厂出据了接收海军呢 43 件，人字呢 20 件，麦尔登呢 20 件，共计 83 件，4 980 米，价款 10.512 万元的凭证。对烧坏的 7 件海军呢，外贸加工厂拒不接收。对已接收的货物，除支付 3.02 万元外，其余以质量不符合标准为由，拒付了货款。双方经协商达成书面仲裁协议书。事后，纺织厂向某仲裁委员会申请仲裁，外贸加工厂却向人民法院提起诉讼。

分析：

1. 本案中双方当事人在纠纷后达成的书面仲裁协议书是否成立？

2. 仲裁委员会能否受理该案？

在没有学习情境一时，你能回答这些问题吗？请写出你的答案。

1. _____

_____

2. _____

_____

学习情境一以后，你的答案发生了变化吗？请再次写下你的答案。

1. _____

_____

2. _____

_____

一、经济仲裁相关概念

（一）仲裁和仲裁法的含义

仲裁是指当事人根据合同中订立的条款或事后达成的协议，将他们之间已经发生的或将来可能发生的争议提交某一机构进行公断，双方当事人受该机构裁决的约束。仲裁已经成为国际上通行的解决争议的重要方式。

仲裁法是指专门调整仲裁关系的法律规范的总称。一般包括《中华人民共和国仲裁法》（以下简称《仲裁法》）、《中华人民共和国民事诉讼法》（以下简称《民事诉讼法》），以及中国同其他国家缔结的双边条约中涉及的通过仲裁解决投资争议及相互承认与执行仲裁裁决的有关规定。

《仲裁法》是中国第一部专门调整仲裁关系的法律，该法律自 1995 年 9 月 1 日起施行，包括总则、仲裁委员会和仲裁协会、仲裁协议、程序和仲裁裁决的撤销与执行等。

（二）经济仲裁的原则

1. 自愿仲裁原则

仲裁机构对案件行使仲裁权，依据的是当事人的自愿申请，即当事人双方在纠纷发生前或发生后自愿达成仲裁协议，一旦纠纷发生，由当事人提出仲裁申请，仲裁机构依申请对纠纷行使仲裁权。但是，如果当事人一旦选择了仲裁，则意味着放弃了就原纠纷进行诉讼的权利。

2. 独立公正仲裁原则

仲裁依法独立进行，不受行政机关、社会团体和个人的干涉。仲裁委员会独立于行政机构，与行政机构无隶属关系。仲裁员在独立基础上公正办案，是公平合理地裁决案件的保证。

3. 一裁终局原则

裁决做出后，当事人就同一纠纷不得再申请仲裁或向法院起诉；当事人一方不履行裁决的，另一方可向法院申请强制执行。实行仲裁一裁终局制，有利于更及时、迅速地化解民间纠纷，消除因民间纠纷带来的消极影响。

4. 公正及时原则

仲裁法强调公正、及时地仲裁经济纠纷。仲裁应当以事实为根据，以法律为准绳，公平合理、及时迅速地解决财产争议。仲裁在不违反法律的前提下，可以按照当事人的意愿，灵活地解决双方争端。

（三）经济仲裁机构

中国《仲裁法》规定的仲裁机构是仲裁委员会。仲裁委员会是指依法设立，依据仲裁协议行使一定范围内的民商事纠纷仲裁权的机构。

仲裁委员会可以在直辖市和省、自治区人民政府所在地的市设立，也可以根据需要在其他设区的市设立，不按行政区划层设立。仲裁委员会由可以设立仲裁委员会的市人民政府组织有关部门和商会统一组建。

根据《仲裁法》规定，仲裁委员会应当具备下列条件：有自己的名称、住所和章程；有必要的财产；有该委员会的组成人员，主任1人、副主任2~4人和委员7~11人；有聘任的仲裁员。

仲裁委员会应当从公道正派的人员中聘任仲裁员，这些人员还应当同时符合下列条件之一：① 从事仲裁工作满8年的。② 从事律师工作满8年的。③ 曾任审判员满8年的。④ 从事法律研究、教学工作并具有高级职称的。⑤ 具有法律知识、从事经济贸易等专业工作并具有高级职称或具有同等专业水平的。

具体仲裁案件的审理并不直接由仲裁委员会承担，而是由仲裁委员会中的仲裁员组成仲裁庭来进行审理。仲裁庭是对某一争议案件进行具体审理的组织，但不是常设机构。它分为合议制和独任制两种形式。前者由3名仲裁员组成，设首席仲裁员1名。后者由1名仲裁员独立组成。

如果当事人约定由3名仲裁员组成仲裁庭的，应当各自选定1名仲裁员或各自委托仲裁委员会主任指定1名仲裁员，第3名仲裁员由当事人共同选定或共同委托仲裁委员会主任指定。该名仲裁员就是首席仲裁员。如果双方当事人约定由1名仲裁员组成仲裁庭的，应当由当事人共同选定或共同委托仲裁委员会主任指定仲裁员。

此外，还有中国仲裁协会。中国仲裁协会是仲裁委员会的自律性组织，是社会团体法人。全国各个仲裁委员会都是中国仲裁协会的会员。仲裁协会的章程由全国会员大会制定。中国仲裁协会的职能是根据章程对仲裁委员会及其组成人员、仲裁员的违纪行为进行监督。同时，中国仲裁协会还担负着制定仲裁规则的任务。但其本身并不办理仲裁案件。

（四）仲裁协议

1．仲裁协议的概念

仲裁协议是指双方当事人之间达成的将他们之间已经发生或将来可能发生的实体权利义务争议提交仲裁机构仲裁的意思表示。

 思考 7-1

仲裁协议分为事前协议和事后协议，事前协议和事后协议是否具有同等的法律效力？

2．仲裁协议的类型

1）仲裁条款。各方当事人于所签的合同中，在自愿的基础上将有关合同的争议提交仲裁的条款。

2）仲裁协议书。双方当事人自愿达成的同意将争议提交仲裁的书面协定。

3）其他文件中包含的仲裁协议。

3．仲裁协议的内容

其内容应当包括以下3个要素，缺一不可：① 有明确的请求仲裁的意思表示。当事人在订立合同时，在"合同纠纷的解决方式"条款中，如选择仲裁途径解决争议，必须确切写明通过仲裁解决纠纷。② 有具体约定的提请仲裁的事项，无论是合同中的仲裁条款，还是事后双方达成的仲裁协议，必须对提请仲裁的事项予以明确约定，否则有可能导致仲裁协议无效。③ 有选定的仲裁委员会，当事人在仲裁协议中必须约定向何地、何仲裁机关申请仲裁。

4．仲裁协议的无效

仲裁协议的无效有下列情形之一的，仲裁协议无效：① 口头形式的仲裁协议无效。② 约定的仲裁事项超出法律规定的仲裁范围的仲裁协议无效。③ 无民事行为能力人或限制民事行为能力人订立的仲裁协议无效。④ 一方采取胁迫手段，迫使对方订立仲裁协议的，仲裁协议无效。⑤ 仲裁协议对仲裁事项或仲裁委员会没有约定或约定不明确的，当事人可以补充协议，达不成补充协议的，仲裁协议无效。

仲裁协议具有相对独立性，合同的变更、解除、终止或无效，不影响仲裁协议的效力。当事人对仲裁协议的效力有异议的，可以请求仲裁委员会做出决定或请求人民法院做出裁定。一方请求仲裁委员会做出决定，另一方请求人民法院做出裁定的，由人民法院裁定。当事人对仲裁协议的效力有异议，应当在仲裁庭首次开庭前提出。

二、仲裁的程序

（一）申请与受理

仲裁程序由当事人申请仲裁开始，提出申请是仲裁程序开始的必要条件。仲裁委员会在收到仲裁申请书5日内做出受理与否的决定，并通知当事人。

当事人申请仲裁应符合以下条件：① 有仲裁协议。② 有具体的仲裁请求和事实、理由。③ 属于仲裁委员会受理范围。根据《仲裁法》规定，只有发生在平等主体的公民、法人和其他组织之间的合同纠纷和其他财产权益纠纷，才可以由仲裁机构进行仲裁，即属于仲裁委员会的受理范围，除此以外，均不属于仲裁委员会的仲裁范围。

（二）仲裁庭的组成

仲裁庭是指由当事人选定或由仲裁委员会主任指定的仲裁员组成的，对当事人申请仲裁的案件按照仲裁程序进行审理并做出裁决的组织形式。

1）合议仲裁庭。双方当事人各自在仲裁机构的仲裁员名册中指定或委托仲裁机构指定1名仲裁员，第3名仲裁员由双方共同指定或共同委托仲裁机构指定。首席仲裁员由第3名仲裁员担任，与另外2名仲裁员组成仲裁庭共同审理案件。如果申请人和被申请人未在规定的期限内指定仲裁员，则由仲裁机构指定。

2）独任仲裁庭。如果是独任仲裁员，则由双方当事人在仲裁员名册中共同指定或委托仲裁机构指定1名仲裁员为独任仲裁员，单独审理。

仲裁庭组成后，仲裁委员会应当将仲裁庭的组成形式和组成人员等情况书面通知当事人。

仲裁员具有法定的可能影响案件公正裁决的情况的，应依法回避。仲裁员有下列情形之一的，必须回避：① 是本案当事人或当事人、代理人的近亲属的。② 与本案有利害关系的。③ 与本案当事人、代理人有其他关系，可能影响公正仲裁的。④ 私自会见当事人、代理人，给代理人送礼的。

（三）仲裁审理与裁决

仲裁的审理过程包括开庭、收集证据和调查事实、调解、采取保全措施及做出裁决等步骤。仲裁裁决应当在规定的期限内做出。做出仲裁裁决书的日期，即为仲裁裁决生效的日期，当事人应当依据仲裁裁决书自动履行。

（四）仲裁裁决的执行

执行是指仲裁裁决生效后，负有义务的一方未履行其义务，人民法院根据另一方的申请依法定程序强制当事人履行义务，从而使裁决的内容得以实现的行为。

案例 7-1

2014 年，胶州某建筑装潢公司与青岛某饭店签订了装饰装修合同。合同履行后，饭店以装修质量低劣为由拒绝付款。在多次协商未果的情况下，装潢公司依据合同约定，向青岛仲裁委员会提请仲裁。青岛仲裁委员会受理此案后，依据仲裁规则和当事人双方的约定，组成了合议庭审理此案。开庭后，装潢公司发现仲裁庭的一名仲裁员与饭店的代理人曾经是同事。

分析：公司应该如何处理？

情境二　经济诉讼

学习要点

1. 经济诉讼的概念及特征、经济诉讼管辖；

2. 经济诉讼程序。

司徒律师从他的大公文包中拿出一沓卷宗，请他的学生们阅读下面的案例，然后试图解决案例中的问题。

【导读案例】A县与C、D、E、F4县相邻。A县某加工厂和B县某食品厂于2014年9月10日在C县签订一份真空食品袋加工承揽合同。其中约定"运输方式：加工厂代办托运，履行地点加工厂在D县仓库"，"发生纠纷的解决方式，在E县的仲裁委员会仲裁，也可以向C县和F县的人民法院起诉"。合同签订后，加工厂即在其设在F县的分厂进行加工，并在F县车站发货。食品厂收货后即投入使用。因真空食品袋质量不合格，B县食品厂的法定代表人找到律师刘某咨询后提出"无论以何种方式解决问题，都必须在B县进行"。

分析：

1. 中国现行法律规定，此纠纷应通过仲裁解决还是应通过诉讼解决？为什么？

2. E县法院是否有管辖权？为什么？

3. C县法院是否有管辖权？为什么？

4. F县法院是否有管辖权？为什么？

5. D县法院是否有管辖权？为什么？

6. A县法院是否有管辖权？为什么？

7. 如果你是刘律师，能否满足食品厂的要求？为什么？

在没有学习情境二时，你能回答这些问题吗？请写出你的答案。

1. _____

2. _____

3. _____

4. _____

5. _____

6. _____

7. _____

学习情境二以后，你的答案发生变化了吗？请再次写下你的答案。

1. _____

2. _____

3. _____

4. _____

5. _____

6. _____

7. _____

一、经济诉讼概念

经济诉讼是指发生经济纠纷的一方当事人，依法向有管辖权的人民法院提起诉讼，人民法院和案件的当事人在其他诉讼参与人的配合下，按照法定程序，为解决经济权利义务争议进行的全部活动。经济诉讼法是指调整经济诉讼活动和关系的法律规范的总和，经济诉讼法就其法律规范的内容而言属于程序法，它保障经济实体法律的实施。

二、经济诉讼的特征

（一）强制性

只要经济纠纷的一方向有管辖权的人民法院起诉，符合法律规定的受理条件的，法院应当受理，并通知对方当事人应诉，另一方无正当理由不出庭应诉的，人民法院可以依法缺席判决。对经济诉讼的结果，即法院主持下双方达成的调解协议或人民法院的判决，一旦生效，就具有强制执行的效力。

（二）最终性

一方当事人依法向人民法院起诉后，另一方当事人就无权再向其他部门要求解决；在法院主持下双方达成的调解协议或人民法院的判决，一旦生效，经济纠纷便告终结。

（三）规范性

经济诉讼程序具有严格的规范性。经济活动一旦发生纠纷，并且需要通过经济诉讼解决时，必须严格按照法定程序（前后相互衔接的步骤、方式、顺序、时限）进行。

三、经济诉讼管辖

经济诉讼管辖是指规定上下级人民法院之间、同级人民法院之间受理第一审经济纠纷案件的分工和权限，可分为级别管辖、地域管辖、移送管辖和指定管辖4种。

1. 级别管辖

级别管辖是指各级人民法院之间划分第一审经济案件的分工和权限的管辖。基层人民法院管辖由其上级法院管辖以外的所有第一审经济纠纷案件；中级人民法院管辖重大涉外案件、在本辖区有重大影响的案件、最高人民法院确定由中级人民法院管辖的案件；高级人民法院管辖在本辖区有重大影响的第一审经济纠纷案件；最高人民法院管辖在全国有重大影响的案件和最高人民法院认为应当由其审理的第一审经济纠纷案件。

2. 地域管辖

地域管辖是指按照人民法院的辖区和经济案件的隶属关系划分同级人民法院管辖第一审民事案件的分工和权限的管辖。

（1）一般地域管辖

一般地域管辖也称普通管辖，是指按当事人的所在地为标准来确定案件管辖。一般采用原告就被告的原则，也通用被告就原告的例外原则。

1）原告就被告原则。《民事诉讼法》第21条规定，对公民提起的民事诉讼，由被告住所地人民法院管辖；被告住所地与经常居住地不一致的，由经常居住地人民法院管辖；对法人或其他组织提起的经济诉讼，由被告住所地人民法院管辖。同一诉讼的几个被告住所地、经常居住在两个以上人民法院辖区的，各该人民法院都有管辖权。

2）被告就原告的原则。《民事诉讼法》第22条规定，下列民事诉讼，由原告住所地人民法院管辖，原告住所和经常居住地不一致的，由原告经常居住地人民法院管辖：对不在中华人民共和国领域内居住的人提起有关身份关系的诉讼；对下落不明或宣告失踪的人提起有关身份关系的诉讼；对被采取强制性教育措施的人提起的诉讼；对被监禁的人提起的诉讼。

（2）特殊地域管辖

特殊地域管辖也称特殊管辖，是指以诉讼标的所在地或引起法律关系发生、变更、消灭的法律事实的所在地为标准确定案件管辖法院。《民事诉讼法》第23～第32条规定如下。

1）因合同纠纷提起的诉讼，由被告住所地或合同履行地人民法院管辖。合同或者其他财产权益纠纷的当事人可以书面协议选择被告住所地、合同履行地、合同签订地、原告住所地、标的物所在地等与争议有实际联系的地点的人民法院管辖，但不得违反本法对级别管辖和专属管辖的规定。

2）因保险合同纠纷提起的诉讼，由被告住所地或保险标的物所在地人民法院管辖。

3）因票据纠纷提起的诉讼，由票据支付地或被告住所地人民法院管辖。

4）因公司设立、确认股东资格、分配利润、解散等纠纷提起的诉讼，由公司住所地人民法院管辖。

5）因铁路、公路、水上、航空运输和联合运输合同纠纷提起的诉讼，由运输始发地、目的地或被告住所地人民法院管辖。

6）因侵权行为提起的诉讼，由侵权行为地或被告住所地人民法院管辖。

7）因铁路、公路、水上和航空事故请求损害赔偿提起的诉讼，由事故发生地或车辆、船舶最先到达地、航空器最先降落地或被告住所地人民法院管辖。

8）因船舶碰撞或其他海事损害事故请求损害赔偿提起的诉讼，由碰撞发生地、碰撞船舶最先到达地、加害船舶被扣留地或被告住所地人民法院管辖。

9）因海难救助费用提起的诉讼，由救助地或被救助船舶最先到达地人民法院管辖。

10）因共同海损提起的诉讼，由船舶最先到达地、共同海损理算地或航程终止地的人民法院管辖。

（3）专属管辖

专属管辖是特殊管辖的一种，是以诉讼标的所在地为标准，确定案件管辖法院。《民事诉讼法》第33条规定，下列案件由本条规定的人民法院专属管辖：① 因不动产纠纷提起的诉讼，由不动产所在地人民法院管辖。② 因港口作业中发生纠纷提起的诉讼，由港口所在地人民法院管辖。③ 因继承遗产纠纷提起的诉讼，由被继承人死亡时住所地或主要遗产所在地人民法院管辖。

对特殊管辖和专属管辖中，两个以上人民法院都有管辖权的诉讼，原告可以向其中一个人民法院起诉；原告向两个以上有管辖权的人民法院起诉的，由最先立案的人民法院管辖。

3. 移送管辖

移送管辖是指人民法院受理某一案件后，发现自己对此案无管辖权，便移送给有管辖权的人民法院受理；或者在特定情况下，下级人民法院将自己有管辖权的案件，报请上级人民法院审理；或者上级人民法院将自己有管辖权的案件，交给下级人民法院管辖。

《民事诉讼法》第 36 条规定，人民法院发现受理的案件不属于本院管辖的，应当移送有管辖权的人民法院，受移送的人民法院应当受理。受移送的人民法院认为受移送的案件依照规定不属于本院管辖的，应当报请上级人民法院指定管辖，不得再自行移送。

《民事诉讼法》第 38 条规定，上级人民法院有权审理下级人民法院管辖的第一审民事案件；确有必要将本院管辖的第一审民事案件交下级人民法院审理的，应当报请其上级人民法院批准。

下级人民法院对它所管辖的第一审民事案件，认为需要由上级人民法院审理的，可以报请上级人民法院审理。

4. 指定管辖

《民事诉讼法》第 37 条规定，有管辖权的人民法院由于特殊原因，不能行使管辖权的，由上级人民法院指定管辖。

人民法院之间因管辖权发生争议，由争议双方协商解决；协商解决不了的，报请它们的共同上级人民法院指定管辖。

四、经济诉讼程序

经济诉讼程序是指人民法院依照法律的规定对经济纠纷案件进行审理的步骤和过程。人民法院审理经济案件，适用《民事诉讼法》规定的程序。

人民法院审判经济案件，实行两审终身制，即当事人对地方各级人民法院第一案件的判决和裁定不服的，可以按照法定程序向上一级人民法院提起上诉；上一级人民法院以第二审程序做出的判决、裁定为终审的判决、裁定。

中国《民事诉讼法》第二编规定的诉讼程序有第一审程序、第二审程序、特别程序、审判监督程序、督促程序、公示催告程序和执行程序。

（一）第一审程序

第一审程序是人民法院审理第一审民事经济案件的程序，包括普通程序、简易程序。

1. 普通程序

普通程序是人民法院审理第一审经济案件通常适用的程序。它在整个经济诉讼中是最完备的一种程序，也是第二审程序、审判监督程序和执行程序的基础。适用这一程序审理案件，应在6个月内审结，有特殊情况需要延长的，由本院院长批准，可以延长6个月；还需要延长的，报请上级人民法院批准。其阶段包括起诉和受理；审理前的准备；开庭审理。

起诉是指公民、法人或其他组织因自己的经济权益受到侵害或发生争议时，向人民法院提起诉讼，请求人民法院解决纠纷的一种诉讼行为。

受理是人民法院通过对起诉的审查，对认为起诉符合法定条件的案件予以立案并进行审理的诉讼行为。人民法院经审查，认为符合条件的，应当在7日内立案，并通知当事人；认为不符合条件的，应在7日内裁定不予受理，并通知原告，说明原因和理由；原告对裁定不服的，可以提起上诉。

审理前的准备是第一审普通程序中开庭审理前的必经阶段。人民法院应当在立案之日起5日内将起诉状副本发送被告，告知被告在收到之日起15日内提出答辩状。人民法院在收到答辩状之日起5日内将答辩状副本发送原告。被告不提出答辩状的，不影响人民法院的开庭审理。

开庭审理是指在审判人员和当事人及其他诉讼参与人的参与下，在法庭上对案件进行审理的诉讼活动。

2. 简易程序

简易程序是普通程序的简化，只有基层人民法院及其派出法庭在审理事实清楚、权利义务关系明确、争议不大的简单的经济纠纷案件中，才适用简易程序。基层人民法院和它派出的法庭审理前款规定以外的民事案件，当事人双方也可以约定适用简易程序。其特点是：① 起诉方式简便，原告可以口头起诉。② 受理的程序简便，当事人双方可以现时到基层人民法院或它的派出法庭，请求解决纠纷，基层人民法院和派出的法庭可以当即审理，也可以另定日期审理。③ 传唤方式简便，可以用简便的方式随时传唤当事人和证人、送达诉讼文书、审理案件，但应当保障当事人陈述意见的权利。④ 审理组织简便，由审判员一人独任审理。⑤ 庭审程序简便，开庭审理的各个阶段可以不做严格的划分。⑥ 审理期限时间较短，应当在立案之日起3个月内审结。

（二）第二审程序

第二审程序又称上诉程序，是指当事人因不服一审人民法院未发生法律效力的裁判而提起上诉，上一级人民法院对案件依法重新审理和裁判的审判程序。

根据中国《民事诉讼法》的规定，对一审判决不服，其上诉期限为15日；对一审裁定不服，其上诉期限为10日，均从接到判决书或裁定书的次日起计算。

第二审人民法院应当对上诉请求的有关事实和适用法律进行审查。

第二审人民法院对上诉案件，经过审理，按照下列情形，分别处理：① 原判决、裁定认定事实清楚，适用法律正确的，以判决、裁定方式驳回上诉，维持原判决、裁定。② 原判决、裁定认定事实错误或适用法律错误的，以判决、裁定方式依法改判、撤销或变更。③ 原判决认定基本事实不清的，裁定撤销原判决，发回原审人民法院重审，或者查清事实后改判。④ 原判决遗漏当事人或违法缺席判决等严重违反法定程序的，裁定撤销原判决，发回原审人民法院重审。

原审人民法院对发回重审的案件做出判决后，当事人提起上诉的，第二审人民法院不得再次发回重审。

第二审人民法院的判决、裁定，是终审的判决、裁定。

人民法院审理对判决的上诉案件，应当在第二审立案之日起 3 个月内审结。有特殊情况需要延长的，由本院院长批准。

人民法院审理对裁定的上诉案件，应当在第二审立案之日起 30 日内做出终审裁定。

（三）特别程序

《民事诉讼法》规定的适用特别程序的案件包括选民资格案件、宣告失踪或宣告死亡案件、认定公民无民事行为能力或限制民事行为能力案件、认定财产无主案件、确认调解协议案件和实现担保物权案件。下面仅就确认调解协议案件程序和实现担保物权案件程序做一介绍。

1. 确认调解协议案件

《民事诉讼法》规定，申请司法确认调解协议，由双方当事人依照人民调解法等法律，自调解协议生效之日起 30 日内，共同向调解组织所在地基层人民法院提出。

人民法院受理申请后，经审查，符合法律规定的，裁定调解协议有效，一方当事人拒绝履行或未全部履行的，对方当事人可以向人民法院申请执行；不符合法律规定的，裁定驳回申请，当事人可以通过调解方式变更原调解协议或达成新的调解协议，也可以向人民法院提起诉讼。

2. 实现担保物权案件

《民事诉讼法》规定，申请实现担保物权，由担保物权人及其他有权请求实现担保物权的人依照物权法等法律，向担保财产所在地或担保物权登记地基层人民法院提出。

人民法院受理申请后，经审查，符合法律规定的，裁定拍卖、变卖担保财产，当事人依据该裁定可以向人民法院申请执行；不符合法律规定的，裁定驳回申请，当事人可以向人民法院提起诉讼。

（四）审判监督程序

审判监督程序是指人民法院对已经发生法律效力的判决、裁定和调解书，发现确有错误的，依法再次进行审判的程序。再审提起的主体过程如下。

1）各级人民法院院长对本院已发生法律效力的判决、裁定，发现确有错误的，认为需要再审的，当提交审判委员会讨论决定。

2）最高人民法院对地方各级人民法院已发生法律效力的判决、裁定、调解书，上级人民法院对下级人民法院已经发生法律效力的判决、裁定、调解书，发现确有错误的，有权提审或指令下级人民法院再审。

3）当事人对已经发生法律效力的判决、裁定，认为有错误的，可以向原审人民法院或上一级人民法院申请再审，当事人一方人数众多或当事人双方为公民的案件，也可以向原审人民法院申请再审。符合法定情形的，人民法院应当再审，但不停止判决、裁定的执行。

4）最高人民检察院对各级人民法院已经发生法律效力的判决、裁定，上级人民检察院对下级人民法院已经发生法律效力的判决、裁定，发现有法定抗诉情形的，或者发现调解书损害国家利益、社会公共利益的，应当按照审判监督程序抗诉。地方各级人民检察院对同级人民法院已经发生法律效力的判决、裁定，发现有法定抗诉情形的，或者发现调解书损害国家利益、社会公共利益的，应当提请上级人民检察院按照审判监督程序抗诉。人民检察院提出抗诉的案件，人民法院应当再审。

（五）督促程序和公示催告程序

督促程序是指对于以给付一定金钱或有价证券为内容的债务，人民法院根据债权人的申请，向债务人发布支付令，如果债务人在法定期间内没有提出异议，债权人可以以支付令为依据，请求人民法院予以强制执行的程序。

公示催告程序是指人民法院根据丧失票据的当事人的申请，以公告的方法催促不明确的利害关系人，在规定期间内申报权利或提示票据，否则宣告失效或票据无效的一种程序。

（六）执行程序

执行程序是指人民法院依照法律规定的程序，对发生法律效力的法律文书确定的给付内容，运用国家的强制力依法采取执行措施，强制义务人履行义务的程序。

申请执行的期间为两年。申请执行时效的中止、中断，适用法律有关诉讼时效中止、中断的规定。

前款规定的期间，从法律文书规定履行期间的最后一日起计算；法律文书规定分期履行的，从规定的每次履行期间的最后一日起计算；法律文书未规定履行期间的，从法律文书生效之日起计算。

 分组讨论

通过实际案例的学习，学生们分成两组，一组代表华非针织内衣厂，另一组代表林海服装贸易有限公司讨论案例后的问题。

1. 林海服装贸易有限公司向人民法院起诉后又撤诉，华非针织内衣厂能否依据双方在传真中达成的仲裁协议申请仲裁？

2. 华非针织内衣厂可以以何种理由申请人民法院撤销仲裁裁决？

3. 在林海服装贸易有限公司申请人民法院执行仲裁裁决，而华非针织内衣厂申请人民法院撤销仲裁裁决的情况下，人民法院应当如何处理？

 学习反馈

1. 评价意见

司徒律师根据学生讨论情况，总结了学生们忽略或不太妥当的地方，并给出了评价意见。

（1）_____

（2）_____

（3）_____

2．分析参考

本实际案例中，林海服装贸易有限公司向人民法院起诉后又撤诉，华非针织内衣厂不能依据双方在传真中达成的仲裁协议申请仲裁。在争议发生后双方在传真中达成的仲裁协议是仲裁的有效形式，应当认为此时双方当事人之间达成了有效的仲裁协议，但是依据最高人民法院《关于适用〈中华人民共和国民事诉讼法〉若干问题的意见》第 148 条规定，当事人一方向人民法院起诉时未声明有仲裁协议，人民法院受理后，对方当事人又应诉答辩的，视为该人民法院有管辖权，因而原仲裁协议失去效力。

后双方进行了协商，订立了新的仲裁条款，约定对货物质量发生的争议，应交由天津市贸易仲裁委员会仲裁。而提交仲裁时林海服装贸易有限公司请求赔偿由于货物不合格给其造成的损失，并要求解除合同中尚未履行的部分。而仲裁委员会受理了该案件后，认定货物不合格，华非针织内衣厂应当赔偿林海服装贸易有限公司的损失，却同时裁决解除合同，双方都不再履行该合同，明显超出仲裁协议所约定的范围。依据《仲裁法》的规定，一方当事人申请执行裁决，另一方当事人申请撤销仲裁裁决的，人民法院应当裁定中止执行仲裁裁决。

 实务提示

随着人们之间、企业之间的交往越来越多、越来越复杂，纠纷的产生似乎也越来越多，于是，如何解决纠纷成为一个问题，纠纷解决的方式也开始多样化。通常，解决纠纷的主要方式有协商、调解、诉讼和仲裁等，而作为一种解决纠纷的裁判制度，仲裁既不同于解决同类争议的司法、行政途径，也不同于当事人的自行和解，尤其是与诉讼相比，具有独特之处，因此，在解决社会纠纷时被广泛使用，但是在使用仲裁时需要注意以下两个问题。

1．要提起仲裁，必须有仲裁协议

仲裁解决以双方当事人自愿为前提。自愿即双方当事人在纠纷发生前或发生后都愿意将争议提交仲裁机构裁决。一方不同意，就无法引起仲裁程序的发生。民商事行为基本上表现为合同关系，合同是以当事人之间的合意为前提的。所以要在出现纠纷时采用仲裁解决纠纷，最好在合同中事先约定仲裁条款。

2．做好证据的收集工作，保证文件齐全、证据充分

要将书面材料收集、整理工作做好，不缺少必须文件，而且论证清晰、充分。要做到提出的每个论点都有扎实的证据材料作支撑。

在申请仲裁时需要提交仲裁申请书、仲裁协议（或包含仲裁条款的合同）、当事人身份证明材料（个人的身份证复印件／法人的营业执照复印件、法定代表人证明、授权委托书）、证据材料。提交的份数简易程序为一式三份，普通程序为一式五份；如果对方当事人超过

一人的，每增加一人相应地增加一份材料；如申请财产保全的，需另外增加一份材料，并按照法院规定提交其他保全材料。

经济诉讼虽然在程序上比仲裁要复杂，时间长，但也是常用的一种解决纠纷的手段，在经济诉讼时，需要注意以下两点。

1）要想提起起诉，需要符合下列条件：① 原告是与本案有直接利害关系的公民、法人和其他组织。② 有明确的被告。③ 有具体的诉讼请求和事实、理由。④ 属于人民法院受理民事诉讼的范围和受诉人民法院管辖。

2）聘请律师，并做好证据的收集整理。

律师对于相关法律和诉讼程序都比较熟悉，因此聘请一个好的律师是非常重要的。一方面他能指导你进行诉讼活动，另一方面会指导你进行证据的收集及整理。

证据是诉讼的根本和核心，因此在纠纷产生前就要注意相关材料的保留和取得工作，一旦产生纠纷，更应当注重各方面证据的收集。

 实务操作

组织学生去当地仲裁机构，了解仲裁案件的受理、仲裁裁决的程序。有条件的旁听一次实际的仲裁庭审，并提交活动报告。

 延伸阅读：仲裁协议书范本

仲裁协议书

甲方（姓名或名称、住址）：

乙方（姓名或名称、住址）：

甲乙双方就_____（写明仲裁的事由）达成仲裁协议如下。

如果双方在履行_____合同过程中发生纠纷，双方自愿将此纠纷提交_____仲裁委员会仲裁，其仲裁裁决对双方有约束力。

本协议一式三份，甲乙双方各执一份，_____仲裁委员会一份。

本协议自双方签字之日起生效。

甲方（签字、盖章）：

乙方（签字、盖章）：

年　月　日

参考文献

[1] 徐杰. 经济法概论（第 5 版）[M]. 北京：首都经济贸易大学出版社，2006.

[2] 宋秉斌，聂志平，冯兰芯. 经济法学[M]. 武汉：武汉大学出版社，2005.

[3] 唐政秋. 经济法原理与实务[M]. 长沙：湖南人民出版社，2005.

[4] 王学梅. 经济法基础教程[M]. 北京：经济科学出版社，2005.

[5] 赵旭东. 新公司法讲义[M]. 北京：人民法院出版社，2005.

[6] 肖江平. 经济法案例教程[M]. 北京：北京大学出版社，2004.

[7] 戴凤歧，张京萍. 经济法[M]. 北京：首都经济贸易大学出版社，2006.

[8] 李秀梅. 中国劳动和社会保障法[M]. 北京：北京出版社，2005.

[9] 谢德成. 劳动法与社会保障法[M]. 北京：中国政法大学出版社，2005.

[10] 贾俊玲. 劳动法与社会保障法[M]. 北京：中国劳动社会保障出版社，2005.

[11] 费安玲. 知识产权法学案例教程[M]. 北京：知识产权出版社，2006.

[12] 吴汉东. 知识产权法[M]. 北京：法律出版社，2004.

[13] 董朝阳. 经济法[M]. 北京：清华大学出版社，2007.

[14] 包庆华. 企业营销法律风险与防范策略[M]. 北京：法律出版社，2009.

反侵权盗版声明

电子工业出版社依法对本作品享有专有出版权。任何未经权利人书面许可，复制、销售或通过信息网络传播本作品的行为；歪曲、篡改、剽窃本作品的行为，均违反《中华人民共和国著作权法》，其行为人应承担相应的民事责任和行政责任，构成犯罪的，将被依法追究刑事责任。

为了维护市场秩序，保护权利人的合法权益，我社将依法查处和打击侵权盗版的单位和个人。欢迎社会各界人士积极举报侵权盗版行为，本社将奖励举报有功人员，并保证举报人的信息不被泄露。

举报电话：（010）88254396；（010）88258888

传　　真：（010）88254397

E-mail：　dbqq@phei.com.cn

通信地址：北京市万寿路 173 信箱

　　　　　电子工业出版社总编办公室

邮　　编：100036